Abrégé Des Voyages Modernes
by Jean Baptiste Benoît Eyriès

Address:
HardPress
8345 NW 66TH ST #2561
MIAMI FL 33166-2626
USA
Email: info@hardpress.net

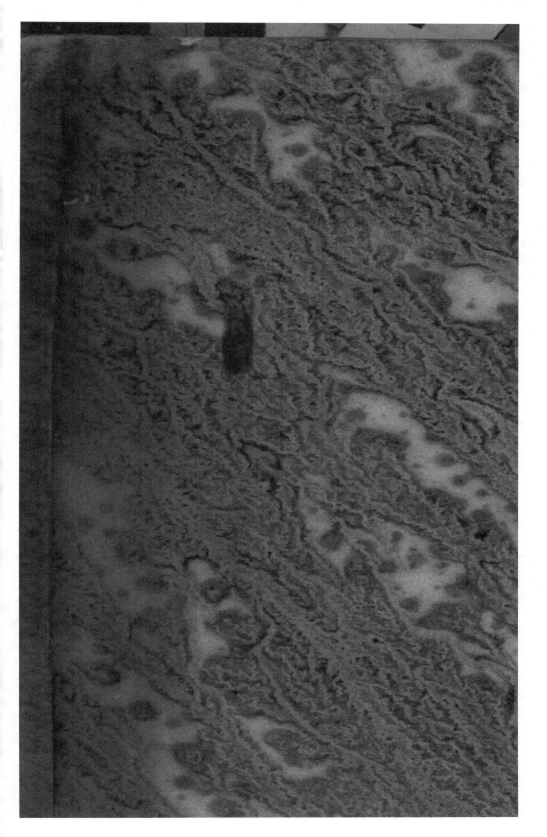

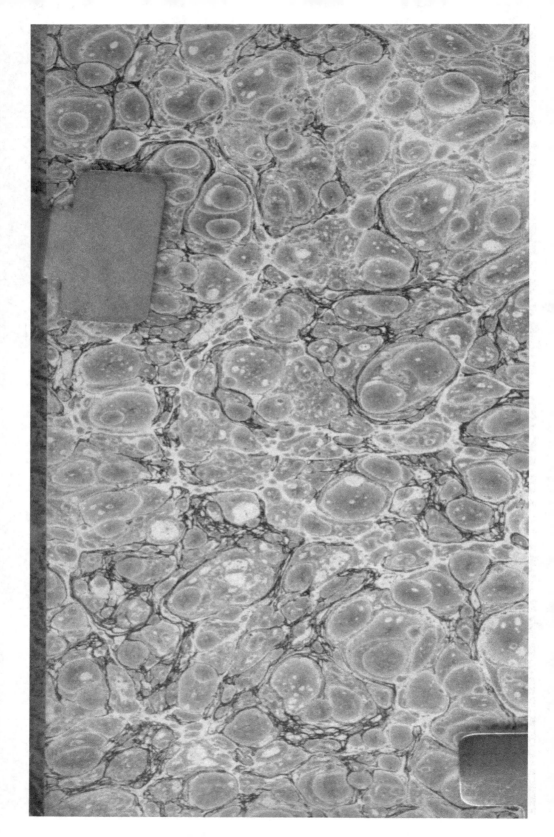

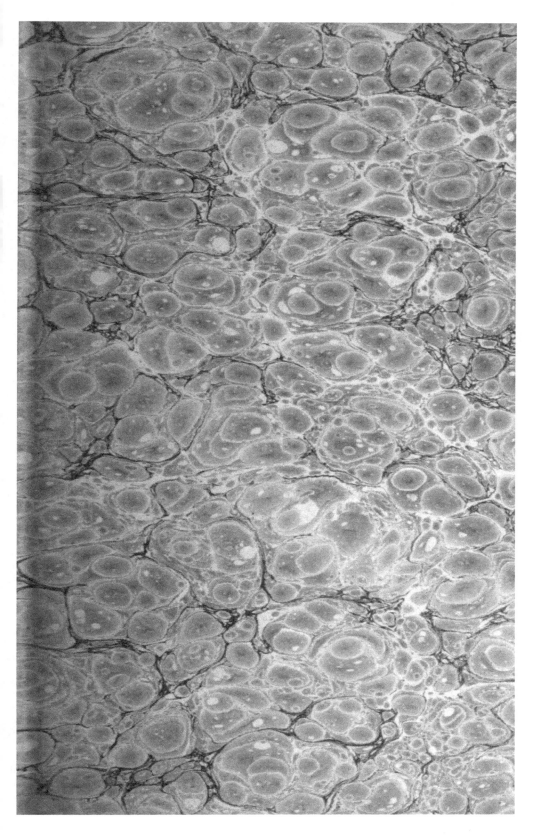

Ft. coll. 26

ABRÉGÉ

DES

VOYAGES MODERNES,

DEPUIS 1780 JUSQU'A NOS JOURS.

IV.

IMPRIMERIE DE D'HAUTEL.

ABRÉGÉ

DES

VOYAGES MODERNES,

DEPUIS 1780 JUSQU'A NOS JOURS,

CONTENANT

Ce qu'il y a de plus remarquable, de plus utile et de mieux avéré dans les pays où les voyageurs ont pénétré; les mœurs des habitans, la religion, les usages, arts et sciences, commerce et manufactures.

PAR M. EYRIÈS,

l'un des principaux rédacteurs des Annales des Voyages, etc.

TOME QUATRIÈME.

A PARIS,

CHEZ ÉTIENNE LEDOUX, LIBRAIRE,

RUE GUÉNÉGAUD, N°. 9.

1822.

ABRÉGÉ

DES

VOYAGES MODERNES.

LIVRE I.

VOYAGES AUTOUR DU MONDE ET DANS LE GRAND OCÉAN.

VOYAGE DE BRAMPTON ET ALT,

DE L'ILE NORFOLK A BATAVIA,

PAR LE DÉTROIT DE TORRÈS EN 1793.

LE résultat des voyages d'Edwards et de Bligh n'avaient pas encore été rendus publics, lorsque deux marins qui allaient quitter l'île Norfolk résolurent en 1793 de passer par le détroit de Torrès, route qu'il regardaient comme n'ayant pas encore été suivie; le premier commandait l'*Hormuzer*, le second le *Chesterfield*. Le 20 juin au soir, étant par 10° 24′ nord, et 144° 14′ est, ils virent d'un côté des récifs, qui s'étendaient à près de cinq milles dans l'ouest, et une grande île boisée, que Bligh et Portlock avaient nommée *île Murray*, de l'autre des brisans dans le nord-est. On trouva fond à soixante brasses ; on manœuvra pour éviter les dangers, et quand la sonde ne rapporta plus fond à soixante-dix brasses, on mit en travers jusqu'au jour.

Brampton voulait aller à l'est jusqu'à l'extrémité de la Nouvelle-Guinée, espérant trouver un passage au nord entre cette terre et la Louisiade. L'on naviagua les jours suivans avec toutes les précautions que commandait la position périlleuse dans laquelle on était, au milieu des récifs, des rochers et des bancs de sables : quelquefois la profondeur de l'eau diminuait soudainement, et l'on ne trouvait que cinq brasses ; les courans faisaient courir des dangers dans ce labyrinthe d'écueils. Le 22 on aperçut la côte de la Nouvelle-Guinée dans l'ouest et le nord-ouest. Le 23 on était par 8° 10′ de latitude, le lendemain à 7° 55′ ; ensuite à cause des sinuosités de la côte, plus au sud. Le 27 reconnaissant que la terre se prolongeait trop loin à l'est, et que le courant contraire opposait trop de difficultés pour qu'on pût la doubler, Brampton abandonna son premier projet, et essaya de passer par le milieu du détroit de Torrès.

Le 1er. juillet les bâtimens mouillèrent entre les îles Darnley et Murray ; ils étaient alors par 9° 40′ sud, et 142° 58′ est. Les canots envoyés à la

première île pour sonder et reconnaître si elle
était habitée, revinrent le lendemain ; ils avaient
passé par-dessus cinq récifs différens, séparés par
des canaux étroits, et profonds de onze à quatorze
brasses. Les naturels vinrent sur le rivage en
troupes nombreuses ; ils échangèrent des arcs et
des flèches pour des couteaux et d'autres objets.
C'étaient des hommes robustes, un peu plus
grands que ne le sont ordinairement les Européens : ils ressemblaient beaucoup aux Indiens
des environs de Port-Jackson, excepté que leur
couleur était moins foncée ; ils avaient le corps
tailladé de la même manière. Les hommes étaient
entièrement nus ; les femmes portaient un ta-
blier de feuillage qui descendait jusqu'au genou ;
elles étaient plus petites que les hommes, et restèrent à une certaine distance. On vit une quantité de cocotiers dans la partie inférieure de l'île.
Les canots furent suivis par quatre pirogues ;
l'une accosta le *Chesterfield ;* un Indien monta à
bord, lorsqu'un matelot eut consenti à descendre
dans la pirogue comme ôtage. La plupart de ces
hommes avaient les oreilles percées, et les cheveux coupés courts ; quelques-uns les portaient
flottans. Ils les frottent avec quelque chose
qui, de noirs, leur donne une apparence rougeâtre
ou brulée. Autant qu'on put les comprendre, ils
dirent que leur île abondait en provisions : c'est

pourquoi l'on décida d'envoyer un autre canot pour prendre une connaissance plus détaillée de cette terre.

En conséquence deux officiers des vaisseaux, un officiers des troupes, de New-South-Wales et cinq matelots partirent le lendemain dans la chaloupe ; ils étaient bien armés : ils devaient être de retour le 3. On les attendit inutilement ; on tira des coups de canon pour les rappeler ; ils ne parurent pas. Enfin le 7 on expédia deux canots armés à la recherche de la chaloupe : les Anglais, en attérisant, entendirent sonner de la conque de différens côtés, et virent sur le rivage une centaine de sauvages. On leur demanda par signes des nouvelles de la chaloupe ; ils répondirent qu'elle était allée à l'ouest. Aucun d'eux ne voulut s'approcher ; et ils ne tinrent aucun compte d'un mouchoir blanc que l'on fit flotter, et qui avait été regardé auparavant comme une marque de paix.

Les canots continuèrent leur recherche le long de la côte, et les naturels les suivirent à terre ; leur nombre augmentait sans cesse. Un homme qui était barbouillé de bleu, et avait l'air d'un chef, portait à la main une petite hache ; elle fut reconnue à son manche rouge pour avoir appartenu au commandant du détachement dont on était en peine. Quand on arriva dans la baie située au nord-est de l'île, tous les naturels disparurent, à l'exception d'une trentaine qui pressaient instamment les Anglais de débarquer; ils amenèrent des femmes, et donnèrent à entendre par signes que la chaloupe et les gens que l'on cherchait, étaient à une petite distance dans l'intérieur des terres. On continua la route, et aussitôt le rivage fut couvert de sauvages, qui supposant que l'on allait mettre pied à terre, s'étaient placés en embuscade.

Les canots ayant fait entièrement le tour de l'île sans avoir rencontré rien, retournèrent à la première anse où ils avaient abordé. Une foule nombreuse de sauvages armés d'arcs, de flèches, de massues et de lances, était rassemblée sur la lisière d'un bois. L'offre de couteaux et d'autres marchandises en engagea quelques-uns à s'approcher des embarcations; alors le contre-maître en saisit un par les cheveux et par le cou, dans l'intention de l'emmener aux vaisseaux pour qu'il rendît compte des hommes qui manquaient. Une grêle de flèches partit à l'instant du bois; on y répondit par une fusillade : un Indien fut tué, d'autres furent blessés. Le contre-maître ne put retenir le naturel sur lequel il avait mis la main, tant son corps et ses cheveux étaient graisseux; et les équipages étaient trop occupés pour l'aider.

Sur le rapport de cette aventure, les deux commandans conduisirent le lendemain les vaisseaux dans la baie du nord-ouest de l'île Darnley ; elle fut avec raison nommée baie de la Trahison (*Treacherous-Baie*). Le 9 on y laissa tomber l'ancre ; un canot fut envoyé à terre ; il en revint au coucher du soleil avec quelques cocos ; l'on n'avait pas vu un seul naturel.

Le 10 un détachement de quarante-quatre hommes armés débarqua, prit possession, au nom du roi de la Grande-Bretagne, de l'île Darnley, de celles qui en sont voisines, et de la côte de la Nouvelle-Guinée, située vis-à-vis. Ensuite on examina les cabanes des sauvages ; on y trouva des hardes et des effets qui avaient appartenu aux officiers et aux matelots que l'on cherchait. Il était donc hors de doute que ces infortunés avaient été égorgés par les perfides insulaires. La vengeance de cette atrocité fut prompte : on brûla et détruisit cent trente-cinq cabanes, et seize grandes pirogues, enfin des champs de cannes à sucre. Les naturels s'étaient retirés dans les collines du centre de l'île, car on n'en aperçut pas un seul.

On estima que l'île Darnley avait à peu près quinze milles de circonférence ; sa surface est entre-mêlée de collines et de plaines. La richesse de la végétation faisait augurer favorablement de sa fertilité ; mais elle semblait mal pourvue d'eau fraîche, puisque l'on n'en découvrit que dans un seul endroit en petite quantité près du rivage. Les naturels mettent à profit la bonne qualité du sol : ils cultivent dans la plaine l'igname, la patate, la canne à sucre, la banane ; leurs champs sont entourés de haies de bambou très-propres : les cocotiers sont nombreux, notamment près des habitations. Les coteaux, qui occupent généralement le milieu de l'île, étaient couverts d'arbres et d'arbrisseaux vigoureux ; les palétuviers bordaient plusieurs parties de la plage.

Les maisons des Indiens étaient généralement bâties au fond de petites anses, au nombre d'une douzaine, qui formaient ainsi de petits villages environnés d'une palissade de bambous, haute au moins de douze pieds. Ces cabanes ressemblent beaucoup à une meule de foin que traverse une perche ; chacune contient six à huit habitans. Elles sont couvertes de longues herbes et de feuilles de cocotier ; l'entrée en est étroite, et si basse qu'on ne peut y entrer et en sortir qu'en rampant ; l'intérieur en était fort propre ; la perche qui supporte le toit était peinte en rouge, probablement avec de l'ocre.

Dans chaque cabane, et ordinairement à main droite en entrant, étaient suspendus deux à trois crânes humains, et plusieurs cordons de mains ; il y en avait cinq à six à chacun. Ils formaient comme une ceinture autour d'une figure grossièrement sculptée, qui représentait un homme ou un oiseau, et qui était peinte et ornée d'une manière curieuse; les plumes de l'émeu, ou casoar sans casque, composaient généralement une partie de la parure. Dans une cabane qui contenait le plus grand nombre de crânes, l'on trouva une sorte de résine qui brûlait devant une de ces images. Cette cabane était contiguë à une autre de forme différente, et bien plus vaste que toutes les autres; elle avait trente pieds de long sur quinze de large; le plancher était élevé à six pieds de terre; elle était très-proprement construite en bambous soutenus par de longues perches, et couverte comme les autres. On supposa que c'était la demeure du chef de l'île; c'était la seule où l'on ne vît ni crânes ni mains.

Le corps d'un homme tué d'un coup de fusil était étendu sur une claie, que soutenaient à la hauteur de cinq pieds, six pieux fichés en terre à trois pieds de distance l'un de l'autre, et hauts de six pieds. L'état de putréfaction dans lequel se trouvait le cadavre ne permit pas de l'examiner.

Les Indiens ont bâti, sur les récifs qui environnent l'île, des plates-formes carrées en pierre sèche; elles ont trois pieds de hauteur; la marée les recouvre: lorsque la mer s'est retirée, ils viennent prendre le poisson qu'elle y a laissé. Sur toutes les parties des récifs, s'élevaient des bambous avec des paquets de feuilles sèches à leur extrémité supérieure ; on ne put savoir si c'étaient des marques destinées à guider les pirogues, ou des bornes pour déterminer les limites de chaque pêcherie.

Les pirogues sont sculptées et peintes d'une manière ingénieuse; des figures singulières décorent leurs extrémités. Les armes de ce peuple sont l'arc, les flèches, des massues longues de quatre pieds, et des lances ou zagaïes faites d'un bois noir et très-dur; quelques-unes de celles-ci étaient barbelées depuis la pointe jusqu'à un pied au-dessous, et la plupart très-délicatement sculptées.

Les seuls animaux terrestres que l'on aperçut, furent des rats, des souris et des lézards ; ils coururent en foule hors des cabanes auxquelles on mit le feu. Les oiseaux étaient nombreux dans toute l'île ; on distingua sur les récifs beaucoup de courlis, de grands pluviers à taches jaunes, des martins-pêcheurs, des vanneaux et des mouettes.

Le centre de l'île Darnley, que les naturels nomment *Ouamvax*, est situé par 9° 54′ sud, et 143° 1′ est. Brampton regretta beaucoup de ne pas pouvoir y débarquer de nouveau, pour examiner l'intérieur de ce beau pays : il pensa qu'il valait mieux consacrer son temps à la recherche de son grand canot qui avait dérivé hors de la vue, sans eau, sans provisions et sans boussole.

On le retrouva le 11, et l'on mouilla près de l'île Stephen, pour tâcher d'obtenir des renseignemens sur la chaloupe. Les naturels rangés dans une attitude hostile sur les coteaux, sonnaient de la conque; après avoir lancé quelques flèches, ils s'enfuirent. Plusieurs furent atteints des coups de fusil qu'on leur tira en échange de cette salve; cependant ils réussirent à gagner une pirogue qui était derrière l'île, et s'échappèrent, à l'exception d'un petit garçon que l'on prit; il n'avait reçu aucune blessure. On trouva, dans les cabanes que l'on brûla, plusieurs objets, et entre autres une feuille de cuivre qui avait appartenu au *Chesterfield*.

Le lendemain on traversa l'île Stephen. Un clou de bordage que l'on ramassa, et qui portait la marque de la marine anglaise, fit naître beaucoup de conjectures. Il est probable qu'il provenait des navires de Bligh, qui neuf mois auparavant avait mouillé à cette île. Tout ce qu'on y observa, ressemblait à ce que l'on avait vu à Ouamvax. Un arbre offrait des rapports frappans avec l'amandier; son fruit était très-bon. Les cocotiers y sont très-communs, surtout dans la partie sud-est, où ces arbres forment un bocage non interrompu. Indépendamment des rats, on vit un quadrupède de la famille des opossum ; il était dans une cage, et on l'avait probablement apporté de la Nouvelle-Guinée ou de la Nouvelle-Hollande. Sa taille est celle de l'opossum, dont il a la forme ; il est d'un blanc jaunâtre avec des tâches brunes ; l'extrémité de la queue est d'un rouge foncé ; ses yeux sont d'un brun rougeâtre, et rouges quand il est irrité ; il n'a pas d'oreilles extérieures ; il se sert de ses pattes de devant pour manger ; il a cinq doigts à chacune. C'est un animal lent, paresseux et peu sauvage ; il mange du maïs, du riz bouilli, de la viande, des feuilles, en un mot, tout ce qu'on lui donne. Il répand par intervalles un odeur forte et désagréable.

On envoya le 13 un canot à l'île Campbell ; elle n'avait ni champs cultivés, ni cocotiers, ni habitans fixes ; elle est basse et sablonneuse de même que les îles Nepean et Stephen, et entourée de longs récifs, dont on supposa que les Indiens s'aidaient pour passer de l'une à l'autre, quand la mer est basse.

L'après-midi les vaisseaux se dirigèrent à l'ouest ; les nombreux récifs qu'ils rencontrèrent les forcèrent à faire route plus au nord. Ils découvrirent l'île Bristow, contiguë à la côte de la Nouvelle-Guinée ; leurs tentatives pour trouver un passage de ce côté furent inutiles. Ils coururent beaucoup de dangers : le *Chesterfield* toucha ; il fallut le 21 retourner au précédent mouillage.

Deux pirogues se détachèrent aussitôt de l'île Stephen, et accostèrent les vaisseaux. Un naturel resta jusqu'à huit heures du soir à bord du *Hormuzer* ; il ne manifestait aucune crainte. Lorsqu'on l'interrogea sur la chaloupe perdue et son équipage, il en indiqua une du doigt, fit signe qu'elle était allée à Ouamvax, et que six hommes avaient été tués. On lui fit beaucoup de présens ; on lui donna des habits. et on le conduisit à terre dans un canot.

Comme on commençait à souffrir du manque d'eau fraîche, un détachement descendit le 21 sur l'île, pour y creuser un puits ; quoique les sauvages eussent encore l'air méfiant et soupçonneux, ils aidèrent les matelots dans leurs travail. Le 24 les canots découvrirent un passage au sud-ouest ; alors on résolut de continuer sans délai la route dans le détroit, parce que le puits ne fournissait que peu d'eau, et que l'on ne pouvait pas se procurer de provisions.

En avançant, on vit beaucoup de petites îles ; la plupart étaient habitées ; deux pirogues accostèrent le *Chesterfield*. Le premier lieutenant du *Hormuzer* passa une nuit sur une de ces îles, nommée *Dove-Island* (île des Colombes), à cause des beaux pigeons qui la fréquentent ; ils ont le

corps vert , la tête , le bec et les pattes rouges ,
la queue et le dessous des ailes jaune. On trouva
sur la plage un feu auquel deux poissons gril-
laient ; mais malgré ces indices d'habitans, l'on
n'en vit aucun. On conjectura qu'ils s'étaient en-
fui dans une plus grande île , à laquelle celle-là
est unie par un récif qui assèche de mer basse.
On n'aperçut d'ailleurs ni cabanes , ni plantations,
ni vestiges d'hommes fixés à demeure sur cette
terre ; il n'y avait pas non plus d'eau fraîche.
Cette petite île , qui n'a qu'un mille et demi de
tour, est couverte d'arbres et d'arbrisseaux , dont
les fleurs odorantes embaumaient l'air. On pêcha
du poisson ; mais quoique l'on eût rencontré de
grands carapaces de tortues , on ne prit aucun de
ces amphibies.

Plus loin on vit un volcan en éruption. Pendant que les canots cherchaient un passage à travers les récifs, et les écueils innombrables dont
on était entouré, les vaisseaux restèrent dix-sept
jours à l'ancre, près d'une petite île où ils voulaient faire de l'eau et du bois , et se procurer des
provisions. On n'y trouva qu'un peu de poisson ,
des crabes et des coquillages; il fallut diminuer
les rations : l'on fut encore plus malheureux pour
l'eau ; il n'y en avait pas une goutte dans l'île.
Heureusement Brampton imagina une machine à
distiller l'eau de la mer , qui fournissait cent à

cent soixante pintes par jour. Sans cette invention , la situation des équipages eût été vraiment
déplorable. Les hommes qui coupaient du bois
furent extrêmement incommodés par les moustiques. Les arbres de cette île basse étaient des
mangliers ; il fallait de marée haute travailler
dans l'eau.

Les canots n'avaient découvert une passe sûre
qu'au nord-ouest ; quand on s'y fut engagé, le
Hormuzer toucha sur un banc où il n'y avait que
deux brasses d'eau. Il parvint à s'en tirer après
plusieurs heures d'efforts, sans autre dommage
que la perte de sa fausse quille ; deux jours après ,
il éprouva un accident semblable. Enfin le 30
août, après soixante-douze jours de navigation,
les deux vaisseaux partirent de ce détroit, dont les
désagrémens et les dangers nombreux sont de nature à effrayer ; aussi a-t-il été peu fréquenté.

L'on eut ensuite des nouvelles de l'équipage de
la chaloupe attaquée par les sauvages. L'officier
des troupes de terre et quatre matelots avaient
été massacrés par ces barbares ; les deux autres
officiers et un matelot parvinrent à regagner la
chaloupe, coupèrent le grelin du grappin et s'é-
chappèrent. Ils n'avaient ni provisions, ni boussole. Comme il était impossible de regagner les
vaisseaux qui étaient à cinq lieues au vent, ils
firent route à l'ouest dans le détroit, espérant

arriver à Timor. Le dixième jour ils eurent connaissance de Timor-Laout ; ils y furent accueillis, et y trouvèrent du soulagement à leur extrême détresse. Ils gagnèrent ensuite l'île Sarret, où un des officiers mourut. L'officier qui restait et le matelot s'embarquèrent sur un prôs pour Banda, où ils attérirent au mois d'avril 1794.

~~~~~~

HISTOIRE
DE LA DÉCOUVERTE DU DÉTROIT
ENTRE
LA NOUVELLE-HOLLANDE ET LA TERRE VAN-DIEMEN,
PAR BASS EN 1798,
ET DE SA RECONNAISSANCE
PAR FLINDERS ET BASS
EN 1798 ET 1799.

ABEL Tasman découvrit en 1642 la Terre Van-Diemen, au sud de la Nouvelle-Hollande. Ce ne fut qu'en 1770 qu'un autre navigateur Européen s'approcha de cette côte ; le 19 avril Cook aperçut la terre par 38° sud, et 148° 53' est ; mais il ne put déterminer si elle joignait celle que Tasman avait vue. Le 3 mars 1772 Marion reconnut la Terre Van-Diemen, à peu près au même point où le navigateur hollandais l'avait abordée. Un an après le capitaine Furneaux, qui commandait, sous les ordres de Cook, un vaisseau dans son second voyage autour du monde, attérit à une baie de ce pays, dont Tasman avait eu connaissance ; il découvrit la baie de *l'Aventure*, et ensuite remonta au nord en longeant la côte, pour s'assurer si la Terre Van-Diemen était jointe à la Nouvelle-Hollande. Il lui sembla que la côte n'offrait aucune ouverture, et il conclut de ses observations qu'il n'existe pas de détroit entre la Nouvelle-Hollande et la Terre Van-Diemen, et qu'il ne s'y trouve qu'une baie très-profonde. Cook revint dans ces parages en 1777, et suivit à peu près la route de Furneaux, mais à une plus grande distance de la côte (1).

Bligh dans ses deux voyages, Jean Henry Cox en 1789, d'Entrecasteaux en 1792 et 1793, visitèrent la partie méridionale de la Terre Van-Diemen; ce dernier regretta beaucoup que les circonstances ne lui eussent pas permis de reconnaître si elle tenait à la Nouvelle-Hollande; car il avait des doutes sur ce point. Vancouver, qui avait exploré la côte sud-ouest de ce dernier pays, supposa aussi qu'il pourrait être séparé du premier. En 1794, John Hayes, Anglais, examina la baie des Tempêtes et le canal de d'Entrecasteaux; il remonta la rivière du Nord bien plus haut que les canots des vaisseaux français, et lui donna le nom de *Derwent*, dénomination qui convient mieux que celle de rivière du Nord, appliquée à

----

(1) *Voyez* pour ces divers Voyages les tomes XVII, XVIII, XIX, XXI et XXII de l'*Abrégé de l'histoire générale des Voyages*, édition de 1820.

un fleuve situé à l'extrémité méridionale de la Terre Van-Diemen.

L'établissement d'une colonie anglaise sur la côte orientale de la Nouvelle-Hollande devait être favorable aux progrès de la géographie dans cette partie du globe. Dès les premiers momens, Port-Jackson et les baies voisines furent explorés par Hunter. Au commencement de 1795 cet officier fut nommé gouverneur de la colonie. « Il me prit avec lui, dit Flinders, auteur de la relation ; j'étais alors midshipman. Revenu depuis peu de temps d'un voyage dans le grand océan, ma passion pour les découvertes me fit embrasser avec joie l'occasion de faire partie d'une station qui me présentait le champ le plus vaste pour mes projets favoris.

« En arrivant à Port-Jackson au mois de septembre de la même année, il me parut que l'investigation de la côte n'avait pas été poussée beaucoup au-delà du point où le capitaine Hunter l'avait laissée. J'eus le bonheur de trouver dans M. Bass, chirurgien du vaisseau du roi sur lequel j'étais embarqué, un homme dont l'ardeur pour les découvertes ne redoutait ni les obstacles ni les dangers ; je formai avec cet ami le projet de compléter la reconnaissance de la côte orientale de la Nouvelle-Galles du sud, par tous les moyens que notre service à bord et nos facultés nous permettraient.

« Des desseins de cette nature, lorsqu'ils prennent naissance dans de jeunes têtes, sont ordinairement traités de romanesques, et bien loin
d'en augurer quelque chose de bon, la prudence
et l'amitié se joignent pour les décourager et
même pour s'y opposer. Ce fut ce qui nous arriva :
de sorte que pour notre première expédition nous
ne pûmes nous procurer qu'un petit canot long
de huit pieds, qui fut nommé le *Tom Thumb* (le
petit Poucet), et dont l'équipage se composait de
nous deux et d'un mousse.

« Notre première campagne fut dans la baie
de la Botanique ; nous rencontrâmes vingt milles
plus haut que Hunter, le George's River, un des
deux fleuves qui s'y jettent. Les rapports que nous
fîmes à ce gouverneur sur le pays qui borde ce
fleuve sinueux, le décidèrent à s'y transporter
lui-même, et il y établit, sous le nom de Bank's-
Town, une branche de la colonie.

« Un voyage à l'île Norfolk interrompit nos recherches ; nous les reprîmes l'année suivante dans
notre canot. Nous partîmes donc le 25 mars 1796,
et cette course eut ses aventures. Le courant nous
entraîna ; le lendemain le vent ayant commencé
à souffler du nord, nous voulûmes aller chercher
un abri derrière des îlots qui étaient à sept milles
plus loin. Cependant nous manquions d'eau ;
ayant aperçu un endroit, où suivant les appa-

2*

rences nous pourrions remplir notre barrique en gagnant la terre à la nage, Bass se chargea de l'opération. Tandis que nous sortions la barrique, une lame plus forte que les autres poussa le canot sur la plage, et nous mouilla complétement, ainsi que nos armes, nos munitions, nos vêtemens et nos provisions; une partie fut gâtée. Le canot vidé fut lancé de nouveau à la mer; nous ne pûmes pas débarquer, et nous allâmes à d'autres îles également inaccessibles. Il faisait déjà obscur : il fallut donc passer la nuit dans notre canot; une pierre nous servit d'ancre.

« Le vent nous empêcha encore le 27 de retourner à Port-Jackson; apprenant de deux Indiens que l'on pouvait se procurer de l'eau un peu plus loin, nous acceptâmes l'offre qu'ils nous firent de nous piloter jusqu'à une rivière plus au sud, où nous trouverions aussi du poisson et des canards sauvages. Ces hommes étaient natifs de la baie de la Botanique : voilà pourquoi nous comprenions un peu leur langage, tandis que celui d'autres sauvages était absolument inintelligible pour nous. La rivière de nos Indiens n'était qu'un ruisseau qui sortait d'une lagune, et se frayait un passage à travers la plage, de sorte que le *Tom Thumb* même eut de la peine à y entrer. Alors nos deux conducteurs le quittèrent pour marcher sur le rivage avec une dixaine d'autres naturels.

« Après avoir remonté la rivière pendant un mille, trouvant qu'elle devenait moins profonde, nous commençâmes à avoir des doutes sur la possibilité de nous échapper du milieu de ces sauvages, s'ils avaient des inclinations hostiles ; ils passaient à Port-Jackson pour être extrêmement féroces et même cannibales. Nos fusils n'étaient pas encore débarrassés de la rouille et du sable ; une nécessité pressante nous contraignait à nous procurer de l'eau avant de retourner à Port-Jackson. Dans cet embarras, nous convînmes d'un plan d'action, et nous allâmes à terre droit aux naturels. Bass en employa quelques-uns à réparer un aviron qui avait été rompu dans notre accident, et j'étalai la poudre au soleil pour la faire sécher. Les sauvages ne gênèrent pas mon opération, ne sachant pas ce que c'était ; mais lorsque nous voulûmes nettoyer les fusils, leurs alarmes devinrent si vives, qu'il fallut cesser.

« Quand nous eûmes empli la barrique, le nombre des naturels s'accrut jusqu'à une vingtaine. Il devenait nécessaire d'aller au plus vite hors de leur portée. Ce ne fut pas possible à cause d'un service qu'ils nous demandèrent. Nous avions la veille coupé la barbe et les cheveux des deux naturels que nous connaissions. S'étant montrés aux autres, ils leur persuadèrent de suivre leur exemple. Ainsi pendant que la poudre séchait, je com-

mençai avec de grands ciseaux à m'acquitter de
mon nouvel emploi sur les mentons d'une douzaine de ces Indiens : comme ils ne tenaient pas
à une grande netteté dans cette besogne , elle ne
m'occupa pas long-temps. Quelques-uns , plus
timides que les autres , furent effrayés à la vue
du formidable instrument qui s'approchait de
leur nez , et eurent beaucoup de peine à céder
aux sollicitations de leurs amis rasés , pour me
laisser finir. Mais quand ils levèrent une seconde
fois le menton , leur crainte de l'instrument ,
leurs regards fixes et hagards , le sourire qu'ils
s'efforçaient de prendre , formaient la physionomie la plus extraordinaire qu'il soit possible
d'imaginer. Il n'était pas moins bizarre qu'un Européen , parti pour faire des découvertes géogra-
phiques , fût employé à faire la barbe à des sauvages.

« Tout était préparé pour la retraite : les naturels
devinrent bruyans ; ils voulaient que le canot re-
montât jusqu'à la lagune ; ce ne fut qu'à force de
stratagèmes , que nous pûmes aller jusqu'à l'embouchure de la rivière , où la profondeur de l'eau
nous mit hors de leur portée.

« La partie du pays où nous étions , est nommée
Alaourie par les naturels ; elle est basse et sablonneuse près des bords du ruisseau. En le remontant à quatre milles , on trouva la lagune derrière

laquelle s'élève une chaîne circulaire de montagnes, dont la plus haute est Hat-hill; la lagune paraît avoir plusieurs milles de circonférence. Les naturels ne diffèrent de ceux de Port-Jackson que par le langage; leurs chiens semblent plus nombreux et plus familiers.

« Nous parvînmes le 28 à remonter jusqu'aux tagnes, dans un endroit où elles sont baignées par le ruisseau. Le rivage était couvert de cailloux roulés de couleur noire : nous les prîmes pour du schiste. Bass ayant plus tard examiné ces montagnes, trouva qu'elles étaient traversées par une couche de houille. »

Les deux voyageurs purent ensuite, en courant beaucoup de dangers, examiner la côte; et le 1er avril ils revinrent à Port-Jackson, où ils présentèrent au gouverneur le résultat de leur reconnaissance. Ils étaient allés jusqu'à 34° 35′ sud.

Leur service les éloigna de la colonie pendant long-temps. En y arrivant, ils apprirent qu'un vaisseau venant de l'Inde avait fait naufrage en 1797 sur les îles Furneaux, qui sont situées à plus de cent quatre-vingts lieues au sud de Port-Jackson. Le subrécargue s'était embarqué dans le grand canot avec le premier lieutenant, et d'autres personnes, pour venir chercher du secours dans cette colonie. Un coup de vent les jeta sur la côte, près du cap Howe; leur embarcation fut brisée. Éloi-

gnés de trois cents milles du lieu de leur destination, ils ne leur restait plus d'autre moyen de
salut que d'y aller à pied le long du rivage. Ils
étaient médiocrement fournis de munitions, et
encore moins de vivres. Ils rencontèrent diverses
tribus de naturels; quelques-unes se conduisirent
amicalement. Les hostilités des autres et l'excès
de la fatigue diminuèrent chaque jour le nombre
de ces infortunés. Enfin ils ne restaient plus
que trois, qui éprouvaient un tel épuisement,
qu'ils eurent à peine assez de force pour faire des
signaux à un bateau anglais qui pêchait. Il les
prit à bord, et les conduisit à Port-Jackson. Ce
fut ce subrécargue qui fit connaître le premier les
collines de houille près de Hat-Hill, découverte
précieuse pour la colonie. Il donna aussi des no-
tions exactes sur toutes les rivières et les bras de
mer qui avaient interrompu sa marche.

Une goëlette expédiée à l'île Furneaux en ramena le reste de l'équipage et de la cargaison du
navire naufragé. Flinders et Bass auraient bien
voulu mettre cette occasion à profit pour explorer
la côte. Le service du premier le retint à bord;
le second ne s'embarqua pas, mais profita de son
loisir pour faire des excursions, notamment dans
l'intérieur du pays, derrière la baie de Port-
Jackson. Il voulait franchir les montagnes dans
cette partie, et connaître le pays situé au-delà.

Le succès ne répondit pas à ses efforts : il ne put passer les montagnes. Cependant il explora le cours d'un fleuve.

Au mois de septembre 1797 un canot armé, qui était expédié à la poursuite des déportés fugitifs, découvrit, par 33° sud, un port qui pouvait recevoir de petits vaisseaux, et qui était entouré de hauteurs riches en houille. Il fut nommé *Port Hunter.*

Aiguillonné par ces nouvelles, Bass sollicita la permission d'entreprendre une nouvelle campagne au sud. Le gouverneur lui donna une belle chaloupe, qui fut approvisionnée pour six semaines, et montée par six matelots. Bass partit le 5 décembre 1797. Après avoir reconnu au sud d'Alaourie des pointes de terre basaltique, dont les environs étaient couverts de pierres qui avaient subi l'action du feu, il trouva une caverne qui avait plus de trente pieds de diamètre, et dans laquelle la mer pénétrait par un passage souterrain ; et le second jour de la navigation il doubla une autre pointe à trois lieues au sud d'Alaourie. Elle a, d'après lui, été nommée pointe de *Bass ;* elle est située par 34° 52′, et mérite de fixer l'attention, parce que Bass jugea que c'est le point où se termine, sur le bord de la mer, la chaîne des montagnes Bleues, qui oppose à la colonie de Port-Jackson des bornes à son extension dans l'ouest.

Il estima que la base de cette extrémité méridionale de la chaîne se prolongeait à vingt-cinq ou trente-cinq milles au sud-ouest de la pointe de Bass, et qu'ensuite elle se détournait au nord-ouest. A l'ouest et au sud de cette ligne, le pays est plat; et Bass pensa que si l'on voulait pénétrer dans l'intérieur, on ne rencontrerait pas les obstacles que l'on avait trouvé insurmontables derrière Port-Jackson. Ils ont depuis été franchis.

Bass continua dé suivre la côte de près, s'arrêtant dans les baies et les anses, examinant les embouchures des rivières et des ruisseaux. Le sol fut d'abord très-fertile, et Bass observa un terrain volcanique. En avançant au sud, il trouva que le sol devenait plus sablonneux et stérile, et que le terrain était rocailleux. Les parties les plus hautes étaient couvertes de bruyères et de broussailles. Des marais salans occupaient une grande partie de l'espace situé entre la mer et les hauteurs, dont les pentes seules offraient des emplacemens couverts d'herbes propres à nourrir le bétail. Dans une marche de quatorze milles à travers ce canton désolé, Bass ne put trouver une goutte d'eau, et n'aperçut pas un seul naturel. Toutefois il vit des huttes et des sentiers qui allaient des monticules sablonneux à des trous creusés dans les parties les plus basses du terrain; ceux-ci étaient entièrement à sec, et tout le pays en général semblait souffrir beaucoup de l'aridité. Au-delà de ces dunes , il ne présentait pas une apparence plus favorable. Les vallées sont remplies de longues herbes , de fougères , de broussailles, et de plantes grimpantes qui les rendent à peu près impraticables; et le sol n'y est bon à rien.

Dans tous les endroits où il avait débarqué , Bass avait remarqué que plus il allait au sud, plus l'eau devenait rare et mauvaise. Il craignait donc de ne pouvoir s'en approvisionner , et d'être ainsi obligé d'abandonner son entreprise au moment où parvenu au point qui n'avait pas encore été exploré , elle serait le plus intéressante : heureusement ses craintes furent dissipées. Il trouva de l'eau en abondance près de la pointe Hicks , la plus méridionale que Cook eut vue. La côte continua au-delà à être droite , basse et sablonneuse. On ne distinguait aucun cap ; on apercevait beaucoup de fumée derrière le rivage : elle venait probablement des bords des lagunes.

Etant par 38° 51' sud, Bass découvrit des hauteurs dans le sud-ouest et l'ouest , à la distance de deux à trois lieues de la côte , et se dirigea d'abord au sud-ouest , puis à l'ouest. Ce fut le 1er janvier 1798 que Bass reconnut que l'espace qui restait à déterminer entre la pointe Hicks et les îles Furneaux était ouvert , et occupé seulement par des îles. Elles étaient habitées par des oiseaux de

mer et des phoques. Le ressac l'empêcha d'y
aborder. Le 2 il était au-delà de 40° sud. Il ne
voyait pas de terres, quoique le temps fût très-
clair, et permît d'apercevoir celles de hauteur
modérée qui se seraient trouvées à cinq milles de
distance. Alors il gouverna au nord-est vers les îles
Furneaux. A neuf heures du soir la violence du
vent du sud-est, et la grosseur, ainsi que l'irrégularité des lames, fit courir le plus grand danger
à notre intrépide Argonaute et à ses compagnons.
Heureusement sa prudence et les bonnes qualités
de sa petite embarcation firent surmonter les
périls de cette nuit désastreuse. Le 3 à six heures
du matin, l'on eut connaissance de la terre, et
l'après-midi, tandis que l'on cherchait un lieu où
l'on pût se mettre à l'abri, on découvrit sur une
petite île, peu éloignée du continent, de la fumée
et plusieurs hommes. En s'approchant on reconnut, non pas des naturels, mais des Européens.
C'étaient des déportés et d'autres qui avaient
pris la fuite de Port-Jackson dans un canot, pour
aller piller un bâtiment naufragé. N'ayant pu le
trouver, leurs camarades avaient eu la perfidie
de les laisser sur cette île pendant qu'ils dor-
maient. Ces malheureux étaient au nombre de
sept. Pendant les cinq semaines qu'ils avaient pas-
sées sur ce lieu désert, ils avaient vécu de coupeurs d'eau, et quelquefois de phoques. Bass leur

promit de les prendré à son retour; puis fit route pour la côte à l'ouest de la terre haute qu'il avait vue. Il y jeta l'ancre ; mais il ne put débarquer.

Le 4 il continua d'avancer dans l'ouest, en suivant les sinuosités de la côte. Elle est formée d'anses longues et étroites, dans lesquelles le terrain est bas et sablonneux. Les pointes rocailleuses qui se trouvent dans l'intervalle sont escarpées ; elles composent l'extrémité de montagnes qui s'étendent à perte de vue dans l'intérieur. Enfin Bass découvrit un vaste port, que d'après sa position relative à celle des autres points déjà connus de cette côte, il nomma *Western-Port* (port occidental). Il est situé par 38° 25' sud.

La reconnaisancce de cette découverte importante, les réparations du canot et la continuité de vents violens retinrent Bass treize jours dans ce port. Le terrain d'alentour ressemble à celui qu'il avait déjà vu précédemment ; les coteaux offrent de beaux points de vue. Partout où il débarqua, le sol consistait en terre végétale légère et brune, qui devient tourbeuse dans les parties basses. L'herbe et les fougères y sont d'une végétation vigoureuse ; cependant le pays est peu boisé. Des emplacemens couverts de broussailles sont fréquens ; surtout sur la rive orientale, où ils ont quelques milles d'étendue. Une île stérile, et où

il ne croît que des arbustes et des arbres rabougris, protége l'entrée du port.

Tous ces avantages furent contre-balancés par
un inconvénient dont Bass avait déjà souffert dans
son voyage, la rareté de bonne eau. Il ne s'en
procura qu'avec beaucoup de difficulté : il attribua
cette disette à la sécheresse de la saison. Dans un
seul ruisseau, au fond du port, l'eau n'était pas
saumâtre. Il ne vit que quatre naturels ; leur timidité les empêcha d'avoir aucun rapport avec
eux. Mais le rivage autour du port offrait des vestiges qui prouvaient qu'ils fréquentaient ces lieux.
Les kangorous ne parurent pas nombreux ; en revanche les cygnes noirs se montraient par volées
de plus de cent, et de petits canards excellens par
milliers. Tout le gibier ailé était fort abondant.

Bass était absent depuis sept semaines de Port-
Jackson ; le mauvais état de ses provisions le contraignit à y retourner. Il partit donc de Western-
Port le 18 janvier. Des vents contraires et violens
retardèrent sa route : heureusement il prit beaucoup de coupeurs-d'eau qu'il sala.

Enfin il parvint à retirer les sept déportés fugitifs de dessus leur rocher ; mais la petitesse de son
embarcation ne lui permit d'en admettre que deux.
Il déposa les cinq autres sur le continent, et leur
laissa un fusil, la moitié de ses munitions, des

hameçons et des lignes, et leur indiqua la direction à suivre pour arriver à Port-Jackson.

Les vents contraires le retinrent du 26 janvier au 1ᵉʳ février dans une anse près d'un promontoire, dont il examina les environs. Quoique la hauteur de ce cap, situé par 39° et qui fut nommé *promontoire Wilson*, ne soit pas extraordinaire, elle forme un contraste frappant avec le terrain bas et sablonneux qui est derrière. C'est une masse de granit longue de vingt milles, et large de six à quatorze. Le sol au-dessus est peu profond et stérile. On n'y voit que des broussailles et de petits eucalyptus, dont l'apparence verdoyante trompe à une certaine distance l'œil de l'observateur. La dureté et la solidité du granit rend ce cap très-propre à former la limite d'un détroit considérable et l'extrémité d'un continent.

En regardant du haut de ce promontoire au nord, on aperçoit une seule crête de montagnes qui viennent de l'intérieur du pays, en s'avançant au sud vers le cap, et s'abaissent graduellement jusqu'à leur extrémité, en laissant un espace de terrain bas, sablonneux et large de douze à seize milles, entre ce point et le promontoire. Ce terrain bas est à peu près coupé par une vaste lagune à l'ouest, et une anse étendue et peu profonde à l'est; il est probable que cette masse de granit isolée fut entièrement entourée par la mer à une époque qui n'est peut-être pas très-reculée.

Il n'y avait pas d'habitans sur le promontoire ; mais on en vit sur les bords du bras de mer de l'isthme sablonneux. Il sembla que les oiseaux chantaient mieux qu'à Port-Jackson.

Ce ne fut que le 24 février que Bass revint dans la colonie , ayant très-fréquemment été obligé, par la violence des vents , de chercher un refuge dans les anses le long de la côte. Il n'avait embarqué que pour six semaines de vivres ; mais grâce aux ressources que lui fournirent les poissons et les oiseaux aquatiques , et à l'aide d'un peu d'abstinence , il prolongea son voyage au-delà d'onze semaines. Son ardeur et sa persévérance furent couronnées d'un succès que l'on n'aurait pas prévu, en songeant aux faibles moyens dont il disposait. Toute la partie de la côte vue auparavant par Cook, de Port-Jackson jusqu'à Rams-Head , sur une longueur de trois cents milles , fut explorée avec une exactitude qui la fit bien mieux connaître ; et depuis Rams-Head , Bass la suivit le premier pendant trois cents milles. Il trouva qu'au lieu de se diriger constamment au sud pour se joindre à la Terre Van-Diemen , comme Furneaux l'avait supposé , elle courait au-delà d'un certain point dans une direction presque opposée , et semblait exposée aux fortes lames d'une mer ouverte. Bass ne doutait nullement de l'existence d'un large détroit qui séparait la Terre Van-Diemen de la Nouvelle-Hollande, et il céda bien malgré lui à la nécessité de retourner à Port-Jackson, avant d'avoir mis ce point dans un si grand degré d'évidence, qu'il ne fût plus possible à d'autres de ne pas y croire.

Un voyage entrepris expressément pour faire des découvertes dans un bateau ouvert, et pendant lequel une étendue de six cents milles de côtes avait été reconnue généralement par un temps orageux, offre peut-être un exemple unique dans les fastes de la navigation. L'homme qui l'a effectué, et qui, hélas! n'est plus, mérite une place honorable parmi ceux dont le zèle et le courage ont fait faire des progrès à la géographie.

Pendant que Bass était absent pour son expédition, Flinders obtint du gouverneur de la colonie la permission de s'embarquer sur une goëlette chargée d'aller retirer ce qui restait de la cargaison du bâtiment qui avait fait naufrage sur une petite île, à une grande distance au sud de Port-Jackson; il partit le 1ᵉʳ. février 1798. Le 15 on arriva le long de cette île qui fait partie du groupe des îles Furneaux. En passant on reconnut le promontoire Wilson.

Flinders profita du loisir que lui laissait l'opération à laquelle se livrait le capitaine de la goëlette, pour reconnaître l'archipel rocailleux dont il était environné; ces îles sont habitées unique-

ment par des vombats, petits quadrupèdes de ces
régions, par des milliers de phoques de deux espèces, et par des oiseaux de mer; les matelots
tuèrent un grand nombre de phoques pour avoir
leur peau.

Flinders trouva des passes sûres entre la
grande île et les îlots qui sont au sud. Ils
forment la partie méridionale des îles Furneaux, et n'ont d'autre eau douce que celle qui
dans certaines saisons se rassemble dans de petits étangs. Quelques-uns en sont absolument dépourvus. La roche dont ils sont composés, et qui
probablement est commune à tout le groupe, est
généralement un granit blanchâtre qui incline
quelquefois au rouge; il est rempli de petites taches
noires. Le quartz y est en plus grande proportion
qu'on ne l'y voit ordinairement; et l'on en trouva
souvent des cristaux sur le rivage. On supposa que
les taches noires étaient des grains d'étain, qui
avaient communiqué une qualité délétère à l'eau,
puisque plusieurs personnes de l'équipage naufragé, qui avaient bu de celle que distillent ces
rochers, étaient mortes; alors on cessa d'en faire
usage. Dans le petit nombre d'endroits où il n'y
avait pas de granit, on trouva du schiste noir et
du grès en couches minces, disposées à peu près
en ligne perpendiculaire avec l'horizon; mais le
granit remplissait les fissures des couches; il s'y
était même introduit dans deux endroits une

substance que son aspect fit regarder comme de l'amygdaloïde.

Les arbres de l'île Préservation, sur laquelle l'équipage naufragé s'était sauvé, et qui n'est qu'un îlot au sud-ouest de la grande île, offraient un phénomène très-remarquable. Les plus gros n'avaient que le diamètre de la jambe d'un homme ; tous étaient décrépits. La partie supérieure des branches continuait à être ligneuse, tandis que les racines à la surface de la terre, et les troncs à une certaine hauteur, étaient d'une substance pierreuse, qui ressemblait à du calcaire. En les brisant, ce qui n'était pas difficile, on voyait quelquefois les couches concentriques du bois qui conservait sa couleur, comme si la transformation n'eût pas été complète ; dans le plus grand nombre, on ne distingait que des traces circulaires. Ces arbres se trouvent généralement dans une vallée sablonneuse près du centre de l'île, qui de même est remarquable par la quantité d'ossemens d'oiseaux et de petits quadrupèdes dont elle est parsemée. Bass qui examina ces pétrifications plus attentivement, pensa qu'elles étaient produites par l'eau.

Les montagnes de l'île Cap-Barren s'élèvent à une hauteur considérable ; celle d'un pic dont cependant quelques autres approchent beaucoup, est à plus de 1200 pieds au-dessus du niveau de

3*

la mer. Les îles plus petites sont bien moins
hautes ; leur partie supérieure est généralement
couronnée d'une grosse masse de granit, sur
laquelle, dans quelques îlots, notamment dans
Rum-Island, il y en a une autre plus petite, ar-
rondie, isolée, qui est placée dans une cavité,
comme une tasse dans sa soucoupe. « A l'aide de
ma lunette d'approche, dit Flinders, je vis que
le sommet du pic de Cap-Barren offrait cette particularité. Les parties inférieures de ces îles sont
généralement sablonneuses ; et souvent au-dessous
des montagnes, il se forme des marais et des
étangs ; leur eau a ordinairement une teinte rougeâtre ; et j'en vis un où elle était si foncée, et
ressemblait tant à du sang, que je la goûtai : je
ne lui trouvai qu'un goût saumâtre. Je ne puis
décider si des terres ou des métaux lui donnent
cette couleur, quand elle coule le long des montagnes, ou si ce sont les feuilles et les racines
des plantes qui la lui communiquent : je penche
pour la première opinion. »

Toutes ces îles sont couvertes de broussailles,
parmi lesquelles, dans les parties les plus abritées
et les moins stériles, sont mêlés quelques arbres
rabougris, qui semblent se dépouiller annuelle-
ment de leur écorce, et être des espèces d'eucalyptus. Les broussailles tapissent même les rochers, pourvu qu'elles puissent gagner pied dans

le moindre coin; elles sont ordinairement impénétrables, et dans les parties méridionales et occidentales des îles, elles prennent une forme déprimée qui prouve la force et la constance des vents soufflant de ces côtés. C'est entre les herbes traçantes que le coupeur-d'eau se réfugie de préférence; les manchots se nichent entre des salicors rampantes, qui croissent sur des espaces considérables derrière la plage. Quelques arbustes, et une herbe qui croît dans les terrains humides, près des bords des étangs et des marais baignés par l'eau fraîche, et qui, bien qu'un peu grossière, pourrait servir de nourriture au bétail, complètent le petit nombre de végétaux dont la nature a pourvu ces îles.

Les animaux sont bien plus nombreux; ce sont le phoque velu et le phoque à nez pointu, le coupeur-d'eau et le manchot. Parmi les phoques velus, quelques vieux mâles sont d'une taille énorme et d'une force extraordinaire. Flinders tira un coup de fusil à un de ces animaux, assis sur le sommet d'un rocher, le muffle tendu vers le soleil; la charge était de trois balles; l'animal roula sur lui-même, et plongea dans l'eau; mais dans moins d'une demi-heure il reprit sa place et son attitude. Un second coup fit jaillir le sang de sa poitrine à une grande distance; il tomba mort. Son poids égalait celui d'un bœuf

ordinaire. Le phoque à nez pointu paraît fré-
quenter les plages, les pointes et les roches
abritées; tandis que celles qui sont exposées à la
violence des vagues sont préférées par l'autre espèce de phoque, qui est plus belle et plus forte.

Des quantités innombrables de coupeurs-d'eau
fréquentent les parties de ces îles tapissées d'herbes touffues et entrelacées. Ces oiseaux creusent
des terriers comme des lapins, et y pondent un
ou deux œufs énormes : le soir ils reviennent de
la mer, ayant l'estomac rempli d'une substance
gélatineuse, qu'ils ont recueillie à la surface des
eaux, et ils en rejettent une partie dans le gosier
de leurs petits. Quelques instans après le coucher
du soleil, ils obscursissaient l'air par leur grand
nombre, et ils se passait plus d'une heure avant
que leurs cris eussent cessé, et que chacun eût
trouvé son repaire. Ces oiseaux fournirent à l'é-
quipage du navire naufragé un exemple de persévérance bien remarquable. Les tentes avaient
été dressées tout près d'un terrain rempli de leurs
terriers; beaucoup de ces trous furent donc né-
cessairement comblés par les pas des hommes qui
marchaient sans cesse dessus. Malgré cet inconvénient, malgré les milliers de ces oiseaux qui
furent tués, puisque pendant six mois ils formèrent la principale nourriture des Anglais, leur
nombre ne parut pas diminué, et il n'y avait pas

un terrier de moins, excepté dans les endroits que les tentes recouvraient. Cet oiseau est à peu près de la taille d'un pigeon; écorché et fumé, c'est un manger passable. On s'en procurait telle quantité que l'on désirait, en envoyant le soir des hommes sur le rivage; il suffisait d'enfoncer le bras jusqu'à l'épaule dans le terrier, et de saisir prestement le coupeur-d'eau. Cependant on courait le risque de prendre un serpent au lieu d'un oiseau.

C'est la petite espèce de manchot qui fréquente ces îles; le dos et les parties supérieures sont d'une couleur bleu de plomb; les parties antérieures et le ventre sont blancs. On les trouvait généralement pendant le jour sur des rochers, ou dans des trous près du bord de l'eau. Ils creusent des terriers comme les coupeurs-d'eau; cependant il paraît qu'ils n'y retournent pas tous les soirs comme ceux-ci, excepté dans le temps où ils couvent. Jamais ils ne se mêlaient avec eux, ni ne s'éloignaient beaucoup de l'eau salée. Ils préféraient pour pondre, les lieux situés derrière la plage, et où le sable est couvert de plantes salées. Leur chair est si corlace et si rance, que si leur peau n'eût pas servi à faire de bonnets assez jolis et impénétrables à la pluie, on ne les eût pas inquiétés.

Les quadrupèdes de ces îles sont le kangorou,

le vombat et le fourmillier épineux à bec de canard. On les trouve aussi à la Nouvelle-Hollande.

Parmi les oiseaux qui fréquentent les îles Furneaux , les plus précieux sont le cygne et l'oie noire. Le premier n'y vient probablement que pour pondre ; car on l'y voit rarement , même dans les étangs d'eau douce. L'oie noire est une espèce de bernache. Elle se nourrit d'herbe, et va rarement à l'eau. Elle fournit nos meilleurs repas, dit Flinders ; mais elle avait fini par devenir farouche. On aperçut quelquefois des cormorans , des mouettes, ainsi que des corneilles , des éperviers , des perruches et de petits oiseaux. Le poisson était peu abondant.

« On me montra dans l'île Préservation des serpens tachetés de jaune et longs de quatre pieds. Ils se nichent quelquefois dans les terriers des coupeurs–d'eau , probablement pour manger les petits. Un matelot en retira un d'un trou , où il s'attendait à trouver un oiseau. La promptitude de son mouvement le préserva heureusement d'être mordu. Quoique ces reptiles aient les poches à poison , cependant personne n'éprouva sa virulence. »

La goëlette fut prête à faire voile le 25 février. Comme elle n'était pas à la disposition de Flinders , il ne put l'employer à résoudre des doutes qui s'élevaient dans son esprit sur la jonction de la Terre Van-Diemen avec la Nouvelle-Hollande

Il ne connaissait pas encore le résultat de la campagne de son ami Bass. Or, apercevant de la fumée dans l'intérieur des terres au sud des îles Furneaux, il jugea qu'elles étaient habitées. Mais les îles intermédiaires ne l'étant pas, il croyait les deux grandes terres unies ; car il était difficile de supposer que des hommes eussent atteint la plus éloignée, sans avoir touché à celles qui étaient dans l'intervalle, et il n'était pas probable qu'arrivés sur celles-ci, ils y fussent morts de faim. D'un autre côté, la force des marées qui portaient à l'ouest au-delà des îles, ne pouvait être produite que par un bras de mer extrêmement profond, ou par un détroit. Ces circonstances contradictoires l'embarrassaient beaucoup.

Le 9 mars il fut de retour à Port-Jackson. Bass lui communiqua ses notes et ses observations : alors toutes ses incertitudes s'évanouirent. Il pensa qu'il ne manquait plus d'autre preuve de l'existence d'un passage entre la Nouvelle-Hollande et la Terre Van-Diemen, que de traverser ce détroit. Il aurait bien voulu partir sur-le-champ pour acquérir cette démonstration positive ; son service l'appela ailleurs.

Cependant l'accomplissement de ses désirs ne fut que différé. Au mois de septembre le gouverneur Hunter lui confia le commandement du *Norfolk*, sloop de ving-cinq tonneaux, en l'au-

torisant à pénétrer au-delà des îles Furneaux, et
s'il existait un détroit, de le traverser, et de revenir en faisant le tour de la Terre Van-Diemen.
On lui permit d'employer trois mois à cette reconnaissance ; on lui donna des vivres en conséquence, et il choisit un équipage de huit bons
matelots. Flinders était ravi ; il fut au comble de
ses vœux quand on lui permit de prendre avec lui
son ami Bass.

Le 7 d'octobre ils firent voile de Port-Jackson
avec un navire dont le capitaine et le subrécargue, d'après le rapport de Flinders sur l'immense
quantité de phoques que l'on pouvait se procurer
aux îles Furneaux, avaient pris le parti d'y faire
une expédition.

S'étant arrêtés au nord du cap Howe, afin de
lever le plan d'une baie, Flinders et l'autre capitaine traversaient une forêt pour arriver à sa rive
septentrionale, où le premier se proposait de me-
surer une base. Tout à coup leurs oreilles furent
frappées des cris de trois femmes qui emportèrent
leurs enfans, et s'enfuirent en donnant les marques de la plus grande consternation. Bientôt un
homme parut ; il était de moyen âge, sans autre
arme qu'un *oueddie*, ou cimeterre de bois. « Il vint
à nous, dit Flinders, avec un air de confiance in-
souciante. Nous lui fîmes bon accueil, et nous
lui donnâmes du biscuit. En revanche il nous pré-

tenta un morceau de graisse dégoûtant, probablement de baleine. J'en goûtai, et guettant pour
la cracher le moment où il ne me regarderait pas,
je m'aperçus qu'il en faisait de même de notre
biscuit, dont le goût ne lui paraissait probablement pas plus agréable que celui de sa baleine ne
l'était pour nous. Il nous suivit jusqu'à la plage
où nous allions, et en marchant ramassa dans
l'herbe une longue lance de bois, dont la pointe
était garnie d'un os. Il la cacha de nouveau, en
nous faisant signe qu'il la reprendrait à son retour.
Il regarda avec indifférence, peut-être même avec
mépris, nos opérations trigonométriques, et nous
quitta, persuadé sans doute qu'il n'avait rien à
craindre de gens qui s'occupaient si sérieusement.

« Le 11 je préparais un horizon artificiel pour
observer la latitude, lorsqu'une troupe de huit
sauvages se mit à crier sur la côte au-dessus de
nous ; en même temps il nous montrèrent leurs
mains pour nous prouver qu'ils n'étaient pas
armés. Nous n'étions que trois ; nous avions pour
armes un pistolet de poche et deux fusils. Ils ne
s'en effarouchèrent pas, et nous les gardâmes en
nous asseyant au milieu d'eux. C'étaient tous des
jeunes gens mieux faits et plus propres que les
naturels des environs de Port-Jackson ne le sont
ordinairement. Leur physionomie annonçait de la
bienveillance et de la curiosité mêlée cependant

d'un peu de crainte. Nos personnes et nos habits fixaient leur attention, préférablement aux petits présens que nous leurs fîmes, et qui semblèrent ne leur causer qu'un plaisir momentané. Le soleil en s'approchant du méridien m'appela sur la plage; ils retournèrent dans les forêts, très-contens de ce qu'ils avaient vu. Nous n'aperçûmes parmi eux aucune espèce d'armes; mais nous connaissions trop bien ce peuple, pour ne pas être assurés qu'il était prudent d'avoir sans cesse l'œil sur les bois pendant que nous faisions notre opération, afin d'éviter toute surprise. »

Trois jours après Flinders était par 39° 11′ sud; il n'avait pas vu dans l'ouest la terre que Furneaux y a supposée. On n'en aperçut pas non plus de toute la journée, quoique l'atmosphère fut très-claire. Il reconnut ensuite au sud de petites îles qu'il avait découvertes dans une autre campagne; il les avait nommées *Groupe de Kent :* elles sont peu importantes. Il se dirigea ensuite au sud des îles Furneaux. Le navire qui lui avait tenu compagnie, mouilla dans le port de l'île Préservation; des tentes furent établies à terre le long d'un ruisseau d'eau douce, et la chasse aux phoques commença.

Quant à Flinders, il s'occupa de l'objet pour lequel il avait été expédié; la force du vent d'ouest l'empêchant jusqu'au 31 octobre d'avancer le

long de la côte septentrionale de la Terre Van-
Diemen, il employa ce temps à vérifier ses précédentes reconnaissances. Bass de son côté exami-
nait le pays et ses productions.

Le premier cap de la Terre Van-Diemen auquel
Flinders aborda, fut le *cap Portland,* appelé ainsi en
honneur du duc de ce nom, alors secrétaire d'é-
tat. Il reconnut avec soin la côte qui était sablonneuse, et entrecoupée de pointes pierreuses; le
pays au-delà était bas et sablonneux à la distance
de trois milles, ensuite il s'élevait graduellement
en formant des coteaux en pente douce, ver-
doyans et entremêlés de jolis bouquets de bois et
d'arbres isolés; il offrait un coup d'œil agréable.
Plus loin on distinguait çà et là les cîmes nues
et raboteuses d'une chaîne de montagnes, ce qui
formait un contraste pittoresque avec la belle
verdure du premier plan. Des îlots étaient épars
le long de la côte, qui était quelquefois entrecoupée de baies et de pointes rocailleuses. On
espéra rencontrer bientôt l'embouchure d'un fleuve
assez considérable, car les montagnes de l'intérieur que l'on aperçut en s'avançant à l'ouest,
présentaient une chaîne haute et étendue; le pays
près de la mer devenait plus stérile. Le 3 novembre on découvrit le fleuve qui se jetait par trois
embouchures dans une baie, et formait un bon
port.

Parmi les îles situées dans cet endroit, on en vit une couverte d'herbes longues et grossières, et de buissons entremêlés de petits arbres. Elle est fréquentée par les goëlands et les cygnes noirs qui viennent y pondre : dans plusieurs nids que ceux-ci venaient de quitter, on trouva des coquilles brisées; c'étaient des preuves convaincantes que les naturels de la Terre Van-Diemen manquaient de moyen pour les transporter d'un rivage à l'autre, car cette île est à peine à deux encâblures de la côte.

Indépendamment de cette grande rivière, on découvrit un ruisseau d'eau excellente qui tombait dans la baie. Le rivage offrait des traces récentes du séjour des naturels; et les Anglais, après être retournés à leur sloop, en aperçurent un qui s'occupait ou s'amusait à mettre le feu à l'herbe dans différens endroits; il n'attendit pas les voyageurs. Ceux-ci allèrent à une île où ils virent de la fumée s'élever; les sauvages les évitèrent de même; car en débarquant, on en vit trois qui s'en allaient en marchant sur le banc de sable qui unit cette île à une pointe de terre basse et sablonneuse située vis-à-vis. La troupe consistait en un homme, une femme et un petit garçon. Les deux premiers étaient enveloppés de quelque chose qui ressemblait à des manteaux de peau.

On avait fait la provision d'eau, et l'on était

prêt le 7 novembre à continuer le voyage ; mais la largeur et la profondeur du fleuve, ainsi que la force des marées, étaient des indices trop évidens de la longueur de son cours, pour qu'on ne l'examinât pas plus en détail. On le remonta pendant deux jours jusqu'à un point où sa largeur n'était plus que d'un quart de mille, son eau à moitié douce, et sa profondeur à demi-flot de onze brasses à une brasse et demi. Il se dirigeait d'abord au sud-sud-ouest, puis à l'est-sud-est. Flinders monta sur un coteau voisin, et vit qu'au-delà il s'élargissait de nouveau, et tournait plus au sud ; plus loin il traversait trois chaînes de collines, et au-delà, des montagnes aux cimes aiguës et aux pointes avancées desquelles le grand éloignement donnait une teinte azurée. Flinders jugea que c'étaient les mêmes qu'il avait aperçues du cap Portland, et que les sources du fleuve devaient s'y trouver. Leur distance concourut, avec la force de la marée et la profondeur de l'eau, à lui faire penser que la partie la plus considérable du fleuve restait encore à reconnaître.

En explorant les îlots et les bancs situés à son embouchure, on vit sur une pointe de terre une troupe de cygnes noirs, qui étaient au nombre d'environ cinq cents. Leur grosses plumes étaient tellement entremêlées avec le sable, qu'elles composaient une partie du fond de la plage. Cette

innombrable quantité de plumes fit connaître à
Flinders la cause pour laquelle tant de cygnes,
quoiqu'ils ne fussent plus jeunes, n'avaient pas la
force de voler; probablement ils perdent les
plumes de leurs ailes à une période fixe; mais ce
ne doit pas être tous les ans.

Le vent souffla de l'ouest jusqu'au 20 novembre
avec tant de force, qu'après une tentative infructueuse, Flinders trouva qu'il était impossible d'a-
vancer de ce côté. Il resta donc dans le port à faire
des observations astronomiques, à compléter le
plan, et à examiner le pays, en attendant que le
temps devînt plus favorable. Les cygnes lui fournissaient une provision de vivres qui ne manquait
jamais.

Il profita aussi de ce vent contraire pour aller à
l'île Préservation, où il trouva le capitaine du
navire expédié à la pêche du phoque. Il le chargea
d'une lettre dans laquelle il annonçait au gouverneur Hunter ses succès jusqu'à ce moment, et les
délais que la tenacité des vents d'ouest lui occasionait.

La même cause rendit son retour au port qu'il
avait découvert extrêmement difficile. Cette
continuité de vents contraires le fit presque déses-
pérer d'accomplir l'objet de son voyage, car sur
les douze semaines auxquelles il avait été limité,
il s'en était déjà écoulé près de huit.

Enfin le 3 décembre il put faire voile de ce port, où il était entré avec tant de plaisir le 3 novembre, et dont il fut encore plus aise de sortir. Ce port reçut le nom de *port Dalrymple*, en honneur d'Alexandre Dalrymple, alors hydrographe de l'amirauté, qui avait consacré tout son temps et toutes ses études aux progrès de la géographie. C'est un juste hommage trop rarement rendu aux savans. Sa position fut déterminée à 41° 3' sud, et 146° 51' est.

Le port Dalrymphe et le fleuve qui depuis fut nommé Tamar occupent le fond d'une vallée bordée de chaque côté de chaînes irrégulières de montagnes, qui sont la prolongation au nord-ouest de celles de l'intérieur; tantôt elles s'éloignent, et le fleuve acquiert une largeur considérable; tantôt elles se rapprochent et le resserrent extrêmement. Ainsi le Tamar offre plutôt l'apparence d'une chaîne de lacs, que celle d'un fleuve: peut-être même n'est-ce qu'après avoir long-temps miné les rochers, que l'eau aidée de son poids a formé une communication entre ces bassins partiels, et s'est ouvert un passage jusqu'à la mer; diverses circonstances donnent lieu de présumer que l'époque de ce dernier événement n'est pas très-reculée.

La chaîne des montagnes de l'ouest se prolonge jusqu'à six milles de la mer; elle s'élève beau-

coup à quelque distance du port, et son sommet
est découpé d'une manière bizarre. L'aspect brillant de quelques-uns de ces monts, lorsque le soleil luit après la pluie, fît supposer qu'ils sont granitiques.

On trouva que le port était de grande ressource pour l'eau et les vivres. Un cinquième à un dixième des troupes de cygnes est incapable de voler; et comme on a trouvé depuis que la même chose a lieu en janvier et en mai, ainsi qu'en octobre, il est probable que c'est ainsi toute l'année. Ces oiseaux sont doués de beaucoup de sagacité; privés de la faculté de plonger, ils s'enfoncent néanmoins si profondément dans l'eau, qu'on n'aperçoit presque pas leur corps, et évitent ainsi fréquemment d'être découverts. Quand on leur faisait la chasse, ils tâchaient de se mettre au vent du canot; ils y réussissaient ordinairement quand la brise était forte, et quelquefois échappaient ainsi aux coups de fusils.

Les kangorous parurent nombreux dans cette partie de la Terre Van-Diemen; mais comme ils étaient farouches, et que Flinders et son compagnon n'avaient pas le temps de les poursuivre, et d'ailleurs étaient suffisamment pourvus de vivres, ils n'en attrapèrent qu'un, dont la chair fut jugée de meilleur goût que celle des mêmes animaux que l'on prend dans les environs de Port-Jackson.

On vit au port Dalrymple des troupes de canards et de sarcelles. Le cormoran à ventre blanc et l'huîtrier noir et tacheté étaient communs dans la partie inférieure du port; on trouva quelques pélicans sur les bancs de sable. Le grand cormoran noir, commun le long des rivières, fut aperçu dans différentes parties du cours du Tamar. Ces oiseaux étaient un assez bon manger.

On ne songea pas à prendre du poisson. Les moules abondaient sur les rochers que la marée recouvrait : on supposa que les naturels se procuraient des huîtres en plongeant ; car on en trouva des écailles près des endroits où ils avaient fait du feu.

En suivant la côte à l'ouest, on continuait à voir des montagnes dans le sud. Le 7 on mouilla dans une petite anse sablonneuse. Flinders et Bass débarquèrent pour voir quelles provisions ils pourraient se procurer ; le long retard qu'ils avaient éprouvé, avait obligé de réduire les rations, de crainte de ne pouvoir accomplir dans les trois mois l'objet du voyage. A la brune ils retournèrent à bord, n'ayant pas eu beaucoup de succès dans leurs recherches ; mais ils observèrent un fait, dont ils déduisirent une conséquence intéressante pour eux. La marée était venue de l'est pendant toute la durée de l'après-midi, et contre leur attente, les deux voyageurs trouvèrent en

4*

abordant que l'eau était presque basse ; ainsi le
flot venait de l'ouest et non de l'est, comme aux
îles Furneaux. Ils regardèrent ce fait comme une
forte preuve, non-seulement de l'existence d'un
passage entre cette terre et la Nouvelle-Hollande,
mais aussi du peu de distance de son entrée du
côté de la mer des Indes.

Le canton que l'on avait visité était montueux ;
Bass le trouva impraticable, tant les hautes broussailles étaient serrées, quoiqu'une partie eût été
incendiée peu de temps auparavant. Le sol qui
recouvrait les rochers et le sable avait peu de
profondeur ; l'aspect général du pays était stérile.
On trouva sur le rivage plusieurs endroits où l'on
avait fait du feu, et autour desquels des coquilles
étaient éparses.

On aperçut le 9 décembre au point du jour une
troupe de goëlands bruns. Ils furent suivi par une
quantité de coupeurs-d'eau si prodigieuse, que
nous n'en avions jamais vu, dit Flinders, une pa-
reille ; ils formaient une masse de deux cent cinquante à quatre cents pieds de profondeur, sur
quinze cents pieds et plus de largeur. Ces oiseaux
volaient aussi près les uns des autres que le paraissait permettre la liberté du mouvement de
leurs ailes ; ce torrent continua à passer sans interruption pendant une heure et demie au
moins, avec une vitesse peu inférieure à celle

d'un pigeon. Flinders estime qu'en calculant au plus bas, cette troupe d'oiseaux en comprenait cent millions. Il en conclut qu'il doit se trouver une ou plusieurs îles inhabitées dans la grande baie devant laquelle il se trouvait.

On aperçut bientôt une île trop petite pour être habitée, et séparée de la grande terre par un canal trop large et trop profond pour que les Indiens dépourvus de pirogues pussent y aller ; cependant on y avait vu des vestiges du séjour des sauvages : des observations subséquentes ont appris qu'ils y vont à la nage.

A l'ouest du canal qui est entre cette petite île et la grande terre, la côte s'élevait à mesure qu'elle s'approchait d'un cap escarpé. Au-delà l'on n'apercevait pas de terre. La côte présentait l'aspect de la stérilité. Dès que l'on eut doublé une pointe qui se prolongeait au nord en s'abaisant, on reconnut que la houle arrivait du sud-ouest, avec une force à laquelle l'on n'était pas accoutumé depuis long-temps. Elle brisait avec violence sur un petit récif situé à un mille et demi de la pointe, et sur toute la côte occidentale. Quoiqu'elle dût probablement être incommode, et peut-être dangereuse, Flinders et Bass se réjouirent et se félicitèrent mutuellement de l'éprouver, car elle leur annonçait qu'ils avaient enfin

découvert le passage dans l'océan Indien méridional.

Le vent soufflait de l'est et leur était favorable.
Ils se dirigèrent vers une petite île rocailleuse, qui
paraissait toute blanche du grand nombre d'oiseaux qui la couvraient : elle excita tellement
leur curiosité et leur espérance de s'y procurer un
supplément de vivres, que Bass y alla dans le
canot, pendant que Flinders l'attendit en courant
des bordées; on ne découvrait aucune terre au
nord, et la plus éloignée que l'on distinguât dans
la direction opposée, était une île escarpée à
quatre lieues de distance.

Bass revint à deux heures avec le canot chargé
d'albatros et de phoques. Il avait été obligé de
combattre avec les phoques, pour arriver au sommet de l'île, et parvenu à ce point, de se frayer
un chemin avec un bâton à travers les albatros.
Ces oiseaux accroupis sur leurs nids couvraient
presque entièrement la surface du sol, et ne se
dérangèrent que pour becqueter les jambes des
gens qui venaient les interrompre. Cette espèce
d'albatros a le cou et la poitrine blanche, les
ailes et le dos noirs; elle est moins grosse que la
plupart de ceux que l'on rencontre à la mer,
surtout dans les hautes latitudes méridionales.
Les phoques étaient de la taille ordinaire; ils

avaient le pelage rougeâtre, et d'une qualité bien inférieure à celle des phoques des îles Furneaux.

Cette île, qui fut nommée île des Albatros, a deux milles de long; elle est assez haute pour être vue de cinq à six milles en mer; ses côtes sont généralement des falaises escarpées; elle est par 40° 25′ sud, et 144° 41′ est de Greenwich.

La marée descendante avait couru avec tant de force au sud-ouest, que malgré les efforts de Flinders pour ne pas s'éloigner de l'île, il en était à cinq milles, lorsque Bass revint à bord.

On découvrit encore d'autres petites îles au nord-ouest de la Terre Van-Diemen. Chacune reçut un nom particulier, et le groupe entier celui d'îles *Hunter*, en l'honneur du gouverneur de la Nouvelle-Galles méridionale, patron de l'entreprise.

Le cap nord-ouest de la terre ou île Van-Diemen, puisqu'on pouvait la qualifier ainsi, est escarpé et de couleur noire, ce qui lui fit donner le nom de *Cap-Grim*. Il est situé par 40° 44′ sud, et 144° 43′ est. Au nord la côte est une plage basse et sablonneuse, qui se prolonge à trois ou quatre milles dans le nord-est; au sud les falaises noires s'étendent à sept ou huit milles; puis la côte se recule à l'est pour former une baie sablonneuse.

Le vent soufflait avec force de l'est-nord-est; la nuit fut sombre et orageuse. On se tint aussi près de terre qu'il fut possible; mais le 10 dé-

cembre au point du jour on se trouva porté très-
loin au sud-ouest. On se rapprocha de la terre.
A midi on était par 41° 13′ sud ; la côte éloignée
de deux à trois milles consistait en plages sablonneuses séparées par des pointes rocailleuses, en
avant desquelles on apercevait des rochers épars.
Le pays en arrière était bas jusqu'à une distance
de deux à trois milles ; ensuite il s'élevait par une
pente douce jusqu'à une chaîne de collines nues.
Une montagne à huit milles dans l'intérieur parut
être l'extrémité septentrionale d'une autre chaîne
plus haute et mieux boisée que l'antérieure.

En prolongeant la côte au sud, on reconnut
qu'elle ne changeait pas de nature ; seulement elle
n'était pas bordée de rochers. Une petite ouverture que l'on découvrit derrière des falaisses basses
parut être l'embouchure d'une rivière qui semblait venir du nord en coulant entre les deux
chaînes de collines. Pour la première fois on vit
de la fumée s'élever sur cette côte occidentale,
derrière l'ouverture.

Flinders supposa que deux montagnes qu'il vit
plus loin, l'une formant l'extrémité méridionale de
la chaîne postérieure, l'autre un pic à quatre milles
à l'est-sud-est de celui-là, étaient les mêmes dont
Tasman avait eu connaissance lorsqu'il découvrit
cette terre le 24 novembre 1642. C'est pourquoi
il nomma le premier *Mont Heemskerk*, et l'autre

Mont-Zeehaen, d'après les deux vaisseaux de ce navigateur (1). La chaîne postérieure des monts boisés ne se termine pas dans cet endroit, elle se recule dans l'intérieur, et autant qu'on put le distinguer à travers la brume, elle s'élève en se prolongeant au sud.

Le vent qui soufflait avec trop de force vers la terre empêcha Flinders de reconnaître la côte de près ; elle formait une baie au-delà de laquelle elle était rocailleuse et découpée par des anses et des pointes. Le pays s'élevait en pente douce.

La houle du sud-ouest, que l'on avait éprouvée en entrant dans la mer des Indes, continuait à porter sur cette côte ; le vent soufflait bon frais de l'ouest-nord-ouest. Dans ces conjonctures les

_____

(1) Il n'est peut-être pas hors de propos d'observer ici que ce mot de *zeehaen* (coq de mer), défiguré par d'ignorans copistes qui le transforment en *zechaen*, a été pris par plusieurs auteurs pour le nom d'un navigateur hollandais auquel a été attribuée la découverte en 1608 de la Terre d'Arnheim et d'une seconde Terre Van-Diemen au nord-ouest de la Nouvelle-Hollande. Celle-ci fut découverte en 1643 par Tasman, qui avait sous ses ordres les mêmes vaisseaux. (Voyez l'*Abrégé de l'histoire des Voyages*, tome XVII, page 334, édition de 1820, et les *Nouvelles annales des Voyages*, tome II, page 1, où j'ai inséré un mémoire qui fixa la date de la découverte, et explique la cause de l'erreur.).

voyageurs cherchèrent à découvrir une petite plage
sur laquelle ils pussent, en cas de nécessité,
faire échouer leur navire avec la perspective de
sauver leur vie; car si le vent venait à tourner un
peu plus à l'ouest, il n'était pas probable qu'ils
parvinssent à parer la terre; mais on ne put
apercevoir une plage, et l'on fit force de voiles
pour passer cette côte affreuse.

Le 13 on doubla le cap sud-est de la Terre Van-
Diemen, le lendemain le cap Canelé, et l'on
mouilla près de l'embouchure du Derwent. Flinders en reconnut les environs avec soin, et en
leva le plan de concert avec Bass. Il remonta ensuite ce fleuve jusqu'au point où il en trouva l'eau
douce pour faire sa provision.

Le 25, pendant que les deux voyageurs exami-
naient le pays que baigne le fleuve, leur attention fut tout à coup attirée par le son d'une voix
humaine qui venait des collines. Il y avait un
homme et deux femmes. Ils ne voulurent pas se
rendre aux signes qu'on leur fit de descendre.
Bass et Flinders débarquèrent et allèrent à eux,
en emportant un cygne noir. Les deux femmes
s'enfuirent; l'homme qui tenait à sa main trois
lances attendit les voyageurs. Ils lui donnèrent le
cygne, présent qui le combla de joie. Il paraissait
ignorer entièrement l'usage des fusils. « Rien n'ex-
citait son attention ou ses désirs, dit Flinders, que

le cygne et les mouchoirs rouges que nous avions autour du cou. Il savait cependant que nous venions du sloop, et désigna l'endroit où il était mouillé. Notre faible connaissance de la langue des naturels de Port-Jackson et du grand océan ne nous fut d'aucune utilité pour nous faire entendre de cet homme; mais la promptitude avec laquelle il comprenait nos signes prouvait son intelligence. Il ressemblait beaucoup aux sauvages de la Nouvelle-Galles méridionale; il avait comme eux la peau tailladée, le visage barbouillé de noir et les cheveux frottés d'ocre rouge. Sa chevelure très-courte, soit naturellement, soit qu'il l'eût coupée, n'était pas laineuse. Il accepta la proposition que nous lui fîmes de nous conduire à sa cabane; cependant nous étant aperçus, par la route tortueuse qu'il prit et par ses pauses fréquentes, qu'il cherchait à lasser notre patience, nous le laissâmes enchanté de la possession de son cygne, et nous retournâmes à notre canot. »

Les rives du Derwent ne sont pas très-hautes, quoique le pays d'alentour puisse passer pour montueux. Le terrain s'élève de chaque côte, et forme des coteaux d'une élévation modérée; les pentes sont un peu escarpées. La belle verdure qui les couvre leur donne un aspect agréable.

Le 3 janvier 1799 on profita d'un vent de nord-

ouest pour faire voile. On reconnut soigneusement, autant que le temps le permit, différens
points de la côte orientale de la Terre Van-Diemen.
Le 11 le sloop laissa tomber l'ancre à Port-
Jackson.

Le gouverneur Hunter donna le nom de *Détroit de Bass* à ce détroit qui avait été l'objet de
l'expédition, et dont la découverte venait d'être
constatée et complétée. Ce n'était qu'un juste
tribut payé au zèle de l'homme hardi qui, bra-
vant les dangers et les fatigues, avait eu le courage de s'y hasarder le premier dans une chaloupe, et qui par sa perspicacité avait, d'après
différens indices, deviné l'existence d'une large
ouverture entre la Terre Van-Diemen et la Nouvelle-Hollande.

VOYAGE

A LÀ TERRE AUSTRALE,

PAR FLINDERS,

DANS LEQUEL IL COMPLÉTA LA DÉCOUVERTE DE CE CONTINENT,
1801 A 1803 (1).

L'EXISTENCE du détroit qui sépare la Nouvelle-Hollande de la Terre Van-Diemen avait été prouvée; mais beaucoup de parties du premier de ces pays étaient encore imparfaitement connues en 1799. Flinders, dans une reconnaissance qu'il fit de la côte orientale au nord de Port-Jackson jusqu'à 24° sud, explora soigneusement deux baies, dans lesquelles il espérait trouver les embouchures de grands fleuves, qui lui auraient donné la facilité de pénétrer dans l'intérieur des terres plus avant qu'on ne l'avait pu jusqu'alors; mais il n'y découvrit que de petites rivières, et elles étaient pleines de bancs

(1) Ce voyage et celui de Bass n'ont pas encore été traduits en français.

de sable, qui en rendraient la navigation pénible pour un grand bâtiment. La plus méridionale de ces baies avait été nommée par Cook *Glass-House Bay* (baie des Verreries), parce que sur ses bords s'élèvent trois collines qui ressemblent à une verrerie. La rivière qui tombe dans cette baie reçut de Flinders le nom de *Pumice-Stone River* (Rivière des pierres ponces), à cause de la grande quantité de cette substance que l'on rencontra sur ses bords. Il supposa en conséquence que les trois pics étaient volcaniques ; leur grand escarpement empêcha d'y gravir, et il ne trouva sur leur flanc et à leur base aucune trace d'éruption volcanique.

Cette dernière reconnaissance, quoiqu'elle eût contrarié les espérances de Flinders, prouva sans réplique que du 24me. au 39me. parallèles sud aucun fleuve considérable ne se jette le long de la côte orientale de la Nouvelle-Hollande.

Animé du désir de compléter la reconnaissance générale des côtes de ce continent, et de pénétrer, s'il le pouvait, dans l'intérieur, Flinders ne fut pas plus tôt de retour en Angleterre, à la fin de 1800 ; qu'il présenta le plan de l'entreprise qu'il méditait à sir Joseph Banks. Ce zélé protecteur des sciences et des entreprises utiles l'ayant approuvé, il fut soumis à l'amirauté, qui en ordonna l'exécution, et la confia à l'homme qui avait conçu le projet.

La corvette *Investigator*, de trois cent trente-quatre tonneaux, fut équipée pour le voyage ; son équipage était de soixante-treize hommes : dix savans s'y embarquèrent aussi. Flinders ayant reçu ses instructions et des passe-ports du gouvernement français, avec lequel la Grande-Bretagne était alors en guerre, fit voile de la rade de Spithead le 18 juillet 1801. Le 16 octobre il eut connaissance du cap de Bonne-Espérance, et alla mouiller dans la baie False : il en partit le 4 novembre.

Le 6 décembre on vit la terre de la Leewin, qui est à la côte sud-ouest de la Nouvelle-Hollande. Il l'explora, et fit route à l'est en vérifiant les découvertes de d'Entrecasteaux et de Vancouver, et rectifiant ce qui n'avait pas été bien observé par ces deux navigateurs. Il passa quelque temps dans le port du Roi-George. Les Anglais ayant aperçu de la fumée au fond du port, quelques-uns allèrent de ce côté ; ils rencontrèrent des naturels qui, bien qu'extrêmement timides, ne parurent pas effrayés. Un de ces sauvages se fit remarquer par ses belles formes ; on lui donna un oiseau que l'on venait de tuer. Ces hommes, de même que la plupart de ceux que l'on avait vus dans ce pays, ne parurent pas désirer de communiquer avec des étrangers, et ils firent bientôt signe aux Anglais de retourner d'où ils étaient venus. Ainsi le len-

demain l'on fut agréablement surpris quand deux
Indiens d'abord, et d'autres successivemeut, se
montrèrent sur les coteaux situés derrière les
tentes. Ils s'approchèrent avec beaucoup de précaution ; l'un d'eux s'avança le premier la lance à
la main et faisant beaucoup de gestes, qu'il accompagnait de vociférations et de discours dans
lesquels il avait l'air, tantôt de menacer les
Anglais s'ils ne s'en allaient pas, et tantôt de les
prier de rester. L'aide chirurgien étant allé à eux
sans armes, on ne tarda pas à communiquer avec
eux : ils reçurent des objets en fer et diverses bagatelles, et donnèrent en échange quelques-unes
des choses qu'ils avaient. Après une visite assez
courte, ils s'en allèrent ayant l'air satisfaits.

Trois jours après ils revinrent avec deux étrangers ; ensuite ils se montrèrent presque tous les
jours, et souvent ils restaient toute la matinée
aux tentes. On leur fit toujours présent d'objets
qui leur semblèrent le plus agréable : ils appor-
tèrent rarement quelque chose en retour ; assez
souvent on trouva le long du rivage de petits
miroirs et d'autres choses qu'ils y avaient laissés ; c'est pourquoi l'on finit par ne leur plus
rien donner.

Le 23 décembre, Flinders, accompagné des
savans de l'expédition, de quelques-uns de ses
officiers et de matelots, formant en tout une

troupe de treize hommes bien armés et pourvus
de vivres pour deux jours, partit pour visiter les
lacs situés derrière un cap dans l'ouest. Après avoir
suivi le rivage jusqu'à l'extrémité d'un havre, où
se déchargeaient de petits ruisseaux d'eau douce,
qui sortaient de marais tourbeux, on marcha vers
l'ouest dans l'intérieur du pays. Bientôt on aperçut
un naturel qui courait en avant; et quelques instans après un vieillard, qui était venu plusieurs
fois aux tentes, s'approcha sans armes. Il avait
l'air de ne pas vouloir que la troupe avançât, et
arrêta résolûment d'abord l'un, puis l'autre de
ceux qui étaient les premiers : il ne put venir à
bout de son dessein ; mais pour ne pas les con-
trarier, on fit le tour du bois, où probablement
sa famille et des femmes étaient cachées. Il suivit
la troupe en poussant fréquemment des cris pour
en faire connaître les mouvemens. Un coup de
fusil, qui tua une perruche, ne lui causa ni crainte
ni surprise ; il reçut l'oiseau avec joie, et montra
beaucoup d'attention quand on chargea de nouveau le fusil.

« Notre route, dit Flinders, traversait des marais et des broussailles épaisses, où le vieillard
nous suivit quelque temps. Enfin ennuyé de ce
que nous persistions à tenir un chemin opposé à
un meilleur qu'il nous recommandait, et qui en
effet n'avait pour nous d'autre défaut que de cou-

duire précisément au point contraire à celui où nous voulions aller, il nous quitta. Nous nous dirigeâmes ensuite le long de la lisière des collines de la côte, et nous marchâmes plus aisément ; cependant il fallut traverser de nouveau les marécages, et nous frayer un chemin au milieu des broussailles touffues avant d'arriver au lac le plus oriental.

« Il avait un mille et demi de long de l'est à l'ouest, et un mille de large ; il était alimenté par les eaux qui s'échappaient des nombreux marais dont il était environné. En longeant sa rive septentrionale pour atteindre au lac du sud-ouest, nous fûmes arrêtés par un ruisseau tortueux, sur le bord duquel il y avait deux cygnes noirs, qui s'envolèrent avant que nous fussions à portée de les tirer. Après avoir suivi quelque temps les sinuosités de ce ruisseau sans pouvoir le passer, nous nous dirigeâmes vers des collines dans l'intérieur, où nous pûmes le traverser assez à temps pour marcher encore pendant une demi-heure avant le coucher du soleil. Ayant trouvé un endroit sec, avec de l'eau et du bois à portée, nous y fîmes halte pour y passer la nuit.

« Le lac du sud-ouest, où nous parvînmes le lendemain, est plus grand que celui de l'est. Le goût saumâtre de son eau annonçait qu'il communiquait avec la mer ; et comme nous ne savions

pas si le canal n'était pas trop profond pour que
nous pussions le passer, on abandonna prudemment le projet de marcher le long de la mer, et
l'on rebroussa chemin pour traverser de nouveau
le ruisseau, et faire le tour du lac septentrional.
On se dirigea ensuite au sud, et l'on gravit les
hauteurs qui forment le sommet des falaises dont
la mer est bordée. J'aperçus de ce point l'anse
voisine du cap à l'ouest, et le contour des lacs; il
n'existait pas de communication entre eux.

« Nous revînmes à nos tentes en marchant le
long des dunes derrière les falaises; l'eau y était
aussi rare qu'elle était abondante dans le terrain
bas où nous avions commencé notre excursion.

« C'est un triste pays que celui que nous par-
courûmes. Quoique les coteaux pierreux qui bordent le rivage soient couverts d'arbrisseaux, la
terre végétale y a rarement de la profondeur, et
l'on n'y voit point d'arbres. Le terrain s'abaisse
en pente douce derrière ces collines, et l'eau qui
en découle forme une chaîne de marais occupant
l'espace compris entre un des havres et les lacs.
De l'herbe et des broussailles tapissent dans cet
endroit la surface du terrain, et des arbres croissent dans les parties élevées. Le sol est néanmoins
maigre, et peu propre à la culture.

« Le 30 décembre, ayant achevé de faire notre
provision de bois et d'eau, et terminé les répara-

5*

tions dont le grément avait besoin, nous étions prêts à faire voile. Le vieillard et plusieurs autres naturels qui nous avaient constamment rendu des visites se trouvant dans notre camp, je fis faire l'exercice en leur présence aux soldats de la marine. Ces sauvages admirèrent beaucoup les habits rouges et les baudriers blancs qui se croisaient, parce que cela ressemblait un peu à leur manière de se parer. Le tambour et surtout le fifre excitèrent leur étonnement ; mais lorsqu'ils virent ces beaux hommes rouges et blancs bien alignés avec leur fusil brillant au bras, ils poussèrent des cris de joie extravagans. Il n'y eut pas moyen de faire finir leurs gestes et leurs vociférations, qu'en commençant l'exercice, qu'ils regardèrent avec la plus grande attention, et en gardant le plus profond silence. Quelques-uns suivaient involontairement des mains les mouvemens des soldats, et le vieillard, placé à la tête de la ligne avec un bâton à la main, imita tout ce que firent nos militaires. On avertit les Indiens avant le commandement de feu, de sorte que le bruit ne leur causa pas une grande épouvante.

Le 4 janvier 1802 on laissa au sommet d'une petite île du port du Roi-George une bouteille contenant un morceau de parchemin, sur lequel on avait inscrit la date de l'arrivée et celle du départ. Le lendemain on sortit de ce port avec un bon vent d'ouest, pour continuer la reconnaissance de la côte.

Vancouver ayant décrit le pays qui environne le port du Roi-George, Flinders s'est borné à donner quelques observations. Le terrain est granitique : quelquefois la roche se montre à la surface du sol ; mais le long de la côte elle est généralement couverte d'une enveloppe calcaire. Flinders constata la vérité du récit de Vancouver relativement aux branches de corail qui, sur le sommet d'une colline, se font jour à travers le sable : particularité qui indique que le pays est sorti des flots de l'océan à une époque peu éloignée. Il trouva aussi deux tronçons de colonnes de pierre, hauts de trois à quatre pieds, semblables à un tronc d'arbre, et plus gros que le corps d'un homme. Il ne put déterminer s'ils étaient de corail ou de bois pétrifié, ou des rochers calcaires auxquels l'action du vent et des météores avait donné cette forme. Leur élévation au-dessus du niveau actuel de la mer ne pouvait pas avoir été moindre de quatre cents pieds.

On ne trouva généralement du calcaire que sur la côte méridionale. Dans un des ports que l'on visita, on rencontra une roche fortement imprégnée de fer, mais mêlée de quartz et de granit ; et dans quelques parties des deux ports beaucoup d'argile brune.

Les forêts de l'intérieur sont principalement composées d'eucalyptus : ces arbres n'y sont pas très-grands ; leur bois est dur, et n'est ordinairement bon qu'à brûler. Parmi les plantes on en remarqua une qui, comme le nepenthés, offre de petits godets remplis d'une eau douceâtre, dans laquelle il y avait toujours des fourmis mortes. Ils croissent autour des feuilles radicales, et sont garnis de poils épineux. On ne peut pas assurer que les fourmis sont attirées par l'eau, et que les poils les empêchent de sortir ; mais il parut probable que c'était un moyen employé par la nature pour alimenter ou conserver la plante.

Le kangorou et le casoar tiennent le premier rang parmi les productions animales. Quoique les kangorous semblassent être nombreux, on n'en prit aucun. Les casoars et tous les oiseaux étaient extrêmement farouches.

On trouva près d'un cap deux nids d'une grandeur extraordinaire. Ils s'élevaient à deux pieds au-dessus de la terre, sur laquelle ils étaient construits en branchages, et autres matériaux qui auraient fait la charge d'une petite charrette.

On prit à la ligne beaucoup de poisson, entre autres beaucoup de petits mulets et du vollamaï, qui est excellent, et ressemble à celui de Port-Jackson : quelques-uns pèsent vingt livres.

Les sauvages parurent jaloux de leurs femmes,

que les Anglais ne virent jamais. « Ils supposèrent que nous en avions, dit Flinders, que nous tenions cachées à bord, et cette idée en engagea deux à se rendre à nos invitations d'y venir. Lorsqu'ils furent en chemin, le courage leur manqua. Ils demandèrent à être remis à terre, et firent signe que le bâtiment devait les y aller trouver. Ces hommes ressemblent en tout à ceux de Port-Jackson, excepté qu'à l'âge de puberté ils ne se font point sauter une de leurs dents incisives supérieures, et qu'ils ne font point usage de vomerah, ou bâton pour lancer la zagaie. On ne leur vit aucune espèce de pirogue, et on ne trouva dans les bois aucun arbre qui eût été dépouillé de son écorce pour en construire une. Aucune des petites îles que l'on examina n'avait été visitée. Ces sauvages craignaient de se jeter à l'eau, et l'on ne put jamais leur faire comprendre l'usage de l'hameçon, quoique d'ailleurs ils fussent intelligens. Ainsi tout ce que l'on observa confirma la supposition de Vancouver, qu'ils vivent plus de chasse que de pêche.

Leurs manières sont promptes et brusques, et leur conversation bruyante comme celle de la plupart des peuples non civilisés. « Ils semblèrent, dit Flinders, n'avoir aucune idée de notre supériorité sur eux. Au contraire, après la première entrevue, ils nous quittèrent avec un air de mépris pour notre pusillanimité à laquelle ils attribuèrent probablement le désir que nous montrâmes d'être leurs amis. Cependant cette opinion éprouva vraisemblablement quelques changemens dans leurs visites subséquentes. »

Malgré leur ressemblance parfaite avec les naturels de Port-Jackson, ils en diffèrent pour le langage ; leur prononciation était très-difficile à imiter, plus que celle des Anglais pour eux : ils articulaient bien quelques mots anglais, mais ne pouvait venir à bout de ceux où il y avait des *f* ou des *s*. Il en est de même de ceux de Port-Jackson. Leur langue n'a pas de rapports non plus avec celle des sauvages de la Terre Van-Diemen.

Le thermomètre aux tentes des Anglais varia de 80 à 64 (21° 76 à 14° 21).

Chargé de reconnaître les côtés de la Nouvelle-Hollande, Flinders s'acquitta de sa mission avec une exactitude admirable. « En prolongeant la côte méridionale située à l'ouest du port du Roi-George, dit-il, je m'étais efforcé de ranger la terre d'assez près pour voir de dessus le pont la mer briser sur le rivage. Par ce moyen notre distance estimée ne pouvait être sujette à une erreur considérable, et aucune rivière ni ouverture ne pouvait échapper à nos regards. Cependant il ne fut pas toujours possible de se tenir aussi près de terre, surtout lorsque la côte se retirait trop en arrière ; mais je l'essayais toujours, lorsque c'était praticable, et qu'il n'y avait ni danger ni perte de temps : quand ce n'était pas possible, je grimpais au haut du mât avec la lunette à la main. Les relèvemens étaient notés aussitôt qu'ils venaient d'être pris, pendant que la terre était en vue, et avant de me coucher. Quand nous nous éloignions de la côte le soir, nous prenions toutes les précautions possibles pour revenir au même point le lendemain au point du jour, et après avoir constaté la position du vaisseau relativement à la terre la veille au soir, nous reprenions notre route. Le plan que je m'étais fait de tout voir et tout noter moi-même, exigeait une attention constante et beaucoup de travail ; mais c'était absolument nécessaire pour obtenir le degré d'exactitude auquel je désirais d'arriver. En recommençant la reconnaissance de la côte à l'est du port du Roi-George, je persévérai dans le même système, et je m'y conformai dans tout le reste du voyage. »

Le 5 janvier au matin Flinders quitta le port du Roi-George, et fit route à l'est avec un vent frais de l'ouest et un temps par grains. Le 9 il visita l'archipel de la Recherche de d'Entrecasteaux ; et eut quelques peines à se tirer du labyrinthe d'îlots et d'écueils qui le composent. Les savans de l'expédition lui ayant exprimé le désir d'y rester

quelques jours pour examiner ses productions
naturelles, il y consentit. Le 10 on débarqua
sur la côte ; plusieurs personnes ayant gravi sur
un monticule, y mangèrent des fruits qui exté-
rieurement ressemblaient à des noix vertes, et
invitèrent Flinders à prendre part au régal. Il
avait déjeuné ; l'odeur des fruits ne lui plut pas,
de sorte qu'il ne fit qu'en goûter. Tous ceux qui
en avaient beaucoup mangé, furent malades, et
restèrent incommodés pendant toute la journée.
La plante qui produit ces fruits est le *zamia spi-
ralis,* qui est d'un genre de végétaux ayant de
l'analogie avec l'espèce de palmier trouvé par
Cook sur la côte orientale, et dont les fruits pro-
duisirent ce même effet délétère à bord de l'*Endeavour.*

On trouva sur un rocher, le long de la colline, un
grand nid, semblable à ceux du port du Roi-George ;
il contenait des boulettes comme celles que vomis-
sent les hiboux après avoir digéré la chair des rats.
Ces boulettes, beaucoup plus grosses que celles des
nids de hiboux d'Europe, renfermaient du poil de
phoques et d'animaux terrestres, des plumes écail-
leuses de manchots, et des os d'oiseaux et de petits
quadrupèdes. Ce nid peut donc être celui d'un hi-
bou énorme, et alors il n'est pas étonnant qu'on ne
le voie jamais et que les nids soient si rares ; mais la
situation élevée et exposée à l'air dans laquelle ils

étaient, firent supposer qu'il appartenait à un oiseau du genre de l'aigle, et que sa force le met en état de s'inquiéter peu des attaques des natu-rels sur ses petits.

La carte que Flinders dressa de l'archipel de la Recherche compléta celle de d'Entrecasteaux ; il douta cependant qu'elle contînt tous les îlots, les rochers et les récifs qui existent dans cet endroit. Toutes les îles sont fréquentées par des phoques ; mais leur nombre ne serait pas suffisant pour payer les frais d'une expédition : d'ailleurs ils ne conviendraient pas pour la Chine, parce que leur poil est rouge et grossier ; et de plus, un vaisseau courrait un danger extrême par les vents forcés de sud ou d'ouest, car il ne s'y trouve pas d'abri s'il survient une bourrasque.

Au—delà de 124° 58' de longitude, la côte es-carpée offrit une falaise haute de cinq cents pieds; on n'apercevait au-dessus de son sommet aucune partie du pays situé en arrière. Le haut de ces falaises est brun, et le bas presque blanc ; les couches sont horizontales. On jugea que la roche était calcaire, comme le sable blanc, gris et brun que la sonde rapportait lorsque le fond n'était pas de corail. Toute cette côte offrit peu de pointes saillantes

En avançant deux degrés plus à l'est, les falaises s'éloignèrent du rivage ; on vit pour la première fois de la fumée derrière la côte depuis que l'on avait quitté l'archipel. Ensuite les falaises recommencèrent ; leur élévation augmenta jusqu'à six cents pieds : le tiers supérieur était brun , les deux autres tiers blancs. Mais à mesure que l'on allait à l'est, la couche brune s'élargissait ; on ne pouvait pas distinguer , comme auparavant , les couches moindres qui composaient les plus grandes. Le nombre des excavations dans la portion blanche, qui parurent provenir de morceaux qui s'en étaient détachés, fit penser que cette partie était du calcaire friable. La côte était presque entièrement dépourvue de végétation , et presque aussi unie que l'horizon de la mer.

La longueur de ces falaises, depuis le point où elles recommencent, est de trente-trois lieues ; et celle de la côte de niveau, depuis le cap Pasley, où on l'observa pour la première fois, est au moins de cent quarante - cinq lieues : sa hauteur est presque la même partout. Dans les premières vingt lieues on découvrait, par-dessus son sommet, les cimes déchirées de quelques-unes des montagnes de l'intérieur ; ensuite elle borna entièrement la vue.

Cette égalité d'élévation sur une étendue si considérable , et la nature évidemment calcaire de la côte, au moins dans les deux tiers de sa hauteur à partir du sommet, feraient penser qu'elle a été le bord extérieur d'un vaste récif de corail, qui est toujours plus élévé que les parties intérieures, et ordinairement de niveau avec la ligne de la haute mer. Cette côte peut avoir atteint à son élévation actuelle au-dessus de la surface par la retraite graduelle des eaux, ou par une convulsion soudaine de la nature. Ce changement peut paraître extraordinaire; mais si l'on se rappelle, observe Flinders, qu'il y a encore des branches de corail sur une des montagnes du port du Roi-George à une élévation de plus de quatre cents pieds, cette supposition acquiert un degré de probabilité; et il semblerait aussi que l'époque de la retraite des eaux n'est pas très-ancienne, puisque ces branches fragiles n'ont été ni brisées ni détériorées par les météores.

« Si cette supposition est fondée; elle peut, en la combinant avec le fait qu'au-dessus de cette côte on n'aperçut ni montagne ni aucun autre objet, aider à former quelque conjecture sur ce qui se trouve au-delà, et qui ne peut être que de vastes plaines sablonneuses ou une grande étendue d'eau. Cette côte peut même former une barrière étroite entre l'océan et une mer intérieure; et je regrette beaucoup de n'avoir pas eu cette idée à l'époque où je me trouvais dans ces parages: car malgré la grande difficulté et le risque de l'entreprise, j'aurais certainement essayé de débarquer sur quelque point de la côte pour m'assurer d'un fait si important. »

À l'extrémité de la côte et de la seconde ligne de falaise le rivage devint sablonneux ; et se dirigeant au nord-est pendant trois lieues , puis tournant à l'est-sud-est forme le commencement de la grande baie australe. On reconnut ensuite un brisan considérable , que Nuyts avait vu , et bientôt l'on parvint à l'extrémité de la partie de la côte découverte par ce navigateur hollandais. Avant de décrire celle qui est située au-delà , Flinders passe en revue les travaux des voyageurs qui avaient reconnu avant lui la portion de la côte méridionale de la Nouvelle-Hollande , qu'il venait de parcourir, et rend justice à l'exactitude des cartes de d'Entrecasteaux. « On sait , dit-il , qu'elles ont été dressées par M. Beautemps Beaupré, ingénieur hydrographe à bord de la *Recherche;* elles lui font beaucoup d'honneur. Peut-être aucune carte d'une côte aussi peu connue que celle-ci n'en donne une idée aussi vraie que celles de M. Beaupré. »

La baie dans laquelle Flinders mouilla le 28 janvier à l'extrémité de la portion de la côte méridionale de la Nouvelle-Hollande , déjà connue , reçut le nom de *Fowlers-Bay* , qui était celui de son premier lieutenant : il fut aussi donné à la pointe qui la protége contre les vents du sud. Les rochers et les écueils qui l'entourent sont calcaires ; un isthme bas et sablonneux, large d'un demi-mille, les unit au continent. On trouva beaucoup de traces d'habitans, et entre autres des zagaïes en mauvais état; mais on ne vit pas de cabanes, ni rien qui indiquât que des hommes y fussent venus récemment : on distingua sur la plage des vestiges de chien et d'emeu ou casoar. Flinders trouva dans un trou des basses falaises un de ces grands nids dont il a été question plus haut ; il était vide, et probablement abandonné depuis long-temps.

On ne rencontra pas d'eau fraîche autour de la baie, ni assez de gros bois pour faire du feu ; il fallait aller jusqu'à un coteau éloigné de trois milles. Les animaux y étaient aussi rares que les végétaux. Deux sarcelles que l'on tua sur la plage firent supposer qu'il y avait à peu de distance un lac ou un étang d'eau douce ; un goëland, un huî-trier et quelques petits poissons complétèrent les provisions fraîches que l'on put se procurer. On s'empressa donc de faire voile, et le 2 février on eut connaissance d'une île plus considérable que toutes celles que l'on avait vues jusqu'alors le long de cette côte ; elle était entourée d'autres plus petites et de rochers. Flinders pensa que c'était une de celles que Nuyts avait nommées *îles Saint-François*. On laissa tomber l'ancre dans une baie : les savans descendirent à terre.

Depuis quelques jours on avait aperçu de nombreuses volées de coupeurs-d'eau. La surface de l'ile, dans les endroits où elle était sablonneuse et couverte d'arbustes, était criblée de leurs terriers. Près du rivage il y avait des trous de manchots, et l'on y trouva aussi une petite espèce de kangorou. L'on y tua deux serpens jaunes, et l'on reconnut qu'il devait dans certaines saisons y venir des oies; mais dans ce moment l'herbe était tellement brûlée que ces oiseaux étaient partis pour ne pas mourir de faim. Il faisait si chaud que l'on éprouvait beaucoup de fatigue à marcher : les chutes que l'on faisait sur le sable, ou en s'enfonçant dans les trous des oiseaux, l'augmentaient singulièrement. Le thermomètre à l'ombre se soutenait à 98° (29°.), et à bord, à 78° (20° 42').

Quand la surface n'est pas sablonneuse, elle est de roc calcaire, généralement en morceaux détachés. La roche qui forme la base de l'ile est pesante et d'un grain serré; on jugea que c'était du porphyre. On trouva, dans les crevasses d'une basse falaise calcaire à la côte sud-est de la baie, des plaques minces de très-bon sel incrustées sur une pierre qui contenait des lames de quartz.

« J'avais jusqu'alors observé sur cette côte, dit Flinders, que les vents de sud-est et d'est produisaient sur le baromètre le même effet qu'au cap

de Bonne-Espérance en maintenant le mercure
haut, ordinairement à 3o pouces ou au-dessus;
et plus le vent était frais, plus le baromètre s'élevait : cependant depuis quelques jours le baromètre était beaucoup plus bas avec les mêmes
vents, et en ce moment à 29° 74'. La brume
épaisse qui remplissait l'atmosphère occasionait
peut-être ce changement; mais je supposai qu'il
était dû à une autre cause. J'avais remarqué que
les vents qui venaient de terre, tendaient à faire
baisser le mercure, et les vents de mer à le faire
monter, quoique le temps ne changeât pas. Il
semblait donc probable, puisque la direction de
cette côte au-delà de ces îles était inconnue, que
les vents de sud-est et d'est venaient de la terre,
et non pas de la mer, comme auparavant : or,
dans ce cas la côte inconnue devait se diriger
au sud; on verra que cette conjecture se vérifia.
Le peu de force des marées prouvait que près de
ces îles il n'y avait ni une entrée de détroit ni un
grand bras de mer. »

Flinders descendit ensuite sur la moins grande
des îles Saint-Pierre de Nuyts. Les rochers du rivage étaient de granit, qui formait aussi le noyau
de l'île; mais il y était recouvert d'une enveloppe calcaire, qui avait quelquefois cinquante
pieds d'épaisseur. Le terrain du sommet n'offrait
guère que du sable; mais il était parsemé d'an-

bustes, la plupart de la même espèce; c'était une
arroche blanchâtre et veloutée (*atriplex reniformis*
de Brown). Les coupeurs-d'eau avaient miné
partout la terre entre ces arbustes. La chaleur
excessive du soleil, la réverbération du sable, le
désagrément d'enfoncer fréquemment dans les
terriers jusqu'à mi-jambe, épuisèrent tellement
Flinders, qu'il eut à peine la force d'atteindre à
la colline la plus haute, près du centre de l'île.
Il n'avait pas de thermomètre, et il jugea que la
chaleur ne devait guère être au-dessous de 120°.
(59. 08). L'air était extrêmement calme. Il fut re-
compensé de toutes ses peines par la perspective
étendue qui s'offrit à ses yeux; de sorte qu'il put
prendre aisément le relèvement de tout ce qui
l'entourait. Les savans débarquèrent sur une autre
île très-stérile; on n'y trouva ni bois, ni eau; ils
en rapportèrent quatre kangorous de la grosseur
d'un lièvre, affreusement maigres, et rongés
d'insectes.

L'île occidentale, ou la moins grande, est par
52° 21′ sud, et 133° 29′ est. On ne peut se figurer
rien de plus aride que ces deux groupes qui composent l'archipel de Nuyts. La roche qui en forme
la base, ainsi que celle des points du continent
situé vis-à-vis, est de porphyre ou de granit;
elle est généralement recouverte d'une couche
de calcaire plus ou moins épaisse. Quoique les

deux plus grandes îles soient très-stériles, elles le sont moins que les plus petites, où il n'était pas probable que les kangorous pussent vivre dans la saison sèche. La surface du continent semblait de même être totalement dépourvue de terre végétale pour couvrir le sable et le roc. Les vents chauds de terre que l'on éprouva dans les baies où l'on entra, firent supposer que cette aridité règne aussi à une grande distance dans l'intérieur. On peut pourtant conjecturer qu'il se trouve un lac ou un courant d'eau à peu de distance de la baie située vis-à-vis des îles Saint-Pierre, si l'on en juge par une volée de sarcelles qui passa sur l'île occidentale, et par le grand nombre d'insectes d'eau douce qui couvraient la surface de la baie. On aperçut de la fumée sur différens points de la côte.

Le 9 février Flinders leva l'ancre pour continuer la reconnaissance de la côte inconnue. Le vent souffla de l'ouest, ce qui, au grand contentement de tout son monde, tempéra la chaleur étouffante de l'atmosphère. Il découvrit ensuite un groupe de petites îles absolument semblables à celles qu'il venait de quitter. Il le nomma, d'après son vaisseau, *groupe de l'Investigator*. Une de ces îles fut appelée *île Flinders :* c'était le nom du second lieutenant. Elle différait des autres en ce qu'entre la base granitique et le

sommet calcaire il y a une couche de grès. La
partie basse du terrain était couverte de grands
buissons; on ne voyait presque pas d'arbustes à
feuilles blanches et veloutées, ni de touffes
d'herbes rampantes. On tua plusieurs kangorous
de la taille d'un chat, qui n'étaient pas mauvais.
On commençait à éprouver le besoin d'eau : on
examina donc soigneusement la partie septentrionale de l'île pour en trouver; on ne découvrit que
des marais desséchés, dont les plantes avaient une
couleur rouge, comme si l'eau eut été saumâtre.
On ne vit sur cette île d'autres arbres que des casuarina, qui croissaient à quelque distance du
mouillage. On ne se procura du bois à brûler
qu'avec beaucoup de difficulté du milieu des
grands buissons voisins du rivage. La plage était
fréquentée par des phoques velus. A chaque intervalle de six cents à mille pieds on en rencontrait
une famille composée d'un mâle, de quatre à
cinq femelles et d'autant de petits. « Leur sécu-
rité était si grande, dit Flinders, que je m'ap-
prochai de très-près de plusieurs de ces familles,
et je me retirai sans troubler leur tranquillité, ou
sans qu'elles m'eussent aperçu. »

L'île Flinders est située par 33° 41' sud, et 154°
27' est. La température y était fort agréable par
le vent qui soufflait du sud. Le thermomètre se
tenait à 65° et 68° (14° 65', 15° 98').

On reconnut, en avançant, que la côte se dirigeait par des ondulations au sud—est. Elle forme des baies et des caps larges et escarpés de nature calcaire ; quelquefois la profondeur de l'eau diminuait à mesure que l'on s'approchait de la terre. On n'aperçut pas d'indices de rivières tombant dans aucune des baies ; quelquefois la côte s'élevait jusqu'à huit cents pieds de hauteur. On découvrit dans un endroit beaucoup de fumée autour d'une baie basse et sablonneuse, et une troupe de naturels de chaque côté : ainsi cette partie de la côte était mieux peuplée que la plus occidentale. On a généralement observé dans ce pays que les rives des baies peu profondes, et des lagunes, ainsi que l'entrée des rivières, sont les mieux peuplées. Ces sauvages étaient noirs et nus, et ne différaient en rien de ceux du port du Roi-George.

Flinders rencontrait de temps en temps des îles le long de la côte ; elles étaient de même nature que celles que l'on avait déjà vues. Le 20 février il était par 35° 2′ sud, et 135° 44′ est. Il venait de passer entre un cap du continent et une île. Plus loin la côte prit, à son grand étonnement, la direction du nord-ouest ; mais à l'est il vit une grande terre, et ne put décider si c'était une presqu'île ou une île. Plusieurs îlots étaient en avant. L'ouverture avait quatre milles de largeur. Il s'y engagea. On ne voyait pas de terre au nord-est ;

la nuit approchait, et comme la côte à l'est mettait à l'abri du vent, on la rangea jusqu'à un demimille, et l'on y laissa tomber l'ancre.

Un courant, que l'on supposa celui de la marée descendante, venait du nord-est avec une vitesse de plus d'un mille à l'heure, ce qui était d'autant plus remarquable, que jusqu'alors on n'avait pas observé sur cette côte des marées remarquables. Aucune terre ne s'offrait à la vue du côté d'où arrivait ce courant. « Ces circonstances, et la direction de la côte au nord, dit Flinders, firent naître beaucoup de conjectures. Dans notre conversation du soir, il fut fréquemment question de bras de mer profonds, de mers intérieures et de passages dans le golfe de Carpentarie. La perspective de faire une découverte intéressante semblait avoir donné une vie et une vigueur nouvelles à chaque personne de l'équipage.

« J'allai de bonne heure à la terre de l'est, empressé de m'assurer si elle était jointe au continent, ou si elle en était séparée. Il y avait des phoques sur le rivage, et plus loin des traces innombrables de kangorous : partout des marques de feux éteints ; mais elles indiquaient une conflagration des forêts d'une date ancienne, plutôt que la présence habituelle de l'homme. L'incendie pouvait avoir été causé par un éclair ou par le frottement de deux arbres l'un contre l'autre dans une tempête. Je reconnus bientôt que j'étais dans une île que je nommai *île de Thistle*, d'après mon master qui m'accompagnait. En gravissant sur les collines , nous rencontrâmes un serpent jaune et tacheté endormi. Je le tins fixé à la terre en lui appliquant le bout de mon fusil sur la tête. Thistle lui fit avec une aiguille et du fil de carret une couture à la gueule , et il fut transporté vivant à bord pour que les naturalistes pussent l'examiner. On en avait déjà tués deux semblables; l'un d'eux avait sept pieds neuf pouces de long. En avançant avec notre proie, nous vîmes un aigle qui bondissait vers nous , l'air fier et les ailes étendues. Cependant il s'arrêta quand il fut à une soixantaine de pieds, et s'envola sur un arbre. Un autre se découvrit en faisant un mouvement pour nous saisir avec ses serres, quand nous passâmes au-dessous de lui. Il était évident qu'il nous prenait pour des kangorous, n'ayant jamais vu dans l'île un animal d'une autre espèce debout. Ces oiseaux font le gué sur les arbres, et si un kangorou sort pour pâturer pendant le jour , ils fondent sur lui et le déchirent. C'est ce qui nous expliqua pourquoi nous apercevions si peu de kangorous , tandis qu'à chaque pas nous rencontrions leurs traces , et pourquoi ils se tenaient constamment sous des buissons épais , où il était impossible de les tirer. Ils étaient plus gros que ceux que nous avions vus

sur les îles plus occidentales, quoique bien inférieurs aux kangorous des forêts du continent.

« Placé sur le cap nord-ouest de l'île, je vis la
côte du continent au nord-est, où elle se terminait par une pointe ; un peu plus loin elle repa-
raissait plus au nord. Plus à droite il y avait trois
petites îles. Je ne distinguai pas d'ailleurs d'autre
terre au nord-est, et aucune à l'est. Du côté
opposé, à six lieues au large, il y avait un petit
groupe d'îles basses, ainsi que des rochers et des
brisans à une distance moins considérable. Je les
nommai *îles de Neptune*, parce qu'elles paraissaient inaccessibles aux hommes. L'ouverture
entre l'île Thistle et le continent est remplie de
plusieurs petites îles ; les deux plus méridionales
rétrécissent tellement l'entrée du passage, qu'il ne
reste qu'un mille et demi dans sa largeur où les
vaisseaux puissent s'engager avec sûreté. Je lui
donnai le nom de *Thorny Passage* (passe épi-
neuse.)

« L'île Thistle a à peu près quatre milles de long
et deux à trois de large. Le centre est assez élevé
pour qu'on l'aperçoive de dix ou douze lieues de
distance de dessus le pont d'un bâtiment. La roche
de l'extrémité du nord-est est calcaire ; sur le
sommet du cap du nord-ouest, élevé au moins
de deux cents pieds au-dessus de la mer, on trouva
de petits morceaux de granit arrondis, suivant

toute apparence par le frottement qu'ils avaient éprouvé dans l'eau. Quelques falaises de la côte occidentale sont blanches, comme si elles étaient composées de craie ; le sol parut généralement sablonneux. Toutefois l'île est assez bien boisée. Les principaux arbres sont des eucalyptus et des casuarina. On ne rencontra pas d'eau ; la cale de *l'Investigator* commençait à se vider : je retournai donc à bord avec l'intention d'aller sur le continent pour en chercher. En comparant la longitude observée par le lieutenant Flinders avec celle qui résultait de mes relèvemens, il s'y trouva une différence qui exigeait que les observations fussent répétées à terre. Or, comme elles devaient se prolonger si tard que le bâtiment n'aurait pas pu changer de place avant la nuit, j'envoyai Thistle au continent avec la chaloupe pour chercher un mouillage où l'on pourrait se procurer de l'eau.

« Le soir à la brune on vit la chaloupe à la voile, qui revenait du continent. Notre surprise fut extrême de ce qu'elle n'était pas encore arrivée une demi-heure après. Comme elle avait été perdue de vue un peu brusquement, on éleva un fanal sur la corvette, et mon premier lieutenant prenant avec lui une lanterne, s'embarqua dans un canot pour découvrir ce qui avait pu arriver. Deux heures se passèrent sans recevoir aucune nouvelle. Je fis tirer un coup de canon. Le lieutenant ne tarda pas à revenir ; il était seul. Il me raconta que près de l'endroit où la chaloupe avait été aperçue pour la dernière fois, le clapotis de la marée était si fort, qu'il avait failli à chavirer, et qu'il y avait beaucoup de raisons de craindre que le pauvre Thistle n'eût éprouvé ce malheur. S'il eût fait jour, il est probable que l'on eût pu sauver quelqu'un ; mais la nuit était trop noire pour rien distinguer, et l'on ne reçut pas de réponse aux cris que l'on jeta, ni aux coups de fusil qui furent tirés. La marée descendante continua encore à courir au sud une heure et demie après que l'on eut cessé de voir la chaloupe, de sorte qu'il avait d'abord été porté au large ; et comme sur les huit personnes qu'il portait, deux seulement savaient nager, il était bien à craindre que la plupart n'eussent péri (1).

---

(1) « M. Fouler, mon premier lieutenant, me raconta le soir un fait que je regardai comme extraordinaire, et qui ensuite me le parut encore davantage. Pendant que nous étions, avant notre départ d'Angleterre, mouillés dans la rade de Spithead, M. Thistle étant un jour à attendre sur le rivage, et n'ayant rien à faire, dit à un vieillard très-connu de lui dire sa bonne aventure : celui-ci lui répondit qu'il allait s'embarquer pour un long voyage, et que le vaisseau, arrivé à sa destination, serait rejoint par un autre bâtiment. Ce sorcier pouvait avoir appris ces particularités ; mais il ajouta que M. Thistle se perdrait

« Au point du jour je fis passer le vaisseau à travers le canal Thorny, en me dirigeant vers le continent, et suivant la route dans laquelle on avait vu la chaloupe en dernier lieu. Un officier se tenait au haut du mât avec une lunette pour tâcher de la découvrir. On vit plusieurs endroits où la mer brisait, et d'autres où elle était très-unie. Un canot envoyé pour sonder y trouva douze brasses. Nous passâmes au nord, et nous allâmes mouiller dans une petite anse.

« Un canot expédié à la recherche de la cha-

---

avant que les deux vaisseaux se rejoignissent ; il ne voulut d'ailleurs entrer dans aucun détail sur la nature de l'accident. L'équipage de mon canot entendant ce récit de la bouche de M. Thistle, courut aussitôt consulter le devin. Après leur avoir répété ce qu'il avait dit sur le long voyage qu'ils allaient entreprendre, il ajouta qu'ils feraient naufrage, mais non avec le vaisseau sur lequel ils partaient, et qu'il ne lui était pas permis de révéler s'ils se sauveraient et reviendraient en Angleterre.

« M. Thistle avait souvent répété cette anecdote à ses compagnons de table. Dans la suite de mon voyage, je remarquai avec peine que chaque fois que l'équipage de mon canot s'embarquait avec moi dans un autre bâtiment, il manifestait des mouvemens de crainte que l'époque du naufrage ne fût arrivée. Je m'abstiendrai de tout commentaire sur cette histoire ; mais je recommanderai à tous les commandans d'empêcher, s'ils le peuvent, leurs matelots de consulter les devins. »

loupe la ramena à la remorque, le fond en l'air.
Elle était ouverte en plusieurs endroits, ayant
probablement été jetée contre les rochers. On trouva
ensuite un aviron; mais on ne put rien apercevoir de
nos infortunés compagnons. J'envoyai de nouveau
le canot à la découverte; un midshipman fut placé
sur un cap en dehors de l'anse, pour observer
tout ce qui pourrait passer en dérive avec la marée.
M. Brown le naturaliste mit pied à terre avec un
détachement pour se diriger au nord le long de la
côte, pendant que j'allais à l'extrémité méridionale du continent, qui fut nommée *cap de la Catastrophe*. En débarquant au fond de l'anse, je
rencontrai plusieurs vestiges de nos gens, lorsque
la veille après-midi ils cherchaient de l'eau. En
remontant la vallée, je continuai mes recherches;
elles furent inutiles. Des cabanes et d'autres indices annonçaient que les naturels étaient récemment venus dans cet endroit.

« Du sommet des hauteurs voisines de l'extrémité du cap de la Catastrophe j'examinai avec la
lunette les îles situées au large, et tous les rivages
des environs. Ce fut en vain; je n'y découvris
aucun de nos malheureux compagnons. De retour
à bord, j'appris qu'aucun de ceux que j'avais envoyés à la découverte n'avait été plus heureux
que moi.

« Le lendemain je longeai en canot la côte au

nord pendant plus de dix milles, tant pour en continuer la reconnaissance, que pour chercher encore nos compagnons. Toutes les petites sinuosités de la côte furent suivies. Je ramassai dans un endroit un petite barrique qui avait appartenu à Thistle, et des débris de la chaloupe : ce fut tout ce que l'on put découvrir.

« Lorsque je revins à bord, quelques-uns des officiers qui étaient montés sur le sommet des collines les plus hautes au fond de la baie, me dirent qu'ils avaient vu un bras de mer qui se prolongeait à l'ouest, un peu au-delà du point où mon excursion s'était terminée. Le lendemain 24 j'y allai avec des instrumens. Ayant gravi sur une masse de granit très-haute, je reconnus que l'eau s'étendait beaucoup derrière la côte, et formait un vaste port. Je vis aussi l'extrémité la plus lointaine de l'île Thistle, et un groupe de quatre îles et de deux rochers à cinq lieues au-delà dans l'est sud-est. Il reçut le nom d'*île Gambier*, en l'honneur de l'amiral de ce nom.

« N'ayant pu découvrir aucun de nos compagnons, nous aurions voulu au moins retrouver leurs corps pour leur rendre les derniers devoirs ; mais le grand nombre de requins vus dans l'anse et à notre dernier mouillage ne nous laissa pas même l'espoir de jouir de cette triste satisfaction. Le manque d'eau devenait chaque jour plus pres-

sant : il fallut partir pour examiner la nouvelle
ouverture qui se montrait au nord. Pour soulager
ma douleur et donner un témoignage de mes regrets, je fis graver une inscription sur une lame
de cuivre, et je la clouai sur un gros poteau situé
au fond de l'anse que je nommai *Memory Cove*
(anse du Souvenir); et en commémoration de
notre perte, je donnai à chacune des îles voisines
le nom du cap de la Catastrophe, d'un des matelots : celles qui sont dans le canal Thorny avaient
déjà reçu le nom d'*îles Taylor*, d'après celui de
l'officier qui accompagnait Thistle.

« Le lecteur me pardonnera sans doute si j'a-
joute que M. Thistle était un homme réellement
estimable, comme homme, comme officier,
comme marin. Il avait accompagné M. Bass dans
son expédition périlleuse dans le canot; et avait
fait avec nous deux la circumnavigation, qui
avait prouvé que la Terre Van-Diemen était une
île. Il ne devait son avancement qu'à son mérite.
Son zèle pour les découvertes l'avait engagé à
s'embarquer sur l'*Investigator*, quoiqu'il ne fût
que depuis trois semaines de retour en Angleterre, dont il était absent depuis six ans. Tous
ceux que nous perdîmes méritaient des regrets;
ils s'étaient embarqués volontairement pour le
voyage qui devait leur être si funeste. L'accident
qui m'en priva, fut continuellement présent à

ma mémoire, et chaque jour je me le rappelai avec douleur.

« Notre mouillage dans l'anse de la Mémoire était par 34° 58′ sud, et 135° 56′ est. Le sol de tout le pays d'alentour est stérile : cependant les vallées et les flancs orientaux des collines sont couverts de broussailles, et dans les parties les moins arides de petits eucalyptus. La roche est le granit généralement recouvert de calcaire, qui est quelquefois en morceaux détachés ; mais on voit sur les sommets les plus élevés, d'énormes blocs de granit. On aperçut dans les broussailles quatre kangorous qui n'étaient pas plus gros que ceux de l'île Thistle. On découvrit des traces de naturels si récentes, que sans doute ils devaient être venus la veille. Il y a par conséquent de l'eau quelque part dans le voisinage, malgré toutes nos recherches, nous n'en pûmes découvrir. »

Flinders s'avança ensuite dans le bras de mer que l'on avait aperçu ; étant monté sur une colline, il vit qu'il se terminait à huit milles dans l'ouest-sud-ouest ; on distinguait au-delà une grande pièce d'eau qui ressemblait à un lac. Il y alla l'après-midi, en traversant un terrain bas, couvert de morceaux de roche calcaire détachés, humide dans quelques endroits, et généralement aride, quoique tapissé d'herbes et d'arbustes entremêlés de quelques bouquets de petits arbres.

Après avoir parcouru deux milles, on arriva sur les bords de la lagune : quel contre-temps! l'eau en était saumâtre; d'ailleurs la distance jusqu'au port était trop considérable, pour que l'on pût rouler les futailles sur une route pierreuse. Cette lagune a un mille de large, et parut en avoir trois à quatre de long. Ses rives étaient d'une argile blanchâtre, durcie et revêtue d'une croûte mince de sel. En retournant au vaisseau, l'on rencontra un emplacement humide à moins de trois cents pieds du port : on y creusa, et l'on trouva à trois pieds de la surface, une couche d'argile blanchâtre; on la perça, et il en sortit de l'eau douce, quoique colorée. Cette découverte remplit tout le monde de joie.

Le 27 un détachement partit pour aller creuser des puits. L'eau sortit assez abondamment; et malgré sa couleur blanchâtre, et son apparence trouble dans le premier moment, elle n'avait aucun mauvais goût.

Les savans firent le tour de la lagune; elle était séparée d'une baie par un rivage de rochers trop élevés pour que le ressac pût passer par-dessus. On vit flotter au fond de la baie une voile et une vergue de chaloupe qui avaient sans doute appartenu à celle dont on déplorait la perte. Les vents de sud-est l'avaient apportée du large en cet endroit.

Le 4 mars on était parvenu à se procurer soixante tonneaux d'eau, secours bien précieux. Dès que l'on eut observé une éclipse de soleil, on enleva les tentes, et le lendemain l'on sortit du port, que Flinders nomma *port Lincoln*, en l'honneur de la province où il était né.

On avait vu sur le rivage de ce port plusieurs huttes d'écorces éparses, semblables à celles des autres parties de la côte; et les sentiers près des tentes paraissaient très-fréquentés. Toutefois on n'aperçut pas un seul sauvage. Ce ne fut qu'au moment du départ que l'on en entendit quelques-uns qui, à ce que l'on supposa, hélaient un canot qui venait d'attérir; mais ils décampèrent à l'instant, ou peut-être se retirèrent dans les bois pour observer les mouvemens des Anglais. On n'essaya pas de les suivre, « parce que j'avais constamment observé, dit Flinders, que ces hommes évitent les étrangers qui ont l'air de vouloir communiquer avec eux. Cette conduite n'a rien que de naturel; car elle doit être celle d'un peuple continuellement en guerre avec ses voisins, et qui ignore l'existence d'autres hommes que ceux qui l'entourent. Supposons-nous à leur place. A l'arrivée d'étrangers si différens de nous par la couleur et l'extérieur, ayant le pouvoir de se transporter, et même de vivre sur un élément que nous ne pourrions franchir, notre premier sentiment serait celui de la terreur, et notre premier mouvement la fuite. Du fond de nos retraites, dans les rochers et les bois, nous examinerions attentivement ces êtres extraordinaires ; et s'ils nous recherchaient ou nous poursuivaient, nous leur prêterions des desseins hostiles. Si au contraire ils se livraient à des occupations qui n'auraient aucun rapport à nous, notre curiosité l'emporterait sur la crainte, et après les avoir observés plus soigneusement, nous chercherions nous-mêmes à communiquer avec eux. Telle fut, ce me semble, la conduite de ces Australiens. Je suis persuadé que leur apparition dans la matinée, quand nous abattîmes nos tentes, était un prélude à leur arrivée, et que si nous eussions resté quelques jours de plus, nous eussions eu avec eux des rapports d'amitié. La voie était préparée pour le vaisseau qui entrerait après nous dans ce port, de même qu'elle l'avait été pour nous au port du Roi-George par le bâtiment de Vancouver, et un autre qui le suivit. C'est à la conduite paisible des Européens qui les montaient que nous dûmes d'avoir de bonne heure des entrevues avec les naturels. Autant qu'on en put juger à l'aide d'une lunette, ceux du port Lincoln ressemblent à ceux du port du Roi-George et de Port-Jackson. Afin de les rendre favorables aux navigateurs qui nous suivraient, nous laissâmes dans les sentiers, ou bien nous attachâmes aux troncs des arbres qui avaient été coupés près de nos puits, des haches et plusieurs autres objets. »

Le pays ressemble à celui que l'on avait vu auparavant : quoique rocailleux et aride, l'herbe, les buissons et quelques bouquets d'arbres le rendaient moins triste. Le granit, recouvert ordinairement d'une couche de calcaire en morceaux détachés, se montre quelquefois à fleur de terre, ou immédiatement au-dessous de la terre végétale. Au-delà de la plage, près de l'aiguade, le calcaire était si imparfaitement formé, que l'on en ôtait de petites coquilles et des morceaux de corail. Ce fait, la salure de la lagune, et celle d'une autre au sud du port, coïncide avec le corail trouvé sur une montagne du port du Roi-George, et d'autres indices rapportés plus haut, pour prouver qu'au moins cette partie de la Terre Australe n'est sortie de l'eau que depuis un petit nombre de siècles, le sel dont les roches sont imbibées n'ayant pas encore été entièrement enlevé par la pluie. Dans les montagnes derrière Port-Jackson, sur la côte orientale, à une bien plus grande élévation, le sel se forme dans quelques endroits par les émanations de l'eau qui découle des falaises de craie.

Le 6 mars dans la matinée, Flinders sortit du port Lincoln : en continuant de suivre la côte au nord, il reconnut qu'il était dans un golfe ;

7*

étant arrivé au fond , il alla en canot en examiner
la partie la plus étroite ; sa largeur diminua de
quatre milles à un mille , dont la moitié était occupée par des battures de vase : à mesure que l'on
avança , les avirons la touchaient de chaque
côté ; il ne fut plus possible d'aller plus loin ;
enfin on parvint à l'extrémité du bras de mer.
On avait espéré que l'on trouverait dans cet endroit l'embouchure d'une rivière : on fut donc
bien déçu , en goûtant l'eau , de la trouver presque aussi salée que celle de l'endroit où l'on avait
laissé la corvette à l'ancre cinq milles plus bas :
il était évident qu'il y tombait beaucoup d'eau
salée dans la saison des pluies ; mais elle provenait uniquement des montagnes qui étaient à
l'est. Elles se terminaient au nord par un mont
plus haut que les autres , qui fut nommé *mont
Brown*, en l'honneur du botaniste de l'expédition.
Cette chaîne était éloignée de trois à quatre lieues
du bord de l'eau ; l'espace intermédiaire était en
grande partie rempli par un terrain bas et marécageux ; au nord on ne distinguait aucune hauteur, et à l'ouest on ne voyait qu'une petite élévation à sommet applati. Tout le reste, dans ces
deux directions, n'offrait que des marais salés
remplis de mangliers : le fond du golfe est par
32°. 44' sud, et 138°. est.

Brown était allé avec un détachement à la montagne qui porte son nom ; on parcourut quinze milles à pied par une route tortueuse, avant d'arriver à sa base, et l'on éprouva beaucoup de difficultés à gravir jusqu'à son sommet. On y passa la nuit sans une goutte d'eau. Sa cime étant élevée de 3,000 pieds au-dessus du niveau de la mer, la vue porta au loin sans le moindre obstacle; l'on n'aperçut de tous côtés qu'une immense plaine boisée, à l'exception de la chaîne qui courait du nord au sud ; pas une rivière, pas un lac, pas le moindre courant d'eau ne diversifiait la monotonie de ce coup d'œil.

Les montagnes étaient d'argile rougeâtre, douce au toucher, à grain serré et pesante. Leurs flancs étaient remplis de crevasses où croissaient des buissons et de petits arbres. Entre leur base et les marais à mangliers on rencontra des espaces de terrain assez bon, quoique léger.

Flinders avait vu du feu sur la côte de l'est, et partout où il débarqua il aperçut des traces de naturels; Brown en trouva aussi à une assez grande hauteur sur les flancs des montagnes : on en put donc induire que le pays était très-habité ; mais on ne rencontra personne.

Le 20 on parvint à l'extrémité sud de la côte orientale du golfe, qui reçut le nom de *golfe Spencer*, en l'honneur du premier lord de l'amirauté ; on le donna aussi au cap qui le termine

de ce côté, et qui est situé par 35° 18′ sud, et
136° 55′ est. Le golfe a 48 milles de largeur du
cap de la Catastrophe au cap Spencer : les îles
Gambier occupent à peu près le milieu de la
ligne, et si l'on prend la mesure de leur point
central en allant au nord, le golfe s'étend à 148
milles dans l'intérieur des terres.

En prolongeant la terre à l'est, on crut à l'aide
des lunettes d'approche avoir aperçu des masses
noires qui se mouvaient sur la côte. Le 22 en
débarquant on ne trouva que des kangorous
blancs qui paissaient sur la lisière d'un bois.
L'arrivée des Anglais ne les dérangea pas. On
n'eut pas de peine à en tuer trente-un, qui furent
apportés à bord ; les plus petits pesaient soixante-
neuf livres, et le plus gros cent vingt-cinq livres.
Ce fut un grand régal pour l'équipage, qui depuis
quatre mois était presque entièrement privé de
provisions fraîches.

Cette terre, qui était séparée du continent, fut
nommée *île des Kangorous*. On y aperçut aussi
des phoques et de grands oiseaux qui couraient ;
on supposa que c'étaient des émeus. Les côtes de
l'île sont calcaires ; cette roche recouvre un schiste
brun, disposé en couches presque horizontales,
et dans les interstices de leurs lames on vit quelquefois du quartz. Dans quelques endroits le
schiste était fendu en morceaux d'un pied ou

plus, qui ressemblaient à des barres de fer, et avaient un aspect brillant et métallique ; dans ces cas les couches déviaient plus que les autres de la ligne horizontale.

« Une forêt épaisse, dit Flinders, couvrait presque toutes les parties de l'île visibles du vaisseau ; cependant les arbres en végétation n'étaient pas aussi grands que la plupart de ceux que l'on voyait étendus à terre, ou des arbres morts restés debout. La quantité de ceux qui gisaient à terre était si considérable, qu'en allant vers la partie supérieure de l'île, on marcha long-temps sur leurs troncs. Couchés dans toutes les directions ; leur grosseur était à peu près égale, et ils étaient au même point de décomposition. On pouvait donc conjecturer qu'il n'étaient pas tombés par l'effet de l'âge, ni n'avaient été abattus par un coup de vent. Une conflagration générale, et plusieurs portaient des marques évidentes de feu, est peut-être la seule cause que l'on peut raisonnablement assigner à ce phénomène ; mais comment l'incendie avait-il été allumé ? Il était prouvé, sinon par le manque de marques du séjour des Indiens sur cette terre, du moins par la familiarité des kangorous, animal qui sur le continent égale en timidité les cerfs de nos forêts, que l'île n'était pas habité, et même que les sauvages du continent n'y venaient pas. Peut-etre, comme je l'ai déjà dit ailleurs, la foudre, ou le frottement de deux arbres morts dans un fort coup de vent, auront produit l'incendie ; mais il serait un peu extraordinaire que la même chose fut arrivée à l'île Thistle, dans d'autres à l'est et dans celle-ci à la même époque. Cette partie de la Terre Australe a-t-elle été visitée auparavant sans qu'on le sache ? La Pérouse devait, d'après ses instructions, la reconnaître ; mais il semble peu probable qu'il ait jamais passé le détroit de Torrès.

« Les arbres en végétation peuvent servir à déterminer à peu près l'époque de la conflagration, car ils ont dû pousser depuis qu'elle a eu lieu ; c'étaient des eucalyptus, qui n'avaient pas encore acquis toute leur grosseur ; mais leur bois était dur et solide, ce qui fait conjecturer que leur croissance est lente. D'après ces considérations, je suis porté à fixer cette date à plus de dix ans et à moins de vingt avant notre arrivée : elle nous ramène au temps du voyage de La Pérouse. Il était à Botany-Bay au commencement de 1788 ; s'il a passé le détroit de Torrès, et s'il est venu le long de cette côte, comme il en avait le projet, il a dû y attérir vers le milieu ou la fin de l'année, par conséquent, treize à quatorze ans avant l'*Investigator*. Au reste, mon opinion n'est pas favorable à cette conjecture ; mais j'ai exposé toutes les données propres à mettre le lecteur à même de former un jugement sur la cause qui a pu abattre les bois de cette île.

« Le sol de cette partie de l'île des kangorous nous parut meilleur que celui de toute la côte méridionale du continent ou des îles que nous avions vues jusqu'alors, à l'exception de quelques endroits derrière le port du Roi-George. On ne s'assura pas de la profondeur de la terre végétale : cependant d'après la grosseur des arbres, elle doit être assez considérable ; elle est mêlée d'un peu de sable, et me parut l'emporter sur celle de quelques terrains cultivés à Port-Jackson, et de plusieurs des comtés pierreux d'Angleterre.

« Jamais peut-être avant nous le terrain possédé par les kangorous n'avait été envahi ; les phoques le partageaient avec eux sur le bord de la mer ; ces animaux semblaient y vivre amicalement ensemble. Souvent le bruit d'un coup de fusil tiré à un kangorou faisait sortir de dessous des buissons très-éloignés du rivage des phoques hurlans. Ceux-ci paraissaient les plus intelligens des deux animaux, car leur action indiquait qu'ils s'apercevaient que nous n'étions pas des kangorous, tandis que fréquemment le kangorou avait l'air de nous prendre pour des phoques.

« Le lieu du débarquement est situé par 35° 43' sud, et notre mouillage par 137° 58' est.

Flinders explora ensuite le canal qui sépare l'île des Kangorous du continent, et le nomma *détroit de l'Investigator*. En suivant la côte où il vit beaucoup de feux, il entra dans un autre bras de mer qui reçut le nom de *golfe Saint-Vincent*. Il se termine, comme le golfe Spencer, par des hauts-fonds vaseux dans l'ouest, et sablonneux dans l'est. Ils étaient remplis de raies. Si l'on eût été muni d'un harpon, l'on eût pu en pêcher la charge d'un canot. On vit un cygne noir, beaucoup de cormorans et de goëlands. Flinders gravit sur des collines à l'ouest; l'herbe y était rare, et tout le pays d'alentour annonçait la stérilité. La chaîne de l'est, quoique plus sablonneuse en apparence, était couverte de grands arbres. Elle passe à peu de distance d'une montagne nommée *mont Hummock*. Entre ces deux chaînes s'étend une large vallée dont le fond est marécageux, et reçoit les eaux des deux côtés dans la saison des pluies; de là elles tombent dans le golfe, que l'on peut considérer comme la partie la plus basse et la plus large de la vallée.

La chaîne de l'est commence au sud au cap Jervis, qui remonte au nord, et se dirige vers les montagnes de la partie orientale du golfe Spencer.

Si elle s'y joint , comme Flinders eut de fortes raisons de le supposer , la longueur totale de la chaîne , du cap Jervis au mont Arden, est de plus de soixante-dix lieues en ligne droite. La partie méridionale offre des hauteurs considérables ; l'une d'elles , le mont Lofty , parut égaler en élévation le mont Brown , c'est-à-dire atteindre à trois mille pieds.

Des monts de l'ouest au golfe Spencer il n'y a pas plus de trente milles de distance. Le mont Hummock s'élève à peu près à quinze cents pieds. La péninsule qui sépare les deux golfes fut nommée *presqu'île York*.

Le pays qui entoure le golfe Saint-Vincent paraît plus fertile que celui qui borde le golfe Spencer. La forme de la péninsule York est singulière ; elle a quelque ressemblance avec une jambe et un pied mal faits. Sa longueur est de cent cinq milles ; dans l'endroit le plus étroit , sa largeur n'est que de trois milles.

Flinders ayant débarqué au fond d'une baie de la côte orientale de l'île des Kangorous , traversa les bois , et gravit sur une colline sablonneuse. Du haut de cette éminence il fut surpris de voir que dans le sud la mer venait jusqu'à moins de deux milles du pied de la colline. Le canal par lequel il était arrivé se rétrécissait en s'enfonçant dans les terres , et se subdivisait en plusieurs branches. Dans l'une de celles-ci s'élevaient quatre petites îles ; l'une d'elles est assez haute et boi sée ; les autres sont simplement couvertes d'herbes et boisées. « Sur l'une de ces dernières , dit Flinders , nous trouvâmes de jeunes pélicans, qui n'étaient pas encore en état de voler. Des troupes de vieux oiseaux étaient assis sur les bords de la lagune ; il parut qu'ils venaient couver sur ces îles. Le grand nombre d'ossemens et de squelettes épars dans cet endroit faisait aussi naître l'idée que c'était ce même lieu qu'ils avaient adopté pour y terminer leur existence. Certainement ils ne pouvaient pas en avoir choisi un où il fût probable qu'ils seraient plus à l'abri de toute espèce de dérangement , que ces îlots dans une lagune cachée , au milieu d'une île inhabitée , située sur une côte inconnue près des antipodes de l'Europe. Hélas ! l'âge d'or de ces pélicans est passé ; mais il a duré bien plus long-temps que celui de l'homme.

On ne trouva de l'eau douce que dans un seul endroit de l'île , où elle suintait des rochers. Peut-être en creusant long-temps dans ce lieu , on pourrait s'en procurer une quantité suffisante pour l'approvisionnement d'un bâtiment ; ce qui ne serait pas d'une bien grande ressource.

« L'approche de l'hiver , et la crainte de ne pas pouvoir terminer la découverte de la côte méridionale avant que la disette de vivres me forçât

d'aller en chercher à Port-Jackson, m'empêchèrent, dit Flinders, de rester un jour de plus à
l'île des Kangorous, et par conséquent d'en examiner les côtes méridionales et occidentales. En
conséquence, remettant cette reconnaissance à
une seconde campagne le long de cette côte, qui
m'était prescrite par mes instructions, je quittai
le 6 avril l'île des Kangorous, pour continuer la
découverte au-delà du cap Jervis. »

L'extrémité orientale du détroit de l'Investigator, dans la partie la plus étroite, n'a que sept
milles de largeur. Le continent après le cap Jervis
offre un aspect différent de celui qu'il avait auparavant. La côte à l'ouest de ce cap est, pendant
six lieues, haute, rocailleuse, fréquemment
coupée par des ravines ; des broussailles basses la
couvrent ; la roche paraît être schisteuse, comme
celles des falaises de l'île des Kangorous de l'autre
côté du détroit. A l'est du cap les collines s'éloignent de la mer, et la côte s'abaisse considérablement. On y aperçoit seulement quelques dunes.

A neuf heures du matin l'on courut une bordée
au sud ; avant deux heures de l'après-midi l'on
reprit celle de l'est. A quatre heures la vigie placée
au haut du mât nous dit qu'elle voyait en avant
un rocher blanc. « En nous en approchant, continue Flinders, nous reconnûmes que c'était un
vaisseau qui venait à nous. Aussitôt nous nous pré-

parons au combat , dans le cas où nous serions attaqués. Nous hissâmes notre pavillon ; le bâtiment inconnu arbora le pavillon français , et ensuite à l'avant l'yak anglais , de même que nous fîmes voir un pavillon blanc. A cinq heures et demie je mis en travers ; et pendant que le bâtiment passait vent arrière sous le vent à nous , j'appris que c'était le *Géographe* , vaisseau de l'état , commandé par le capitaine Nicolas Baudin. Nous virâmes de bord pendant qu'il passait , afin d'avoir toujours notre batterie dirigée de son côté , de peur que le pavillon parlementaire ne fût une supercherie. Etant venu au vent sur l'autre amurre , je fis mettre un canot à la mer , et j'allai à bord du vaisseau français , qui avait aussi mis en travers.

« Comme je ne comprenais pas le français , M. Brown vint avec moi. Nous fûmes reçus par un officier qui nous montra le capitaine , et celui-ci nous conduisit dans la chambre. Je priai le capitaine Baudin de me montrer son passe-port de l'amirauté. Quand j'en eus pris lecture , je lui présentai celui que j'avais du ministre de la marine de France. Il me le rendit sans le regarder. Ensuite il me dit qu'il avait passé quelque temps à reconnaître les parties méridionales et orientales de la Terre Van-Diemen , où son ingénieur géographe avait été laissé avec son plus grand canot et son équipage, et était probablement perdu. Le bâtiment avait essuyé dans le détroit de Bass un fort coup de vent, que nous avions aussi ressenti, quoique moins violemment, dans le détroit de l'Investigator le 21 mars. Cette bourrasque l'avait séparé de sa conserve le *Naturaliste* ; ayant eu ensuite beau temps et bon vent, il avait exploré la côte méridionale de la Terre Australe, depuis le port Western jusqu'à l'endroit où nous nous rencontrions, sans trouver ni rivière, ni bras de mer, ni aucun lieu abrité où l'on pût mouiller. Je questionnai le capitaine Baudin sur une grande île située, disait-on, à l'entrée occidentale du détroit de Bass; il ne l'avait pas vue, et avait l'air de ne pas ajouter beaucoup de foi à son existence.

« Il parla volontiers de ses découvertes sur la côte de la Terre Van-Diemen, et critiqua une carte anglaise du détroit de Bass publiée en 1800. Il y trouvait de grandes fautes à la côte septentrionale du détroit, et en revanche donnait des éloges à la figure de la côte méridionale, et des îles qui en sont voisines. Je lui fis remarquer sur la carte une note qui prévenait que la côte septentrionale du détroit avait été vue seulement dans un canot par M. Bass, qui n'avait aucun moyen de fixer la longitude ni latitude; il eut l'air étonné, car auparavant il n'y avait pas fait attention. Je lui dis que depuis d'autres cartes plus précises

du détroit avaient été publiées, et que s'il voulait
ne pas s'éloigner jusqu'au lendemain, je lui en
apporterais une copie avec un mémoire explica-
tif ; il agréa la proposition, et je revins à bord.

« Je fus un peu surpris de ce que le capitaine
Baudin ne m'adressait aucune question sur mes
occupations le long de cette côte inconnue ;
comme il semblait beaucoup plus empressé de
communiquer ce qu'il savait, je fus heureux d'en
profiter. Toutefois le lendemain il était devenu
plus curieux, quelques-uns de ses officiers ayant
appris de l'équipage de mon canot que l'objet
de notre voyage était aussi de faire des découvertes. Je lui exposai nos opérations en général,
notamment dans les deux golfes, et lui dis à
quelle latitude je m'étais élevé dans le plus grand ;
je lui expliquai la situation du port Lincoln, où
l'on pouvait se procurer de l'eau ; je lui montrai
le cap Jervis qui était encore en vue : pour lui
faire connaître les provisions qu'il y avait moyen
d'obtenir à la grande île, je lui indiquai les bonnets de peau de kangorou, portés par les matelots du canot, et je l'instruisis du nom qu'en
conséquence j'avais donné à cette terre. Quand
je m'en allai, le capitaine Baudin me pria d'a-
voir soin de son canot et de ses matelots, si je les
rencontrais, et de dire au *Naturaliste* qu'il se
rendrait à Port-Jackson aussitôt que le mauvais

temps aurait cessé. Lui ayant demandé le nom du capitaine du *Naturaliste*, il songea à me demander le mien ; s'apercevant que c'était celui de l'auteur de la carte qu'il avait critiquée, il témoigna beaucoup de surprise, et eut la politesse de se féliciter de ce qu'il m'avait rencontré.

« La position de l'*Investigator*, quand je mis en panne pour parler au capitaine Baudin, était 35° 40' sud, et 138° 58' est. Personne ne fut présent à nos conversations que M. Brown : elles eurent presque toujours lieu en anglais ; que le capitaine parlait de manière à se faire comprendre. Indépendamment de ce que j'ai rapporté plus haut, il me donna quelques renseignemens sur ses pertes en hommes, sur sa séparation de sa conserve, sur la saison peu convenable dans laquelle on lui avait enjoint d'explorer cette côte ; il m'entretint aussi de quelques écueils qu'il avait rencontrés à deux lieues de la côte par 37° 1' de latitude, et qu'il me dépeignit comme très-dangereux.

« Je suis entré dans tous ces détails sur ce qui se passa dans cette entrevue, à cause d'une circonstance qu'il me semble à propos d'expliquer et de discuter.

« Les découvertes du capitaine Baudin le long de la côte méridionale se terminent à l'est, et les miennes sur l'*Investigator* à l'ouest du point où se trouvait ma corvette, qui était par 35° 40′ sud, et 138° 58′ est. Cependant M. Péron, naturaliste de l'expédition française, réclama pour sa nation la découverte de toute la partie comprise entre le port Western, dans le détroit de Bass, et l'archipel de Nuyts. Il appelle cette portion de la Nouvelle-Galles Australe : *Terre Napoléon;* mon île des Kangorous, qu'il adoptait ouvertement pendant l'expédition, a été transformée à Paris en *île Decrès;* le golfe Spencer est nommé *golfe Bonaparte;* le golfe Saint-Vincent, *golfe Joséphine;* et ainsi du reste, tout le long de la côte jusqu'au cap de Nuyts : les plus petites îles même portent aussi le cachet de découvertes françaises. M. Péron dit, et sur mon autorité à ce qu'il prétend, que l'*Investigator* n'avait pu pénétrer derrière les îles Saint-Pierre et Saint-François; et quoiqu'il n'affirme pas directement que je n'ai découvert aucune partie de la côte inconnue, cependant toute la teneur de son chapitre XV porte le lecteur à croire que je n'avais rien fait qui pût nuire au droit de priorité des Français.

« M. Péron était présent, lorsque plus tard, à Port-Jackson, je montrai une de mes cartes de cette côte au capitaine Baudin, et lui indiquant les bornes de sa découverte. Bien loin d'élever alors aucune prétention de priorité à la connaissance de l'île des Kangorous et de ce qui est à l'est, les officiers du *Géographe* en parlaient toujours comme appartenant à l'*Investigator*. M. Freycinet, premier lieutenant, se servit même d'une phrase singulière en me parlant chez M. King, gouverneur de la colonie; c'était en présence d'un de ses compagnons, je crois, M. Bonnefoy. « Capitaine, me dit-il, si nous n'étions « pas restés si long-temps à ramasser des co- « quilles et à attraper des papillons à la Terre « Van-Diemen, vous n'auriez pas découvert la « côte méridionale avant nous. »

Du reste Flinders finit par laisser la décision de ce point de controverse au jugement des hommes impartiaux.

Le 9 avril il revint à son bord à huit heures du matin, et se sépara du *Géographe*, qui fit route au nord-ouest; quant à lui, il se dirigea au sud. La côte, qui au cap Jervis se reculait, s'étant de nouveau avancée, il nomma cet enfoncement *baie de la Rencontre (Encounter-Bay)*, pour rappeler celle du bâtiment français; et d'ailleurs il conserva tous les noms que les Français avaient donné à la partie de la côte qu'ils venaient de prolonger. Elle était entièrement sablonneuse, surmontée dans quelques endroits de monticules, et en partie couverte de végétation ; au-delà l'on n'apercevait rien. Au cap Bernouilli, elle se

8 *

garnit un peu plus de buissons et de petits arbres ; et l'on distingua quelques hauteurs dans l'éloignement.

Après avoir reconnu le cap Buffon, situé à peu près par 50° 96' sud, et 140° 10' est, Flinders vit celui que Baudin avait nommé *cap Boufflers ;* mais il ne conserva pas ce nom, parce qu'un navigateur anglais avait le premier parcouru cette partie de la côte, et en avait nommé différens points.

Le capitaine James Grant, commandant le brig du roi *Lady-Nelson*, avait vu ce cap le 5 décembre 1800 en allant d'Angleterre à Port-Jackson, et l'avait nommé *cap Banks*, puis avait suivi la côte et traversé le détroit de Bass. Ce ne fut qu'à son arrivée à Port-Jackson, que Flinders apprit ces particularités. « Le même principe, dit-il, d'après lequel j'avais adopté les noms appliqués par les Français aux parties qu'ils avaient découvertes, va me guider pour faire usage des noms donnés par le capitaine Grant. »

Flinders place donc au cap Buffon le commencement de la terre Napoléon, qui se prolonge vers l'ouest jusqu'au cap Jervis, sur une longueur de cinquante lieues à cause des sinuosités de la côte. « Dans toute cette étendue, comme le capitaine Baudin me l'avait dit avec raison, ajoute-t-il, il n'y a ni rivière, ni bras de mer, ni lieu où l'on puisse se mettre à l'abri; les plus mauvaises parties de la terre de Nuyts ne la surpassent pas en stérilité. »

Mais en adoptant le nom de cap Banks, Flinders observe qu'il y ajoute l'épithète d'occidental, pour le distinguer d'un autre cap Banks à la côte orientale, nommé ainsi par Cook. Il est bien à regretter, dit-il, que les navigateurs donnent des noms avec une négligence qui introduit de la confusion dans la géographie. On applaudit à une réflexion si juste, et l'on est fâché que les compatriotes de Flinders donnent souvent lieu de la faire.

Au-delà du cap Northumberland situé par 38° 2′ sud, et 140° 37′ est, la côte se prolonge au sud-est avec des sinuosités : elle est un peu moins stérile que celle qui la précède. Flinders en la suivant fut contrarié par un temps brumeux et pluvieux, et par des coups de vent. Rarement il pouvait distinguer les objets à plus de deux milles de distance. Une tempête qu'il éprouva le 21 avril pendant la nuit, lui causa même de l'inquiétude, car il craignait d'être jeté sur la côte ou sur des écueils. Au point du jour ses appréhensions se dissipèrent en ne voyant pas la terre : d'ailleurs le vent diminua, et le baromètre remonta.

Alors il entra dans le détroit de Bass; la mer étant devenue moins grosse, il supposa qu'il avait

au vent la grande île sur laquelle il avait ques-
tionné le capitaine Baudin. La partie méridionale
en avait été découverte par le capitaine Reid, qui
était parti de Port-Jackson pour aller à la pêche
des phoques. Avant de quitter la colonie en 1799,
Flinders avait appris qu'elle était située au nord-
ouest des îles Hunter. Le capitaine John Black,
qui commandait le brig le *Harbinger*, en vit la
partie septentrionale au mois de janvier 1801 ; il
la nomma *île King*. « Je l'ignorais en ce moment,
dit Flinders ; mais puisqu'il était si dangereux
d'explorer la côte du continent avec les vents
du sud-ouest qui régnaient, je voulus avant
d'aller à Port-Jackson constater la position de
cette île, surtout puisqu'elle avait échappé au
capitaine Baudin. »

Le 22 à huit heures du matin Flinders eut
connaissance de l'île King dans le sud-ouest. Le
lendemain il y débarqua sur la côte nord-est. La
côte est généralement sablonneuse ; au-delà de la
plage le sable forme des dunes couvertes en
partie par du chiendent, qui en tient les particules ensemble. Le terrain est bas ; cependant on
vit dans l'éloignement de petites éminences, et à
l'extrémité septentrionale de l'île s'élève une
chaîne de collines médiocrement hautes et boisées.
Le granit parut être la roche qui formait la base
de la côte où l'on aborda. Derrière les dunes de

la plage croissaient des broussailles si touffues,
qu'elles étaient presque impénétrables; les botanistes finirent par s'y ouvrir un passage, et y
recueillirent tant de plantes intéressantes, qu'ils
désirèrent y revenir le lendemain. Flinders en
sortant du canot avait tué un wombat; on en eut
ensuite un autre et un kangorou, ainsi qu'un
phoque d'une espèce différente de toutes celles
que l'on connaissait. Le kangorou était d'une
grosseur moyenne entre ceux des petites îles et
ceux de l'île qui porte leur nom; il semble que
tout le long de la côte méridionale la dimension de cet animal soit proportionnée à la grandeur du pays qu'il habite.

Dans la seconde visite que Brown fit le 23 dans
l'île, il trouva un petit lac d'eau douce à peu de
distance derrière les dunes du rivage : la terre
végétale qui l'entourait était de bonne qualité; et
les botanistes cueillirent dans son voisinage
une plus grande quantité de plantes que dans
aucune des îles où ils étaient descendus précédemment. Le lac est trop éloigné de la mer pour
qu'un vaisseau puisse y faire de l'eau commodément; mais deux petits ruisseaux qui suintaient des
dunes, donnèrent lieu de penser qu'on pourrait s'en
procurer partout en creusant. Leur eau avait une
teinte rouge comme celle du port du Roi-George,
et des étangs des îles Furneaux; la roche étant

granitique, il est probable qu'elle donne cette couleur à l'eau, qui est incolore partout ailleurs.

L'approche de l'hiver et le manque de quelques provisions commandaient de gagner bientôt Port-Jackson; cependant Flinders désirait auparavant de reconnaître la côte méridionale, au moins depuis le cap Bridgewater du capitaine Grant, dont il n'avait pu déterminer la position. Le vent qui soufflait grand frais du sud, l'en empêcha; il résolut néanmoins d'arriver à la terre haute qu'il avait vue au nord du détroit, et de suivre la côte en allant à l'est autant que les circonstances le permettraient

Il commença sa reconnaissance au cap Otway de Grant; la côte a depuis ce point vers l'est au moins deux mille pieds d'élévation, tandis que les plus hautes montagnes de l'île King en ont au plus cinq cents. Toute cette côte du continent est verdoyante; on ne distingua pas dans un seul endroit le sable ou les rochers; de sorte qu'on la jugea plus fertile que toutes celles que l'on avait vues jusqu'alors. Le cap Otway est situé par 38° 51' sud, et 143° 29' est; ainsi la largeur de l'entrée nord-est du détroit de Bass, entre ce promontoire et l'île King, est de seize lieues, et à l'exception de quelques récifs dans le sud, libre de tout danger.

Flinders en avançant découvrit un beau port,

qui déjà avait été aperçu par un autre navigateur anglais, dont il avait reçu le nom de *port Phillip*. Il est entouré de hauteurs boisées; et le terrain qui l'environne est excellent. On vit beaucoup de traces de naturels, et même de la fumée; mais on ne rencontra personne. Une quantité de fort belles huîtres étaient étalées sur la plage, entre la marque de la mer haute et celle de la mer basse: il paraissait qu'elles y avaient été apportées par le ressac; particularité que Flinders ne se souvenait pas d'avoir observé dans aucune autre partie de ce pays.

Ayant de nouveau débarqué dans ce port, il fit dresser une tente pour y passer trois jours. Le lendemain matin on aperçut du feu à six cents pieds de la tente; il parut que les Indiens avaient décampé au moment où les Anglais débarquèrent. Pendant que Flinders prenait des angles le long de la côte, une troupe de naturels se fit voir à un mille du lieu où il était; en y mettant pied à terre, on trouva une cabane dans laquelle il y avait du feu; les habitans avaient disparu emportant leurs effets. Flinders y laissa des morceaux de drap rouge, couleur que ces sauvages affectionnent, puis continua de ranger le rivage à l'ouest pour examiner un bras du port qui s'étendait dans cette direction.

Trois naturels s'étant de nouveau montrés vis-à-vis du canot, il débarqua de nouveau; ils s'approchèrent sans hésiter, reçurent avec plaisir un cormoran que Flinders avait tué, et quelques bagatelles, et se défirent sans répugnance de celles de leurs armes qu'on leur demanda. Ils suivirent ensuite sur le rivage la marche du canot; Flinders tua un autre oiseau qui planait au-dessus de lui, et le leur tendit : ils accoururent au bord de l'eau, et l'acceptèrent sans témoigner ni surprise ni méfiance.

Flinders sortit du port Phillip le 3 mai, il reconnut le cap Liptrap de Grant, débouqua heureusement du détroit de Bass, et le 8 laissa tomber l'ancre à Port-Jackson. Il y trouva le *Naturaliste*, auprès du capitaine duquel il s'acquitta de la commission dont Baudin l'avait chargé. Un navire anglais avait recueilli, dans le détroit de Bass, le canot du *Géographe*; les officiers et l'équipage étaient à bord de l'autre bâtiment.

L'équipage de l'*Investigator* avait été diminué de huit hommes qui périrent avec la chaloupe. Flinders congédia un matelot qu'un phoque avait mordu à l'île des Kangorous, ainsi qu'un soldat de marine hors d'état de servir; il lui manquait ainsi dix hommes, et il lui en fallait pour compléter son équipage quatre de plus, qui à son départ d'Angleterre ne lui avaient pas été fournis. Il engagea donc cinq matelots de bonne volonté;

pour les neuf autres, le gouverneur lui permit de les prendre parmi les déportés ; ceux-ci à leur retour à Port-Jackson devaient obtenir la remise totale ou partielle de leur peine, selon la demande que le capitaine lui en ferait. Ainsi la porte de l'amendement était ouverte à ces malheureux, et ils pouvaient espérer de revoir leur patrie.

Flinders avait éprouvé précédemment qu'il était très-avantageux d'avoir à bord un naturel du pays, pour former des relations amicales avec les habitans des autres parties de la côte; en conséquence il embarqua sur l'*Investigator*, Bongari qui l'avait déjà suivi dans sa campagne sur le *Norfolk*, et Nanbari également honnête et intelligent.

Les instructions de Flinders lui prescrivaient de s'entendre avec le gouverneur King sur la marche la meilleure à suivre pour la suite du voyage, après s'être radoubé et ravitaillé à Port-Jackson, et en même temps lui recommandaient de retourner d'abord à la côte du sud. King partagea l'opinion de Flinders, qui regarda ce parti comme dangereux au milieu de l'hiver ; il pensa aussi que ce serait perdre mal à propos un temps précieux que de passer cette saison dans le port à attendre le beau temps : d'ailleurs Flinders avait laissé peu de points importans à déterminer à la côte du sud. Il fut donc décidé, d'après toutes ces considérations, qu'il irait au nord reconnaître le détroit de Torrès et la côte orientale du golfe de Carpentaire, avant le commencement de la mousson du nord-ouest; qu'il avancerait autant qu'il pourrait pendant sa durée, ensuite explorerait les côtes du nord et du nord-ouest, et reviendrait à Port-Jackson à l'époque et par la route qu'il jugerait les plus convenables et les plus propres à atteindre le but général du voyage.

Avant son départ Flinders laissa entre les mains du gouverneur deux copies de sa carte de la côte méridionale de la Terre Australe en six feuilles, et trois autres de détail de diverses parties sur une grande échelle. Il prit pour conserve le brig *Lady-Nelson*, commandé par le lieutenant John Murray; et tout étant prêt, il quitta la colonie.

Ce fut le 22 juillet 1802 qu'il mit à la voile pour sa seconde campagne, dans laquelle il renut d'abord les parties devant lesquelles Cook avait passé pendant la nuit, et que lui-même n'avait pu explorer, comme il le désirait, dans son précédent voyage.

Le premier endroit où il s'arrêta en prolongeant la côte basse et sablonneuse qui s'étend au nord de Port-Jackson, fut le cap Sandy ou de Sable, contigu à la baie d'Hervey. On avait aperçu des naturels sur la plage; mais ils se retirèrent dès qu'ils eurent vu s'approcher le canot qui portait Brown le naturaliste : de sorte qu'il put herboriser à son aise. Le lendemain plusieurs canots armés allèrent à terre : l'on se divisa en plusieurs détachemens ; celui de Flinders qui était accompagné de Bongari, se dirigea vers l'extrémité du cap Sandy. Plusieurs Indiens tenant des branchages verts à la main s'y étaient rassemblés. Tout en reculant, ils firent signe aux Anglais de se retirer. Alors Bongari se dépouilla de ses habits, et mit de côté sa lance, pour les engager à l'attendre. Voyant qu'il ne comprenaient pas son langage, le pauvre diable leur adressa la parole dans son mauvais anglais, espérant par là obtenir plus de succès. A la fin ils le laissèrent approcher, et peu à peu tout le détachement le suivit. On leur fit des présens, et vingt d'entre eux suivirent Flinders à ses canots, où ils furent régalés de la chair de deux marsouins qui avaient été apportés sur le rivage exprès pour eux. On les quitta en leur donnant des haches et d'autres objets.

Ces sauvages vont entièrement nus, et ressemblent beaucoup aux habitans de Port-Jackson, excepté qu'ils sont plus gras, ce qui vient peut-être de ce qu'ils ont plus de facilité de se procurer du poisson avec un filet en poche, qui n'est pas connu sur la partie méridionale de la côte. La

plupart, avaient une tumeur dure sur l'extérieur
du poignet ; si on les comprit bien, il est causé
par le frottement de soutien du filet quand ils le
jettent. Ces Indiens n'entendaient pas un mot de
la langue de Bongari et ne savaient pas se servir
de son vomerah .: car l'un deux invité à imiter
Bongari, qui avait lancé une zagaïe très-adroite-
tement à une grande distance, le fit de la manière
la plus gauche, en décochant le vomerah et la
lance tout à la fois. On n'aperçut parmi ces
gens rien de semblable à une pirogue : cependant
ils doivent avoir des moyens de passer l'eau lorsque le trajet n'est pas considérable ; car Flinders
trouva dans son précédent voyage des traces
d'hommes sur un îlot situé au fond de la baie
d'Hervey.

Une espèce de baquois que l'on avait déjà trouvé
à la baie de la Verrerie et à la baie Shoal, croît
abondamment sur le cap Sandy, et malgré l'extrême stérilité du sol, les dunes sont presque entièrement couvertes de buissons ; des eucalyptus,
ainsi que des casaurina, s'élèvent au fond des
vallées. Un étang voisin du rivage contenait de
l'eau douce ; mais Flinders douta que l'on en pût
trouver dans la saison sèche.

On découvrit ensuite un port au nord de la
baie de l'Outarde ; Brown et les naturalistes débarquèrent sur la côte occidentale de l'entrée.

Alors des Indiens qui s'étaient assemblés pour regarder les navires, s'éloignèrent, et s'étant postés sur un monticule, se mirent à jeter des pierres au détachement. Ils ne cessèrent que lorsqu'on eut tiré trois coups de fusil par-dessus leur tête, et prirent la fuite. Il y avait sept pirogues d'écorce le long du rivage ; et tout auprès plusieurs morceaux de tortue étaient suspendus à un arbre. On vit aussi des filets à poche comme ceux de la baie d'Hervey.

Ce port qui avait échappé aux regards de Cook, parce qu'il passa pendant la nuit devant la partie de la côte où il se trouve, est très-vaste ; Flinders, passa plusieurs jours à l'examiner, et le nomma *port Curtis*. Le pays qui l'entoure est tapissé d'herbe : il y croît des eucalyptus, et d'autres arbres communs sur cette côte. Cependant le sol est sablonneux, couvert de cailloux et généralement peu susceptible de culture. Presque tous les rivages et les îles basses sont ombragés par des mangliers de trois espèces différentes ; la plus répandue était celle dont l'extrémité des branches pousse des racines, ou plutôt des soutiens, qui s'entrelacent d'une manière si serrée qu'ils forment une masse presque impénétrable. C'est le *rhizophora mangle* de Linné, qui se voit aussi sur toutes les côtes basses des deux Indes : il ne se trouve ni à Port-Jackson, ni sur la côte méridionale de la Terre Australe.

Le granit à raies rouges et noires, et crevassé de tous les côtés, parut être la roche la plus commune dans les parties supérieures du port ; une pierre argileuse stratifiée était assez commune : on prit pour du calcaire une pierre blanche et douce au toucher, que l'on rencontra sur une des îles de ce port ; mais on reconnut qu'on s'était trompé, car elle ne fit pas effervescence avec les acides.

Partout où l'on débarqua, l'on trouva des traces de naturels ; on n'en vit aucun après la petite escarmouche qu'ils s'étaient attirée dès le premier jour. Ils sont plus industrieux que ceux que l'on avait rencontrés jusqu'alors, puisque indépendamment des filets à poche, ils ont aussi des pirogues d'écorce ; elles donnent la facilité d'aller pêcher des tortues, dont il paraît qu'ils se nourissent en partie. On ne put se procurer aucun de ces amphibies, quoique l'on en eût vu trois à la surface de la mer. Le poisson était abondant. Bongari en perça plusieurs de sa zagaïe. Les rivages sont bien garnis d'huîtres : dans la partie supérieure du port on trouva l'espèce qui donne les perles ; comme elles sont petites et colorées, elles n'ont aucune valeur. On essaya inutilement de se procurer de plus grandes huîtres près du vaisseau, en faisant usage de la machine à draguer.

On n'aperçut aucun quadrupède dans les bois, et très-peu d'oiseaux : en revanche il y avait le long des rivages et sur les hauts-fonds des pélicans, des goëlands et des courlis. L'eau douce n'est pas rare.

La navigation de Flinders le long de la côte orientale lui donna une connaissance exacte des baies nombreuses qui la découpent, et des îles ainsi que des écueils disséminés sur la plus grande partie de son étendue. Elle offrait toujours le même aspect qu'auparavant, avec très-peu de différence. Depuis le cap Manifold de Cook, il y croissait beaucoup de pins semblables à celui de l'île Norfolk, et très-propres par conséquent à faire de bons mâts. Les récifs, qui mettent plusieurs endroits de cette côte à l'abri de la violence des lames du large, servent d'habitation à une foule innombrable de mollusques, dont les couleurs et les formes variées frappent d'admiration ; c'est comme un superbe parterre sous-marin, de fleurs d'une dimension prodigieuse. Les coraux et les différens lithophytes avaient chacun leurs figures et leur teintes particulières, et semblaient sortir de la masse rocailleuse. Elle est composée de rochers de corail, qui s'est aggloméré en blocs

IV.   9

compactes d'un blanc mat. Les parties saillantes
au-dessus de la surface de la mer, étant générale-
lement à sec, sont noircies par les vicissitudes de
l'atmosphère; cependant on y reconnaissait encore la forme des différens coraux et quelques
coquilles. Les bords du récif, notamment du
côté extérieur, sur lesquels la mer brisait, en
étaient les parties les plus élevées. En dedans
il y avait des étangs et des cavités remplies de coraux vivans; les éponges, les trépangs et divers
zoophytes étaient épars sur plusieurs endroits de
la chaîne d'écueils. On y voyait aussi la grande
came, coquillage gigantesque, dont les valves
ornent en Europe les grands cabinets d'histoire
naturelle. De mer basse elle est ordinairement à
moitié ouverte; mais elle se ferme souvent avec
grand bruit, et le mouvement qu'elle fait alors,
lance l'eau qu'elle contient à trois ou quatre pieds
en l'air. Ce bruit et le jaillissement de l'eau firent
découvrir ces cames; car autrement on les aurait confondues avec le rocher de corail. On en
apporta plusieurs à bord des vaisseaux, et on les
fit cuire; leur chair avait un goût trop fort pour
qu'on s'en nourrît avec plaisir; peu de personnes
en mangèrent. Un de ces coquillages pesait quarante sept livres, et contenait trois livres deux
onces de chair. Cook et Bligh en avaient trouvés

de bien plus gros sur les rochers qui sont plus au nord ; et ensuite on en rencontra qui étaient quatre fois plus pesans.

Le récif était coupé de plusieurs petits canaux ; quelques-uns conduisaient aux brisans extérieurs : c'est par ces ouvertures que la marée entre et sort ; Flinders n'en trouva aucun assez large pour y faire passer ses vaisseaux.

Arrivé au nord des îles Cumberland de Cook, qui sont au nombre de quinze, dont la plupart n'avaient pas été vues par ce grand navigateur, Flinders renvoya sa conserve à Port-Jackson le 17 octobre. Ce brig avait toujours marché si mal, et manœuvrait avec tant de difficulté depuis qu'en touchant sur des rochers, il avait perdu sa quille et une partie de sa fausse quille, qu'il ne causait que du retard à l'*Investigator*, et pouvait même lui faire courir le risque de se perdre. Au lieu de sauver l'équipage de ce bâtiment en cas d'accident, il est très-probable que celui-ci eût pu être appelé à lui rendre ce service. Nambari ayant témoigné le désir de retourner à Port-Jackson, s'embarqua sur la *Lady-Nelson*.

Le 21 octobre Flinders fut hors de la chaîne de récifs, qui forme une barrière si extraordinaire devant une partie de la côte de la Nouvelle-Galles méridionale. Il avait passé quinze jours et parcouru cinq cents milles en dedans de ces écueils,

9*

avant de trouver une passe qui le conduisît dehors.
Lorsque Flinders en sortit, il était par 18° 52′ sud ;
et 148° 2′ est ; il y était entré par 151° 10′ ; d'autres
navigateurs ont retrouvé ces récifs à 22° 50′ sud,
et 152° 40′ est : peut-être s'étendent-ils encore davantage à l'est. Il ne put pas juger de l'étendue de
l'ouverture par laquelle il débarqua ; cependant
il ne crut pas qu'elle fût de plus de vingt lieues :
il supposa même qu'elle pourrait n'en avoir que
cinq ; et il conjectura qu'à l'exception de cette
lacune et peut-être de quelques autres plus petites,
cette barrière de récifs se joint au labyrinthe de
Cook, situé plus au nord, et se prolonge jusqu'au détroit de Torrès et à la Nouvelle Guinée
par 9° sud. Ainsi cette chaîne d'écueils occupe
quatorze degrés en latitude, et neuf en longitude ;
et par conséquent est la plus considérable que
l'on connaisse.

La largeur de la Barrière, qui paraît être à peu
près de quinze lieues dans sa partie méridionale,
diminue en allant vers le nord ; près de l'ouverture de Flinders, elle n'est que de sept à huit
lieues. Les récifs que Flinders vit par 17° 45′, après
avoir franchi la barrière, étant éloignés de quarante lieues de la côte, il les regarde comme des
écueils distincts, de même que ceux que Bougain-
ville aperçut par 15° 50′, et qui sont encore plus
loin. La Barrière, dans toute l'étendue que Flin-

ders l'explora, n'est pas jointe à la côte, et elle est de même jusqu'à 16° de latitude ; car Cook ne découvrit des écueils que lorsqu'il eut passé le cap Tribulation.

Le bras de mer renfermé entre la Barrière et la côte a d'abord vingt-cinq à trente lieues de largeur : ensuite il diminue à vingt, et même à neuf ; enfin près du cap Tribulation les récifs sont contigus au rivage. Des îles nombreuses sont disséminées dans le bras de mer ; il n'y a d'autres bancs de corail que ceux qui environnent quelques-unes de ces îles ; ainsi il est parfaitement adapté à un commerce de cabotage. « Le lecteur, observe Flinders, ne peut qu'être frappé de l'analogie que présente ce bras de mer avec un autre situé à peu près par la même latitude dans l'hémisphère septentrional. Le golfe de la Floride est formé par la côte de l'Amérique à l'ouest, et par de grandes masses d'îles et d'écueils à l'est ; et ces écueils sont aussi de corail. »

En dehors de la Barrière, la mer paraît en général être d'une profondeur que la sonde ne peut atteindre ; en dedans et au milieu des récifs, on trouve fond partout. La profondeur offre peu de différences dans les endroits où le fond est sablonneux ; et de même que la largeur du récif et du bras de mer qu'il renferme, elle diminue en allant au nord.

Quoique Flinders fût sorti des récifs, la Barrière était à une trop petite distance, pour qu'il ne redoutât pas des écueils épars : il pensa donc qu'il ne devait pas faire route pendant la nuit jusqu'au détroit de Torrès. Le 28 octobre il se trouva vis-à-vis de l'ouverture par laquelle Edwards y était entré ; elle lui parut préférable à celle que Bligh et Bampton avaient choisie et qui est plus au nord.

En traversant les écueils du détroit avec précaution, Flinders arriva aux îles Murray, et laissa tomber l'ancre auprès de la plus grande. Un grand nombre de perches élevées en plusieurs endroits, notamment entre les îles, ressemblaient de loin à des mâts de pirogues : de sorte qu'il craignit que les naturels n'y eussent rassemblé une flotte ; en s'approchant on reconnut la vérité, et l'on supposa que ces perches placées sur les récifs servaient à quelque chose de relatif à la pêche. A peine le vaisseau était mouillé, qu'une cinquantaine d'Indiens, dans trois pirogues, arrivèrent à une petite distance ; ils tenaient en l'air des cocos, des morceaux de bambous pleins d'eau, des bananes, des arcs et des flèches, en criant : *touri*, *touri*, et *mammousi*. Quoiqu'ils ne voulussent pas venir le long du bord, un commerce d'échange ne tarda pas à s'établir. On leur montrait une hache ou tout autre chose en fer (*touri*); ils offraient une branche de bananes vertes, un arc et un carquois garni de flèches, ou ce qu'ils supposaient que l'on prendrait en troc. Quand les Anglais faisaient signe qu'ils acceptaient, l'Indien sautait à l'eau avec ses marchandises, et les remettait à un homme qui allait le trouver; dès qu'il avait reçu sa hache, il retournait à sa pirogue. Quelques-uns livraient leurs objets sans méfiance; mais c'était le plus petit nombre. Leur empressement pour le fer était extrême; dans les commencemens tout ce qui était de ce métal leur convenait; ensuite ils devinrent plus difficile : si l'on montrait un clou à un Indien, il secouait la tête, et frappant son bras gauche avec le côté de la main droite, comme s'il coupait, il se faisait facilement comprendre.

Au coucher du soleil deux pirogues s'en allèrent d'un côté, et la troisième d'un autre. « Je n'avais pas oublié, dit Flinders, que les habitans de ces îles avaient attaqué Bligh lorsqu'il traversa le détroit, et tué quelques personnes de l'équipage de Bampton. Je fis donc tenir les soldats de marine sous les armes; les canons furent mis en état, et les mèches allumées. Des officiers placés sur différens points surveillaient les mouvemens de chacune des pirogues, tant qu'elles restèrent près du vaisseau. Quoiqu'elles fussent remplies d'arcs et de flèches, les Indiens ne manifestèrent aucune intention hostile.

« Le lendemain, peu de temps après le lever du soleil, ils revinrent dans sept pirogues. Quelques-unes s'avancèrent sous l'arrière du bâtiment, et une vingtaine de ces sauvages montèrent à bord, tenant à la main des coquilles d'huître perlière, et des colliers de cauris, ce qui avec des arcs et des flèches leur procura encore du fer. Désirant assurer la confiance et l'amitié de ces insulaires aux navigateurs qui viendraient après moi dans le détroit de Torrès, et ne pouvant distinguer un chef parmi eux, je présentai au plus âgé une scie à main, un marteau, des clous et différentes bagatelles. Nous essayâmes de lui montrer l'usage de tous les outils ; je crois que ce fut inutilement, car le pauvre homme fut saisi de peur en voyant qu'on faisait si fort attention à lui.

« Lorsque nous voulûmes lever l'ancre, nous fîmes signe aux Indiens de retourner dans leurs pirogues : ils eurent l'air de ne pas se soucier de nous comprendre ; mais dès que les matelots grimpèrent dans les haubans pour déferler les voiles, les sauvages s'en allèrent avec précipitation, et avant que l'ancre fût à bord, ils retournèrent dans leurs îles sans que la bonne intelligence entre eux et nous eût souffert la moindre interruption.

« Ces Indiens sont d'une couleur de chocolat foncé ; ils sont vifs, robustes, et de taille moyenne ; leur physionomie annonce beaucoup d'intelligence. Ils ressemblent par la chevelure et les traits aux naturels de la Nouvelle-Galles du sud, et vont de même tout nus ; cependant quelques-uns portaient des ornemens en coquillages, et en cheveux, ou en fibres d'écorce tressées, autour de la ceinture, du cou et de la cheville du pied. Bongari ne comprit pas un mot de leur langue ; et ils ne firent pas grande attention à lui ; il avait l'air de sentir son infériorité, et faisait une pauvre figure au milieu d'eux. »

La plus grande des îles Murray a près de deux milles de longueur sur un peu plus d'un mille de largeur ; elle est haute ; et les montagnes à son extrémité occidentale, peuvent se voir du pont d'un vaisseau à huit ou neuf lieues de distance par un temps clair. Les deux petites ressemblent à des montagnes qui s'élèvent brusquement de la mer ; elles paraissent inaccessibles. On n'y aperçut ni feu ni d'autre indication d'habitant. Sur le rivage de la grande île s'élevaient plusieurs cabanes entourées de palissades, probablement de bambous ; les cocotiers étaient communs, sur le terrain bas et sur les flancs des hauteurs. Plusieurs groupes d'Indiens étaient assis sur le rivage ; les sept pirogues qui, étaient venues près du vais-

seau, contenaient chacune de dix à vingt hommes;
en tout une centaine. Si l'on regarde ce nombre
comme la moitié de celui qui habite ces îles, et
si l'on y en ajoute un égal pour les femmes, et
trois cents enfans, la population de ce petit archipel sera de sept cents individus, dont la presque totalité doit appartenir à la grande île.

Flinders sachant quelles difficultés Bligh et
Bampton avaient rencontrées dans la partie septentrionale du détroit, se tint aussi près du sud,
en se portant vers le cap York, que la direction
des récifs le lui permit. Il passa heureusement au
milieu des innombrables écueils dont il était environné; une petite île verdoyante, le long de laquelle il mouilla, lui inspira l'envie d'y descendre avec les naturalistes. « Ce n'est, dit-il, qu'un
banc de sable, posé sur une base de rochers de
corail; cependant il était couvert d'arbrisseaux et
d'arbres si touffus, qu'en plusieurs endroits ils
étaient impénétrables. La partie du nord-ouest
est entièrement sablonneuse; il y croissait beaucoup de baquois semblables à ceux de la côte de
la Nouvelle-Galles du sud; autour de plusieurs
de ces végétaux s'étendait une ligne circulaire de
cames gigantesque; cette vue piqua ma curiosité.

« Il me parut que les Indiens visitaient quelquefois cette petite île pour y cueillir le fruit des

baquois, et probablement y prendre des tortues
dont on y vit des marques; enfin le récif leur
fournit des cames qui l'emportent en grosseur
sur celles des récifs de la côte du continent méridional. L'île est dépourvue d'eau : voici comment les Indiens ont obvié à cet inconvénient. Ils
attachent de longs morceaux d'écorce autour de
la tige lisse des baquois, et l'extrémité inférieure
aboutit à des coquilles de cames placées dessous.
La pluie, après avoir coulé le long des branches et
du tronc des arbres, est conduite dans les coquilles, les remplit quand elle est abondante, et
chaque valve contenant deux à trois pintes d'eau,
une cinquantaine placées de cette manière sous
différens arbres approvisionnent un bon nombre
d'hommes. Une paire de ces coquilles déjà blan-
chies à l'air pesait cent une livres; nous en
avons ensuite vu de plus grosses.

« Le fruit du baquois, comme le mangent ces
Indiens et ceux de la Terre Australe, fournit peu
de nourriture. Ils sucent séparément la partie
inférieure de chaque drupe ou amande qui composent ce fruit, comme nous en usons avec les
feuilles d'artichauts; mais la quantité de pulpe
que l'on obtient de cette manière est très-petite,
et suivant mon goût trop astringente.

« Cette petite île, ou plutôt le récif qui l'entoure, et qui a trois à quatre milles de longueur,

met à l'abri des vents de sud-est ; et n'étant qu'à
une journée de route ordinaire des îles Murray,
offre un mouillage convenable pour la nuit à un
vaisseau qui traverse le détroit de Torrès. Je la
nommai donc *tle Half-Way* (île Mi-Chemin). Elle
n'a guère plus d'un mille de circonférence ; mais il
paraît qu'elle augmente en élévation et en étendue. Il n'y a pas très-longtemps que c'était un de
ces bancs produits par l'entassement du sable et
du corail brisé, dont la plupart des récifs, et
surtout dans le détroit de Torrès, présentent des
exemples. Ces bancs sont à différens degrés de
formation ; quelques-uns, tels que celui-ci, sont
devenus des îles ; ils ne sont cependant pas encore habitables : d'autres sont élevés au-dessus
de la marque de la mer haute ; mais dénués de
végétation : d'autres enfin sont recouverts par
l'eau à chaque marée.

  Il me semble que lorsque les animacules
qui forment le corail au fond de l'océan cessent de
vivre, leurs constructions adhèrent l'une à l'autre
par l'effet, soit des restes glutineux qu'elles ren-
ferment, ou de quelque propriété de l'eau salée.
Les interstices étant graduellement remplis de
sable, et de fragmens de corail roulés par la mer
s'attachant aussi à la masse, il se formera à la
longue une masse de rocher. De nouvelles races
de ces animacules élèvent leurs habitations sur

le banc qui se construit, et meurent à leur tour pour augmenter et surtout pour hausser ce monument de leurs travaux prodigieux. L'attention à les faire perpendiculairement dans le principe dénoterait un instinct surprenant dans des créatures si petites. Leur mur de corail, placé presque toujours dans des positions où les vents sont constans, étant arrivé à la surface de l'eau, procure un abri sous le vent duquel de jeunes colonies peuvent s'établir en sûreté. C'est à cet instinct de prévoyance que paraît due la disposition des récifs, dont le côté au vent exposé aux lames du large en est généralement, sinon toujours, la partie la plus haute, et s'élève presque perpendiculairement, quelquefois d'une profondeur de 200 brasses et peut-être plus. Il paraît qu'une des conditions nécessaires pour l'existence de ces animacules, est d'être constamment couverts par l'eau de la mer; car il ne travaillent pas, excepté dans les cavités du récif, au-dessous de la ligne de la mer basse : mais le sable et d'autres fragmens de corail jetés sur le rocher par la mer y adhèrent, et composent avec lui une masse solide qui atteint à la hauteur ordinaire des marées. Au-delà de cette hauteur, les fragmens qui se forment étant rarement couverts, perdent leur vertu d'adhérence, et restant détachés, produisent sur le sommet du récif ce que l'on nomme communément une

caye. Le nouveau banc ne tarde pas à être visité
par les oiseaux de mer; des plantes salines y prennent racine : il commence à s'y créer du terrain ;
un coco, ou un drupe du baquois est poussé sur
ce rivage ; les oiseaux terrestres le visitent et y dé-
posent des graines d'arbrisseaux et d'arbres. Chaque marée, et surtout chaque coup de vent
ajoute quelque chose à l'écueil : il prend graduellement la forme d'une île; enfin l'homme arrive et
en prend possession.

« L'île Half-Way est déjà bien avancée dans sa
marche progressive, ayant été depuis plusieurs
années, probablement même depuis quelques
siècles, au-dessus des atteintes des plus hautes marées d'équinoxe, ou des lames du ressac dans les
coups de vent les plus violens. Je distinguai néanmoins que le rocher qui forme sa base offre,
dans un état de cohésion plus ou moins parfait,
le sable, le corail et les coquilles qui y ont été
entassés ; de petits morceaux de bois, des pierres
ponces, et d'autres corps étrangers que le hasard
a mêlés avec les substances calcaires lorsque la cohésion commença, étaient incrustés dans le roc, et
quelquefois il était possible de les en séparer, sans
faire beaucoup d'efforts. La partie supérieure de
l'île offre un mélange des mêmes substances encore
détachées les unes des autres, avec un peu de
terre végétale, et elle est couverte de casuarina,

ainsi que de divers arbres et d'abrisseaux, qui procurent de la nourriture aux perruches, aux pigeons et à d'autres oiseaux, aux ancêtres desquels il est probable que l'île est redevable de ses végétaux.

Elle est située par 10° 8' sud, et 143° 18' est. Flinders fit route au sud-ouest, toujours au milieu de bancs de sable, d'écueils et d'îles entourées de récifs de corail : ce sont les îles du prince de Galles, de Bligh; il aperçut du feu sur quelques-unes. D'autres, rocailleuses et stériles, ne montraient aucune marque du séjour de l'homme; on prit cependant pour des cabanes, des objets de forme conique et de couleur blanchâtre qui ressemblaient à des guérites. Des buissons et de petits arbres étaient épars sur la surface de toutes ces îles. On reconnut ensuite que c'étaient des monticules hauts de huit pieds et plus, formés par des termés. Pelsart en avait trouvé de semblables sur la côte de l'ouest, et Dampier sur la côte du nord-ouest de la Nouvelle-Hollande. Ils avaient cru aussi au premier aspect que c'étaient des huttes des Indiens. Flinders fut autant tourmenté par les mouches, que Dampier l'avait été sur la côte du nord-ouest.

Enfin Flinders ayant surmonté toutes les difficultés de la navigation dans le détroit de Torrès, entra le 3 novembre dans le golfe de Carpentarie. Il éprouvait une vive satisfaction d'en être venu à bout avant le commencement de la mousson du nord-ouest ; et d'avoir prouvé par son exemple que la traversée directe du grand océan dans la mer des Indes par ce passage peut s'effectuer en trois jours.

La côte orientale du golfe de Carpentarie, que Flinders prolongea en se dirigeant au sud, est sablonneuse et basse. Au-delà le pays n'offre qu'un petit nombre d'arbrisseaux et d'arbres chétifs; on n'y découvre pas une colline : des feux indiquaient qu'il était habité ; on vit quelques Indiens assis autour d'un brasier ; en avançant on observa que les arbres devenaient plus grands.

Flinders ayant découvert une ouverture, qu'il regarda comme la rivière de Coen des cartes hollandaises, y envoya un canot. En s'approchant, on observa une pirogue ou quelque chose de semblable, qui allait d'une rive à l'autre ; les Indiens, comme ceux des îles Murray, se servaient des deux mains pour pagayer. Des bancs de sable rendirent l'entrée difficile ; un groupe de naturels était assis sur la côte du nord. Bongari nu et sans armes alla les trouver : quoiqu'ils eussent tous des zagaies, ils se retirèrent ; il fut impossible d'avoir une entrevue avec eux. Comme il n'y avait pas de sûreté pour les botanistes d'herboriser en présence de gens si défians, on remonta la rivière un mille plus haut, et l'on débarqua sur une pointe verdoyante située du même côté.

Pendant que les naturalistes faisaient leurs recherches, et que Flinders se promenait sur le rivage pour tuer des oiseaux, on entendit dans le bois des voix d'hommes qui semblaient s'avancer vers le détachement; on se réunit prudemment, et l'on regagna le canot pour attendre les sauvages : ils ne parurent pas, et l'on revint au premier endroit où le pays était plus ouvert; les botanistes y herborisèrent sous la protection de sentinelles postées sur des dunes.

Les parties hautes du port étaient bien couvertes d'arbres ; la plupart des eucalyptus ; près de l'entrée, le terrain n'était guère que du sable pur avec quelques baquois et quelques casuarina épars ; une roche de sable de corail et de coquilles imparfaitement formée, en composait la base. Des traces de kangorou étaient empreintes sur le sable; on vit un chien; des drupes de baquois sucés étaient éparpillés de tous côtés, ainsi que des coquilles de cames sur la plage. On ne put découvrir la pirogue qui avait abordé cet endroit, et l'on n'aperçut pas une seule cabane.

Avant de se rembarquer, on attacha une hache à une branche d'arbre voisin du bord de la rivière. A peine avait-on poussé au large, qu'une troupe de seize Indiens se montra et appela les

Anglais ; cependant lorsqu'on tourna l'avant du canot de leur côté, ils s'enfuirent. Sur la rive méridionale de l'entrée il y avait quatre autres sauvages qui décampèrent aussi quand on s'approcha d'eux ; on déposa sur le rivage une hache pour eux, puis on regagna le bâtiment. Tous ses sauvages étaient nus ; ils ressemblaient absolument à ceux des côtes orientales et méridionales de la Terre Australe. Dans le détroit de Torrès, l'arc et les flèches sont les armes offensives : ici l'on ne vit que des zagaies ; chaque homme en avait plusieurs à la main, et quelque chose que l'on prit pour le bâton qui sert à les lancer.

La côte, en allant au sud, s'abaissait en quelque sorte toujours davantage : on n'y avait pas encore aperçu une colline ; le sommet des arbres sur les parties les plus élevées du pays dépassait à peine le haut des mâts de la corvette ; il paraissait d'ailleurs aussi peuplé que plus au nord.

Flinders avait espéré qu'à l'extrémité de cette côte au sud il trouverait un détroit ou un passage qui le conduirait à quelque autre partie de la Terre Australe ; mais cette idée flatteuse s'évanouit à mesure qu'il s'avança, car la côte tournait un peu à l'ouest ; et cette circonstance, jointe à la profondeur de l'eau qui allait toujours en diminuant, lui fit penser que le golfe se terminait de la manière qu'il était représenté sur les

anciennes cartes ; le 14 novembre il vit une petite ouverture qui lui sembla être la rivière Caron ,
qu'elles marquent à son extrémité sud-est. Quelle
qu'ait pu être, observe-t-il, cette entrée du
temps de Tasman, aujourd'hui aucun navigateur
ne s'y hasarderait avec un bâtiment; elle est par
17° 26′ sud, et 140° 52′ est.

Ensuite la côte se prolongeait au nord-ouest ;
des bancs de sable s'étendaient fort loin devant la
baie qu'elle formait, et asséchaient à une distance considérable. On aperçut enfin une colline ; on débarqua derrière un récif qui commençait à sa base. Elle offrit une masse de roc calcaire, dont la surface était percée et crevassée ,
comme si elle eût été exposée à l'action de la
lame d'un ressac. C'était la terre la plus haute
que l'on eût vue jusqu'alors dans la Carpentarie ,
dont on avait prolongé la côte pendant 175 lieues.
Du sommet de cette colline on ne découvrit
rien qui l'égalât en élévation; cependant elle ne dépassait pas de beaucoup le grand mât du bâtiment:
elle était située dans une île longue de cinq milles,
séparée du continent à l'ouest par un canal large
de près de deux milles. On chercha inutilement
de l'eau sur le rivage de chaque côté de ce bras
de mer. L'île avait échappé aux regards de Tasman ; il avait pris le détroit pour une rivière, à laquelle il donna le nom de Maatsuyker. Flinders

désigna l'île par celui de Sweers, qui était, ainsi que Maatsuyker, un des membres du conseil de Batavia; tous deux avaient signé les instructions données à Tasman. On aime à voir le navigateur anglais payer ce tribut de reconnaissance à des hommes étrangers à sa nation; cet exemple de justice n'est que trop rare.

Pendant qu'on traversait le détroit de Torrès, la corvette avançant avec un vent largue qui soufflait bon frais, avait fait dix pouces d'eau par heure; quelques heures après le charpentier annonça qu'il y en avait 14 pouces: mais on n'avait pas trouvé jusqu'à l'île Sweers d'endroit convenable pour abattre le vaisseau en carène. On profita donc de l'occasion; on découvrit que deux bordages étaient pouris et que la membrure en dessous ne valait guère mieux. On décida donc que dès que l'on rencontrerait un endroit où l'on trouverait de l'eau douce, on s'y rêterait pour faire le radoub nécessaire.

En faisant route à l'ouest, on reconnut plusieurs îles le long du continent. On débarqua sur l'île Allen qui était la plus éloignée; elle a quatre à cinq milles de longueur, et quoique généralement stérile, il y croît des buissons, de petits arbres, et de l'herbe assez bonne: du reste on n'y découvrit pas une goutte d'eau. Flinders voulut en faire le tour en canot; un récif l'en empêcha : il se dirigea donc à l'est vers une petite île éloignée de deux milles, sur laquelle on apercevait plusieurs Indiens. Il mit pied à terre à une certaine distance d'eux, et suivit six hommes qui menaient à la traîne six petits radeaux vers des rochers à l'extrémité du nord, où trois autres naturels étaient assis.

Comme ces sauvages ne se souciaient pas d'abandonner leurs radeaux, une entrevue était inévitable; ils vinrent donc sur le rivage avec leurs zagaies pour attendre les Anglais. Un de ceux-ci s'avança vers eux sans armes, et leur fit signe de déposer les leurs; croyant que l'on désirait qu'ils s'assissent, ils se conformèrent à cette idée; peu à peu l'on établit avec eux des relations amicales : ils acceptèrent des bonnets et des tresses de laine rouge, ainsi que des haches, dont ils comprirent bien vite l'usage quand on le leur expliqua. Ils donnèrent en échange deux zagaies grossièrement faites et un vomerah semblable à ceux de Port-Jackson.

Les radeaux étaient faits de branches de manglier très-sèches, et attachées ensemble dans deux endroits, tous les gros bouts d'un côte, de manière à former une partie large; la plus étroite se terminait en pointe. Près du bout de la partie large, il y avait une touffe d'herbe, sur laquelle s'assied l'homme qui pagaye; mais ce poids seul doit faire enfoncer profondément le radeau, et l'on aurait eu de la peine à croire qu'il pût même porter un homme. Sur un des radeaux l'on observa un filet court, qui d'après sa forme parut destiné à pêcher des tortues; sur un autre on vit un jeune requin; ces objets, avec les zagaies et les pagayes, semblaient composer toutes les richesses de ces hommes.

« Deux de ces naturels, dit Flinders, étaient avancés en âge; leur ressemblance les fit prendre pour deux frères. A l'exception des chefs de Taïti, c'étaient les Indiens les plus grands que j'eusse vus. Les deux frères avaient plus de six pieds de haut. Ils n'étaient ni gros, ni minces; cependant leurs jambes, de même que celles de la plupart des Australiens, n'étaient pas proportionnées à leur tête ni à leur corps. Le troisième moins grand que les deux autres était, d'après nos idées, mieux bâti. Leurs traits ne différaient pas de ceux de leurs compatriotes des côtes de l'est et du sud. Il manquait à chacun deux dents incisives supérieures. Ils avaient les cheveux courts; mais non pas crépus : un bandeau de filet roulé autour de la tête du plus jeune fut le seule vêtement ou le seul ornement que l'on remarqua chez eux. A ma grande surprise, les deux vieillards paraissaient avoir été circoncis ; mais la posture du plus jeune, qui resta constamment assis, empêcha de l'observer.

« Quand nous eûmes resté cinq minutes avec eux, les vieillards proposèrent d'aller à notre capot; nous leur donnâmes la main pour les y conduire. Ils s'arrêtèrent à mi-chemin ; et se retirant un peu arrière, le plus âgé prononça une courte harangue qui se termina par le mot *djeri* prononcé avec beaucoup d'emphase. Ensuite ils retournèrent à leurs radeaux, et les halèrent vers leurs trois compagnons assis sur les rochers. Je pensai que ceux-ci étaient des femmes, et que la proposition de ces hommes d'aller à nos canots était une feinte pour nous éloigner d'elles ; mais les femmes n'avaient probablement pas autant de peur de nous; car quoiqu'en rebroussant chemin après avoir passé les radeaux, nous fussions plus près d'elles qu'auparavant, elles restèrent tranquillement à ramasser des huîtres. Je ne voulais nullement gêner ces braves gens, et nous prîmes un chemin opposé pour examiner l'île. »

La forme de cette terre basse lui fit donner le nom d'*île Horse-Shoe* (du Fer-à-Cheval). Elle est très-sablonneuse ; à l'exception des mangliers, on y voit que des buissons. On n'y découvrit pas de cabane ; cependant l'herbe sèche, éparse en deux ou trois endroits autour du feu des Indiens,

dénotait qu'ils s'y étaient arrêtés. Il y avait auprès
de grandes coquilles en spirale, dans lesquelles
ils avaient sans doute apporté de l'eau du continent : on n'en aperçut pas dans l'île, et suivant
toutes les apparences elle en était dépourvue. Des
écailles et des os de tortues, quelques-uns assez
fraîchement dépouillés, étaient éparpillés en grand
nombre ; on distingua aussi sur la plage des vestiges de ces amphibies, et dans la journée on en
aperçut dans l'eau; mais on ne put pas en prendre.

Le vaisseau ayant été ramené près de l'île
Sweers, à un mouillage qui reçut le nom de *port
de l'Investigator*, chacun continua ses recherches. Flinders ayant appris que l'on avait découvert dans un petit trou un peu d'eau bourbeuse,
et qu'une coquille était auprès posée à terre, y fit
creuser à la profondeur de douze pieds à travers le
sable et une couche d'argile blanchâtre. Sous
celle-ci on trouva un fond de cailloux et de gra-
vier, et l'eau jaillit avec assez de clarté et de vitesse.
Un étang d'eau douce, peu éloigné de la côte dans
une île voisine, fournit aussi aux besoins des
Anglais, et l'on reconnut que l'intérieur de l'île
Sweers, vers son extrémité septentrionale, était occupé par des marais. Cette abondance d'eau dans
ces îles basses et à la fin de la saison sèche parut
très-remarquable ; elle est peut-être due au lit
d'argile placé immédiatement au-dessous du sable,

et au roc graveleux sur lequel il repose ; l'un empêche l'évaporation de l'eau des pluies, et l'autre
empêche qu'elle ne s'infiltre plus bas.

Le rapport des charpentiers qui visitèrent la
corvette, fit connaître le mauvais état dans lequel
elle se trouvait. Une partie de la membrure et
du bordage était pourie ; le mal parassait devoir
augmenter avec promptitude, et en supposant
les circonstances les plus favorables, elle ne pouvait pas durer plus de dix-huit mois.

« Je ne puis, dit Flinders, exprimer la surprise
et le chagrin que cet exposé me causa. Il me
mettait dans la nécessité de retourner presque
aussitôt à Port-Jackson, tant pour mettre en sûreté les journaux et les cartes des reconnaissances
que j'avais déjà effectuées, que pour sauver mon
épuipage. Mon espérance de constater complétement la forme de ce pays immense et intéressant
à tant d'égards était ainsi renvoyée à une époque
bien incertaine. Mon principal objet avait été jusqu'alors d'explorer les côtes de la Terre Australe
avec tant de soin, qu'un voyage futur à cette con-
trée devînt inutile : c'est pourquoi j'avais toujours
suivi la côte d'assez près pour voir le mouvement du
ressac, et pour que les ouvertures et les autres points
intéressans ne pussent pas m'échapper. Je m'atta-
chais strictement à ce plan, tant que les ciscons-
tances me le permettaient ; mais avec un vaisseau

incapable de résister au mauvais temps, et de subir les radoubs que pourraient rendre nécessaires les dommages qu'il éprouverait des hauts-fonds et des écueils sans nombre qui bordent cette côte, je ne voyais pas le moyen de remplir ma tâche.

« Une traversée du lieu où j'étais à Port-Jackson présentait dans cette saison de grandes difficultés : en passant par l'ouest, la mousson contraire serait un obstacle insurmontable; en retournant par l'est, je devais m'attendre à rencontrer de mauvais temps dans le détroit de Torrès déjà assez dangereux. Ces considérations, jointes à un vif désir de terminer, s'il était possible, la reconnaissance du golfe de Carpentarie, me décidèrent à la continuer pendant la durée de la mousson du nord-ouest, et si ensuite j'étais favorisé par le vent, d'aller par l'ouest à Port-Jackson dans le cas où la corvette pourrait supporter le trajet pendant l'hiver le long de la côte méridionale; et dans le cas contraire, de gagner le port des Indes le plus prochain. »

Le 30 novembre tous les travaux furent finis. La roche la plus commune sur la côte des îles qui environnaient la corvette, était un minerai de fer, si riche en quelques endroits que Flinders regarda l'établissement d'une colonie en ce lieu comme avantageux. Au-dessus on trouve une masse composée de corail, de coquilles, de sable

de corail et de grains de minerai de fer : quelquefois cette masse concrète se montre à la surface du sol ; mais elle est couverte ordinairement
de sable ou de terre végétale, ou d'un mélange de
ces deux substances.

Le sol , même dans les meilleures parties, n'est
nullement fertile ; cependant les petits arbres et
les buissons qui couvrent le terrain , et l'herbe qui
croît dans quelques endroits moins ombragés ;
peuvent sauver aux grandes îles le reproche de
stérilité absolue. Les principaux arbres sont l'eucalyptus et le casuarina , généralement trop petits pour qu'on les puisse employer à autre chose
qu'à faire du feu. Le baquois vient presque partout, surtout dans les parties sablonneuses; les botanistes trouvèrent beaucoup de plantes qu'ils ne
connaissaient pas.

On ne vit sur ces îles ni quadrupèdes ni reptiles : les oiseaux y étaient nombreux ; les plus
utiles furent des canards de diverses espèces et
des outardes : on tua une de celles-ci qui pesait
une douzaine de livres ; on la trouva excellente.
Les bois étaient remplis de corneilles et de cacatoes blancs, de pigeons, et de petits oiseaux particuliers à ce pays et les rivages de pélicans, de
mouettes , et d'autres oiseaux aquatiques tous peu
nombreux, excepté les mouettes. On prit beaucoup
de poisson; l'on fut moins heureux pour les tortues,

quoiqu'elles fussent abondantes entre les îles.

On aperçut constamment des naturels sur les grandes îles : ils évitèrent toujours les Anglais ; et quelquefois ils disparaissaient d'une manière qui semblait extraordinaire. On conjectura qu'il se cachaient dans des cavités creusées en terre ; car on découvrit un jour un grand trou partagé en deux compartimens, chacun assez grand pour qu'un homme pût s'y coucher : ce qui fit supposer que c'étaient leurs demeures dans les mauvais temps, et que celles du beau temps étaient les foyers placés sous l'ombre des arbres, et entourés d'herbe sèche. Une racine de fougère ou de quelque plante semblable paraît former une partie de la subsistance de ces sauvages ; car quelques endroits dans le sable et dans les marais à sec avaient été tellement creusés avec des bâtons pointus, qu'il semblait qu'un troupeau de cochons les eût fouillés.

On ne put savoir si ces hommes vivent continuellement sur ces îles, ou s'ils y viennent du continent à certaines époques. Il parut qu'ils n'avaient pas de pirogues, et qu'ils se servaient de radeaux ; on en trouva çà et là sur le rivage. « Les relations des Hollandais, dit Flinders, m'avaient fait penser que les habitans de la Carpentarie étaient féroces, et faisaient usage d'arcs et de flèches ainsi que de zagaies : je les trouvai timides, et si empressés d'éviter tout commerce avec les étrangers, que ce ne fut que par surprise que j'eus une entrevue avec eux. Certainement leur conduite n'eut rien de féroce; je n'aperçus pas le moindre indice d'arcs ou de flèches ; leurs zagaïes étaient trop lourdes et trop grossièrement faites pour être dangereuses comme armes offensives : elles peuvent être utiles pour la défense.

« Il est digne de remarquer que les trois naturels vus à l'île Horse-Shoe avaient perdu les deux dents incisives supérieures. Dampier dit que tous les habitans de la côte nord-ouest, n'importe leur âge ou leur sexe, manquent de ces deux dents. Je n'observai rien de semblable chez les sauvages du détroit de Torrès, ni sur ceux de la côte orientale au nord de Port-Jackson; dans les environs et au sud de cette colonie on retrouve cette coutume ; mais les femmes n'y sont pas assujetties : plus au sud on ne l'observe pas, non plus qu'à la côte méridionale ; mais elle existe dans une partie de la Terre Van-Diemen.

« On trouva sur l'île Sweers sept crânes et plusieurs ossemens humains près de trois foyers éteints, et sur son rivage occidental un morceau de bois de tek équarri, long de sept pieds, que le charpentier jugea avoir appartenu à la carlingue d'un bâtiment. Sur l'île Bentink je vis les troncs d'une vingtaine d'arbres au moins, qui avaient été abattus avec une hache ou un outil de fer tranchant, et à peu de distance, des morceaux d'une jarre. Il me parut probable qu'un navire faisant la navigation des Indes avait péri dans cet endroit deux à trois ans auparavant, qu'une partie de l'équipage avait été tuée par les Indiens, et que le reste avait peut-être gagné le continent sur des radeaux construits à la manière des naturels. Quoique ce ne fût qu'une conjecture, elle me semblait appuyée sur des faits si évidens, que j'éprouvai le plus vif désir de retrouver la route de ces hommes infortunés, et de les arracher au malheur et aux dangers auxquels ils étaient sans doute exposés.

« Durant notre séjour sur la rade de l'*Investigator*, le thermomètre à bord se soutint entre 81, et 90° (21° 76'; 25° 76'), et à terre entre 86 et 100 (23° 98'; 30° 20') pendant le jour. Des brises de terre ou de mer tempéraient presque toujours la chaleur; elle fut rarement étouffante. Les insectes ne furent pas très-incommodes. »

Le 1er. décembre Flinders mit à la voile. La reconnaissance de la côte lui fit voir que tout le fond du golfe de Carpentarie, jusqu'au cap Van-Diemen, est composé d'îles : elles reçurent le le nom d'*îles Wellesley*. L'une d'elles eut celui d'*île Bountiful* (bienfaisante), par la quantité de tortues que l'on y trouva, et qui furent d'une ressource précieuse pour l'équipage. On en remplit le navire, où on les plaça sur le dos; et on remit en liberté un grand nombre pour lesquelles il n'y avait pas l'emplacement nécessaire. Sur les quarante-six que l'on garda, la plus petite pesait plus de deux cent cinquante livres; leur poids commun était de trois cent vingt livres.

Une espèce d'outarde à bec très-fort, quoique elle ne soit pas plus grosse qu'une poule, était très-nombreuse sur l'île Bountiful. Il parut que cet oiseau vivait uniquement de tortues. L'effet de l'instinct est admirable chez toutes les créatures vivantes; il est frappant chez ces amphibies à l'instant où ils viennent d'éclore : quand ils sortent de leurs trous, ils ne voient pas plus tôt la lumière du jour, qu'ils courent à l'eau, comme s'ils savaient que l'outarde les guette. On fit l'expérience de les placer la tête opposée à la mer; ils se retournèrent, et prirent le chemin le plus droit pour y arriver. Du reste les outardes ne sont pas leurs seuls ennemis; à peine ont-ils échappé à terre à ceux-ci, que des requins très-nombreux les attendent dans la mer. On prit quelques-uns de ces poissons voraces : ils avaient de sept à neuf pieds de long. Ils attaquent aussi les grandes tortues : on en vit une qui avait perdu sur le côté, un morceau semi-circulaire, qui faisait la dixième partie de sa masse; l'écaille s'était rejointe, et la plaie était cicatrisée. Si ce n'était l'immense destruction de ces amphibies à toutes les époques de leur existence, leur fécondité est si prodigieuse, que toutes les mers et tous les rivages des pays compris entre les tropiques leur procureraient à peine en dix ans l'espace qu'il leur faut, et qu'ils ne trouveraient plus à se nourrir. Le nombre des œufs trouvé dans les femelles qui composaient la plus grande partie des quarante-six que prit Flinders, était ordinairement de sept cents. Une autre que l'on pêcha plus tard en avait dix-neuf cent quarante, qui n'étaient pas plus grands, et quelques-uns l'étaient moins que des pois. Il paraît qu'elles pondent vingt à cent œufs à la fois, ce qui a lieu plusieurs fois pendant la saison ; ensuite elles viennent très-peu à terre. La saison de la ponte à la Terre Australe commence probablement en août, et se termine en janvier et en février.

Flinders reconnut ensuite que la côte en allant au nord-ouest était également composée d'îles jusqu'au cap Van-der-Lind ; ce petit archipel fut nommé *groupe de Pellew*, en l'honneur d'un amiral anglais qui avait mérité la reconnaissance de Flinders. L'espace occupé par ces îles est de trente-quatre milles de l'est à l'ouest ; les cinq principales ont de sept à dix-sept milles de longueur. Leur base paraît être de grès dur à grains serrés, avec un petit mélange de quartz : on le

trouva même deux fois légèrement imprégné de
fer : la roche de corail ou calcaire, couvrait quelquefois les parties supérieures. Quand la surface
de ces îles n'est pas du roc nu, elle consiste en
sable mêlé d'une proportion plus ou moins grande
de terre végétale : nulle part elle n'annonçait la
fertilité, quoique les grandes îles, surtout la côte
occidentale de l'île Van-der-Lin, fussent assez bien
couvertes d'arbres et de buissons ; il y a de l'herbe
dans quelques endroits bas.

De même que dans la plupart des cantons de
la Terre Australe, les arbres les plus communs
sont des eucalyptus de diverses espèces, généralement différentes de celles des côtes orientale et
méridionale, et plus petites. Le chou palmiste
d'un nouveau genre nommé *Livistona inermis*, y
est abondant ; mais la partie bonne à manger est
trop petite pour procurer une ressource à un équipage : les matelots se firent avec les jeunes feuilles
fendues et séchées de jolis chapeaux très-légers,
qui étaient excellens pour la chaleur. On trouva
des muscades principalement sur l'île Van-der-
Lin, où elles croissaient sur un arbre étalé en
forme de grand buisson ; le fruit n'étant pas mûr,
on ne put juger de sa qualité. Les naturalistes découvrirent aussi deux arbrisseaux du genre du
sandal.

Il paraît qu'il y a des kangorous dans toutes les

grandes îles, puisque l'on aperçut leurs traces sur tous les endroits sablonneux où l'on débarqua; cependant on ne vit aucun de ces animaux, qui doivent être petits. Les bois étaient habités par des faucons, des pigeons de deux espèces, et des outardes, les bords de la mer par de jolis canards; et les oiseaux que l'on y rencontre ordinairement. Partout on distingua des pas de tortues surtout sur le rivage des petites îles.

Toutes les îles offrirent des vestiges d'Indiens; cependant les petites ne sont visitées que par occasion. Ces sauvages ainsi que ceux des îles Wellesley, paraissaient également empressés d'éviter toute communication avec des étrangers, car on ne les aperçut qu'à une grande distance de dessus le pont du vaisseau. On rencontra sur la côte d'une île deux pirogues faites de morceaux d'écorce cousus ensemble, et disposés comme dans les canots à clain, où les bords des planches se recouvrent les uns les autres : ils avaient deux pieds de largeur ; mais ils étaient en trop mauvais état pour que l'on pût juger de leur longueur. Flinders douta qu'ils fussent l'ouvrage des naturels du pays ; différens objets que l'on trouva auprès appartenaient certainement à un autre peuple, et leur construction était bien supérieure à tout ce que l'on avait vu dans ce génre chez les Indiens de la Terre Australe. Cependant étant faits d'écorce, ils étaient de cette région. On fut de même dans l'incertitude sur un petit monument découvert dans la même île. Sous un petit hangar d'écorce étaient placés deux morceaux de pierre cylindriques, longs à peu près de 18 pouces, il parut qu'on les avait tirés du rivage, où longtemps roulés par le ressac, ils avaient perdu leurs angles, et pris une forme qui se rapprochait de celle d'une quille. On avait tracé vraisemblablement avec du charbon, autour de leur surface, près de chaque extrémité, deux cercles en noir, et entre ceux-ci quatre marques ovales à égale distance les unes des autres; les espaces entre ces plaques ovales étaient couverts de duvet blanc et de plumes, collés avec du blanc d'œuf de tortue, comme le fit supposer la nature du gluten et les œufs épars tout autour. On ne put former aucune conjecture raisonnable sur le motif qui avait fait poser debout ces pierres sous un hangar. On creusa la terre pour s'assurer si c'était un monument sépulcral; on ne trouva rien.

Du reste les indications du séjour accidentel d'un peuple étranger sur ces îles n'étaient pas moins nombreuses que les traces des naturels. Indépendamment de débris de jarres cassées, et d'arbres coupés avec une hache, on rencontra des restes de treillage en bambou, des feuilles de

palmier cousues avec du fil de coton, et disposées
suivant la forme des chapeaux chinois, des lam-
beaux de pantalons de nankin bleu, enfin une
ancre en bois et trois gouvernails de canot en
bois violet; mais ce qui embarrassa le plus Flinders, fut un mur peu élevé en pierre, d'une des
faces duquel partaient des divisions qui formaient
des compartimens où il y avait des reste de feu
de charbon; tout le bois du voisinage avait été
abattu. On vit sur une autre île une construction
semblable, avec trente-six compartimens, sur
lesquels était placé un toit grossièrement fait.
Tous les mangliers sur une étendue de plus d'un
acre et demi à l'entour avaient été coupés. Il
était évident que des Asiatiques avaient fait ces
travaux; mais à quelle nation appartenaient-ils?
et qu'étaient-ils venus faire dans cet endroit? C'est
ce que l'on ne put savoir; toutefois Flinders supposa que c'étaient des Chinois, et que peut-être
les muscades les attiraient dans ces parages. Alors
s'évanouirent les premières conjectures, et l'on
cessa de croire à la présence de naufragés sur ces
côtes.

A bord de la corvette, le baromètre se tenait
ordinairement à près de 85° (23° 53). A terre il
faisait plus chaud : cependant les moustiques n'é-
taient pas très-incommodes; mais les grosses
mouches ordinaires étaient si nombreuses et si

hardies, qu'elles furent aussi importunes que les moustiques. Elles entraient dans la bouche et dans le nez, et se posaient sur le visage ou sur toute autre partie du corps, aussi tranquillement que sur un arbre ; il n'était pas facile de les chasser. On en fut infesté à terre et à bord pendant que le navire était à l'ancre, et deux à trois jours après. La présence de l'homme opéra un changement dans les mœurs de ces insectes ; ils devinrent bientôt plus circonspects, s'envolèrent quand on levait la main, et trois à quatre jours après ne furent pas plus désagréables que les autres mouches, quoique très-nombreux encore. Dampier trouva ces insectes non moins incommodes à la côte du nord-ouest.

Le groupe des îles Pellew offrit plusieurs bons mouillages, et des endroits où l'on fit facilement de l'eau. Flinders s'éloigna de ces îles le 27 décembre, et poursuivant sa course au nord-ouest, rectifia encore les cartes hollandaises, qui ne représentent plusieurs îles que comme des caps ; d'ailleurs ils conserva les noms qu'elles donnent à ces pointes de terre, notamment au cap Maria, situé par 14° 50' sud, et 135° 53' est. C'était le nom de la fille de Van-Diemen : Tasman avait conçu de l'amour pour elle, et toutes ses découvertes attestent sans cesse qu'il songeait à l'objet de sa passion. Partout où un point quelconque porte le nom de Maria, on en voit à peu de distance un autre qui est désigné par celui de Tasman. Ainsi dans le sud-est de ce cap il y a une rivière de Tasman.

Le 20 janvier 1803 Flinders laissa tomber l'ancre dans une baie de la côte nord-ouest de l'île nommée Groote Eyland par les Hollandais. Avant d'y arriver, on en avait reconnu plusieurs situées entre elle et le continent; une entre autres qui fut appelée *Chasm island* (île des Crevasses), à cause des nombreuses fentes qui coupent le haut de ses falaises : elles sont si profondes, que les Anglais ne purent parvenir au sommet de l'île pour y prendre des relèvemens.

On trouva sur cette île Chasm un fruit qui était une nouvelle espèce d'*eugenia*, de la grosseur d'une pomme, et d'une acidité agréable, et des buissons de muscadiers ; le fond de quelques-unes des crevasses était rempli des fruits de ces arbres ; et d'abord on ne put deviner d'où ils venaient. Il croissait dans ces fentes des arbres qui avaient 30 à 40 pieds de haut : en les examinant avec intention, on reconnut que c'étaient des muscadiers dont le fruit était tombé ; il était petit et d'un goût peu agréable. Brown a nommé cette espèce *myristica insipida*.

Du côté escarpé de ces crevasses on avait creusé des cavités profondes ou des cavernes qui minaient les falaises ; Flinders trouva sur leurs parois des dessins grossiers faits avec du charbon, et quelquefois de la peinture rouge sur le fond blanc de la roche. Ces dessins représentaient des marsouins, des tortues, des kangorous et une main d'homme. Le dessinateur, qui les alla voir ensuite, découvrit une figure de kangorou suivie d'une file de trente-deux personnes. Le troisième personnage avait deux fois la hauteur des autres, et tenait à la main quelque chose qui ressemblait au ouaddy ou épée de bois des naturels de Port-Jackson ; on avait sans doute voulu désigner un chef. Ce peuple n'avait pu indiquer sa supérioté par des habits ou des ornemens, puisqu'ils n'en portent d'aucune espèce ; c'est pourquoi en y ajoutant une arme, ils ont, comme les anciens, fait de la grandeur de la taille le principal emblème de la supériorité de pouvoir, qui en effet en est ordinairement la conséquence dans les premiers temps de là société.

Flinders, après avoir débarqué sur l'île Groote (la Grande île) avec les botanistes, grimpa sur un morne à son extrémité orientale, seul endroit où les bois n'obstruaient pas la vue ; il reconnut le continent, qui s'étendait au nord jusqu'à une montagne qui reçut le nom de Mont-Grindall.

Le lendemain un détachement fut expédié pour couper du bois, un autre pour pêcher à la seine ; les botanistes descendirent aussi à terre, et Flinders alla pour observer la latitude et prendre des relèvemens à la partie occidentale de l'île : tout le monde était armé, parce que l'on avait vu sur le sable des traces si fraîches, que l'on s'attendait à chaque instant à rencontrer des Indiens. « Après avoir terminé ce que je voulais faire, dit Flinders, je pris avec un petit détachement mon chemin autour de l'extrémité nord-ouest de l'île, ensuite je traversai des broussailles qui me fatiguèrent beaucoup ; quand nous en sortîmes, nous aperçûmes quatre Indiens sur une colline à quatre milles sur la gauche, et quelques-uns de nos gens qui coupaient du bois s'avançant vers eux. Les Indiens en nous voyant craignirent sans doute d'être cernés, car ils se mirent à courir ; cependant comme nous marchions tranquillement vers le canot, ce que je fis dans l'espérance que notre monde aurait une entrevue avec eux, ils eurent l'air d'en être contens. Les savans vinrent avec moi dîner à bord ; j'appris de M. Westall le dessinateur que pendant qu'il prenait une esquisse à la pointe orientale de l'île, une pirogue montée par six hommes s'était détachée de l'île Voudah voisine de l'île Groote. Il ne s'embarrassa pas d'eux jusqu'au moment où il reconnut qu'ils l'avaient observé , et débarquaient à peu de distance de l'endroit où il était. Alors il pensa qu'il était prudent de se retirer avec son domestique vers les hommes qui faisaient de l'eau. Les naturels le suivirent avec assez de vitesse , et quand ils parurent sur le haut de la colline , le contre-maître et quelques-uns des matelots qui cou-paient du bois avec lui allèrent à eux pour les amener à une entrevue amicale. Ce fut dans ce moment que l'apparition de mon détachement fit courir les sauvages. Quand je m'embarquai ils s'é-taient arrêtés , et nos gens gravissaient tout dou-cement sur la colline.

« Les naturels avaient des zagaies ; mais ils étaient en petit nombre , et d'ailleurs nos gens étant armés , je ne craignais aucun danger. Néan-moins à peine étions-nous arrivés à bord , que nous entendîmes des coups de fusil ; nos gens faisaient des signes, et portaient quelqu'un comme s'il eût été tué ou blessé. Je dépêchai aussitôt sous les ordres du master deux canots armés au secours de nos compagnons , et je lui ordonnai s'il ren-contrait les Indiens, d'en user amicalement en-vers eux , de leur faire des présens, et sous aucun prétexte de se garder de les poursuivre dans les bois. Je soupçonnais que mes matelots avaient été les agresseurs ; je dis pourtant au master que si les sauvages avaient attaqué notre monde sans motif, d'emmener leurs pirogues pour les punir, me réservant de prendre le lendemain telles mesures qui seraient jugées nécessaires.

« A cinq heures le contre-maître fut apporté à bord; il avait le corps percé de quatre zagaies. Les naturels avaient gardé leurs armes en arrêt, en attendant nos gens, de même que ceux-ci tenaient leurs fusils. Le contre-maître qui marchait le premier, avança la main pour recevoir la zagaie qu'il croyait qu'on lui offrait; l'Indien s'imaginant sans doute voir une tentative de s'emparer de son arme, enfonça sa zagaie dans la poitrine de son ennemi supposé. L'officier voulut tirer son fusil qui fit long feu, et se retira vers son monde : les Indiens encouragés lui décochèrent plusieurs zagaies; trois l'atteignirent. Nos gens essayèrent de faire feu; à la fin deux coups de fusil partirent et les sauvages prirent la fuite, mais en emportant un chapeau qui était tombé. Thomas Morgan, officier de marine, étant resté quelque temps exposé au soleil tête nue, attrapa un coup de soleil; il fut apporté à bord avec le contre-maître, et la même nuit mourut dans le délire.

« Le master, informé de ce qui venait d'arriver, se hâta d'aller dans la penniche, à l'extrémité orientale de l'île pour saisir la pirogue; et oubliant les ordres précis que je lui avais donnés, envoya un détachement par terre pour couper la retraite aux naturels de ce côté. Leurs recherches furent quelques temps inutiles : mais à la brune trois Indiens furent aperçus par le second détachement; avant qu'on eût pu les intercepter, ils s'étaient embarqués dans la pirogue. On leur tira des coups de fusil, et avant qu'ils fussent hors de portée, un d'eux tomba; les autres sautèrent à l'eau et plongèrent. Un matelot qui se vanta d'avoir tué l'Indien gagna la pirogue à la nage, et trouva ce malheureux étendu au fond de la pirogue, ayant sur la tête un chapeau de paille que le marin reconnut pour lui avoir appartenu. L'ayant montré en triomphe, il fit chavirer la pirogue, et le corps de l'Indien alla au fond : l'embarcation fut conduite à la traîne, et le master le ramena à neuf heures du soir.

« Ce qui venait de se passer me causa beaucoup de chagrin : j'étais extrêmement mécontent de ce que le master avait agi d'une manière si opposée à mes ordres. Malheureusement le mal était sans remède. Le peintre ayant témoigné le désir de dessiner le corps de l'Indien tué, et le naturaliste, ainsi que le chirurgien de le disséquer, j'envoyai le 22 au matin un canot le chercher. On trouva le cadavre étendu sur le bord de la mer, non pas en long comme un corps apporté par l'eau, mais la tête sur le rivage, et les pieds touchant la mer. Les bras étaient croisés sous la tête, le visage tourné vers la terre dans la posture d'un homme qui n'a eu que la force de se traîner hors de l'eau avant d'expirer. Ces circonstances me firent craindre que cet infortuné n'eût été un des deux Indiens qui avaient sauté hors de la pirogue, et que l'on supposait avoir échappé. Il était de taille moyenne et mince.; il avait le corps saillant, les jambes grêles et les traits semblables aux autres habitans de ce pays; il portait les marques de la circoncision. Une balle lui avait traversé l'omoplate, et s'était logée dans son cou.

« La pirogue était d'écorce, mais non d'une pièce comme à Port-Jackson ; elle était de deux pièces cousues ensemble dans le sens de la longueur, la couture d'un côté; les deux extrémités étaient de même cousues, et fixées avec de la résine; une petite perche était attachée le long de chaque côté, et ceux-ci étaient liés ensemble en cinq endroits avec des plantes sarmenteuses, pour maintenir la forme de la pirogue et la renforcer. Elle avait treize pieds et demi de long sur deux pieds et demi de large; elle paraissait capable de porter six personnes, étant plus grande que ne le sont ordinairement celles de Port-Jackson.

« Il serait trop en contradiction avec le caractère ordinairement timide des naturels de la

Terre Australe , de supposer que les Indiens étaient venus exprès de l'île Voudah pour nous attaquer ; cependant comme ils n'avaient avec eux ni leurs femmes ni leurs enfans , comme ils suivirent le dessinateur et qu'ils s'avancèrent en armes vers le détachement qui faisait du bois , on peut penser qu'ils cherchaient plutôt qu'ils n'évitaient une querelle. Je ne pus me rendre raison de cette conduite si extraordinaire chez eux, qu'en soupçonnant qu'ils avaient eu des différens avec les Asiatiques , dont nous avions trouvé des traces presqu'en vue du port où nous étions, et que ceux-ci ne leur avaient pas imposé du respect. »

Flinders croyant qu'un fleuve pouvait avoir son embouchure dans le fond de la baie où l'on était ; alla explorer cette partie : il trouva que le fond diminuait de profondeur en approchant de la côte, où il n'avait plus que trois brasses ; il était partout d'une vase bleue si fine , qu'il la regarda comme propre aux manufactures de faïence. Ce peu de profondeur de l'eau prouvait que *la baie de la Vase bleue* ne recevait aucun courant d'eau considérable. Le continent s'élève par une pente très-douce du bord de l'eau dans l'intérieur du du pays ; les arbres qui le couvrent indiquent plus de fertilité que sur aucune des côtes du golfe de Carpentarie que l'on avait vúes jusqu'alors.

Ayant mouillé le long de la côte du continent près du cap Grindall pour explorer le nord de la baie de la Vase bleue, Flinders envoya un officier à terre pour chercher de l'eau douce et examiner si l'on pouvait y pêcher à la seine. M. Brown l'accompagna pour herboriser; celui-ci n'étant pas revenu à la brune, l'officier laissa un matelot avec un feu sur la place pour attendre son arrivée. A dix heures on tira un coup de canon, et le canot fut renvoyé à terre; le matelot n'avait eu aucun indice de M. Brown ni de l'homme qui portait ses boîtes d'échantillon : l'on commençait à concevoir des craintes. Le lendemain matin l'on eut le plaisir d'apercevoir M. Brown sur la plage. Par une de ces méprises si fréquentes dans les bois épais et par un temps couvert, lorsque l'on n'a pas de boussole, il avait pris l'est pour l'ouest; il était arrivé à la brune sur le bord de la mer, mais du côté opposé à celui où il aurait dû venir. Il jugea qu'il était plus prudent de rester là toute la nuit que de rentrer dans les bois pendant l'obscurité; le bruit du canon lui avait fait connaître la véritable direction à suivre, il n'eut pas de peine le matin à se mettre dans la bonne voie. Il n'avait pas vu de naturels, quoiqu'il eût entendu les chiens hurler à peu de distance.

On gravit sur le mont Grindall, d'où l'on découvrit tout le pays voisin; une rivière qui tombait dans une baie après un cours de cinq à six milles, s'y terminait par un marécage, dont l'entrée était bouchée par des hauts-fonds et une île. Le sommet du mont Grindall, comme l'île Groote, était de grès qui contenait des particules de quartz; les roches du rivage étaient de granit; quelques blocs avaient une apparence extrêmement brillante par la quantité de mica qu'ils renfermaient. La surface du pays voisin est ou sablonneuse ou pierreuse : on y voit peu de terre végétale ; cependant il était presque entièrement couvert d'herbe et de bois, et parmi les arbres il y avait un groupe de la nouvelle espèce d'eugenia. Les matelots remplirent leurs mouchoirs de ses fruits, qu'ils nommaient des pommes. On distingua deux naturels sur une île ; rien n'indiquait qu'ils fussent venus récemment à la pointe Grindall, où les traces des chiens et des kangorous étaient fraîches et nombreuses.

Le 3 fevrier la corvette était mouillée le long du continent, plus à l'ouest; plusieurs naturels parurent sur la côte. Un lieutenant y ayant été envoyé pour communiquer avec eux et pour chercher de l'eau douce, ils s'arrêtèrent pour le recevoir, sans montrer la timidité naturelle aux Australiens ; on se fit mutuellement des présens, et le lieutenant revint annoncer que l'eau était extrêmement abondante.

Le lendemain matin Flinders ayant donné ses ordres pour débarquer les tentes et un détachement d'hommes armés, alla à terre avec les naturalistes. Les Indiens accoururent au-devant de lui. Ils étaient au nombre de douze hommes de moyen âge et jeunes ; tous témoignèrent beaucoup de joie, surtout en voyant Bongari : à l'arrivée des deux autres canots, ils se retirèrent dans les bois, excepté deux qui aidèrent à tirer la seine ; les autres revinrent peu à peu, sans armes comme auparavant, et reçurent une portion du poisson.

« Un emplacement fut choisi pour les tentes ; et la confiance paraissant bien établie, dit Flinders, j'allai dans les bois vers des dunes pour y grimper et prendre des relèvemens. Tandis que je faisais le tour d'un marais salé qui me barrait le chemin, j'entendis les naturels courir dans les bois et s'appelant les uns aux autres. Cela arriva deux fois ; enfin un coup de fusil fut tiré. Aussitôt je m'empressai de retourner aux tentes.

« Les botanistes étant entré dans les bois avec leurs gens, la plupart des naturels les y suivirent, et l'un d'eux saisit l'occasion d'enlever une hache de la main d'un des domestiques. Les Indiens s'enfuirent tous : cependant comme on ne les poursuivit pas, ils revinrent, et furent aussi familiers qu'auparavant. Chaque homme du détachement en avait en marchant un sous le bras. Le domestique de M. Brown en avait deux qui lui montraient des attentions particulières; de sorte que pendant que l'un le retint par le bras, l'autre lui enleva son fusil de dessus l'épaule; et tous décampèrent de nouveau, c'est-à-dire, ceux qui restaient, plusieurs s'étant déjà retirés. On tira un coup de fusil au voleur; il était déjà si loin, qu'il n'en résulta d'autre effet que de le faire courir plus fort. Les botanistes jugeant qu'il y aurait de l'imprudence à continuer leur promenade, revinrent aux tentes.

« Deux heures se passèrent avant que l'on entendît de nouveau parler des naturels; on en vit quelques-uns dans les bois, et l'on obtint une entrevue avec deux autres, auxquels on fit comprendre que s'ils rendaient le fusil, on leur donnerait une hache. Il fut rapporté en peu de temps, avec le canon brisé et la baguette enlevée; on donna la hache promise : ensuite les naturels revinrent aux tentes avec confiance; quelques-uns y seraient même restés toute la nuit, si on le leur eût permis. »

« Le lendemain ils revinrent de bonne heure, et se conduisirent tranquillement jusqu'à midi; alors un de ceux qui avaient été traités avec le plus de bienveillance, s'enfuit avec une hache de charpentier; l'épaisseur de la forêt rendit la poursuite inutile. Un caporal et un soldat de marine qui avaient couru sans chapeau après le fugitif, attrapèrent un coup de soleil, et furent envoyés à bord dans un état approchant du délire ; heureusement ils guérirent bientôt.

« Voyant que ces sauvages étaient des voleurs si déterminés, j'ordonnai au lieutenant de profiter de la première occasion pour en saisir deux, et au bout de quelque temps d'en relâcher un, en lui faisant comprendre qu'on amenerait son compagnon au vaisseau, si la grande hache n'était pas rendue.

« Deux jours après il en vint deux qui apportaient de petits fruits ; invités à manger du poisson, ils s'assirent ; on les arrêta : il en arrivait d'autres, qui décampèrent en entendant les cris de ceux-ci. Le plus âgé et le plus intelligent des deux fut bientôt mis en liberté, parce qu'il promit par signes de rendre la grande hache ; et on lui intima, de la même manière, que s'il manquait de parole, son camarade serait emmené. Du vaisseau nous vîmes les sauvages courir beaucoup dans les bois, et épier ce qui se faisait autour des tentes : de crainte qu'ils ne voulussent tenter une attaque, je fis tenir prêt un canon chargé à mitraille. Mais lorsqu'un des prisonniers eut été renvoyé, ils semblèrent moins inquiets, et quelques-uns retournèrent à la nage au lieu où ils demeuraient.

« Le soir je débarquai aux tentes. Le sauvage
fait prisonnier était un jeune homme de quatorze
ans, nommé Voga ; je le pris dans mon canot, et
j'allai à l'endroit le plus fréquenté par les Indiens ; l'on en voyait plusieurs derrière les buissons. Deux vinrent en avant, amenant une jeune
fille dans leurs bras ; ils l'offrirent avec des signes très-expressifs à Bongari pour l'attirer sur le
rivage, dans le dessein apparemment de s'emparer de lui par représailles. Nous demandâmes
la restitution de la hache : notre prisonnier eut
l'air d'employer tous ses efforts pour nous ap-
puyer ; mais les sauvages répondirent constamment que le chef Ychanghéri avait été battu, et
avait pris la fuite. Ainsi comme il n'y avait pas
d'apparence que la hache serait rapportée, Voga
fut mené à bord ; il pleura, supplia, menaça et
se débattit ; cependant arrivé à la corvette, il
mangea de bon cœur, rit et pleura par intervalles,
et observa attentivement tout ce qu'il vit, expri-
mant fréquemment son admiration surtout pour
les moutons, les cochons et les chats. Nous n'a-
vions pas vu d'arcs ni de flèches dans le golfe de
Carpentarie ; cependant quand ces armes apportées des îles Murray furent montrées à Voga,
il en dit le nom dans sa langue ; il en connaissait
l'usage. Il est donc possible, comme le rapporte
Witsen, que les naturels de la côte du nord-ouest

12 *

et du golfe de Carpentarie s'en servent; mais quand cet auteur ajoute que les arcs sont si longs qu'on les appuie à terre en tirant, je soupçonne que celui qui lui a donné ce renseignement a été coupable d'exagération.

« Voga était prisonnier depuis deux jours; rien n'annonçait que la hache serait rendue; sa détention nous causait au contraire du dérangement, et avait produit des scènes fâcheuses avec ses naturels : l'emmener avec nous devait causer du préjudice aux navigateurs qui viendraient après nous, notamment au capitaine Baudin, que nous nous attendions chaque jour à rencontrer, suivant ce qu'il nous avait dit à Port-Jackson. Si les inconvéniens n'avaient dû tomber que sur nous, j'aurais volontiers gardé Voga qui était vif et spirituel; nos bons traitemens nous auraient sans doute bientôt gagné son affection; il aurait pu nous être utile pour nos relations futures avec ses compatriotes, et nous aurait donné des renseignemens intéressans. Mais le motif que j'ai rapporté plus haut, et enfin l'injustice de retenir un homme qui ne nous avait fait aucun mal, me décidèrent à relâcher Voga, bien qu'on ne rendît pas l'objet volé. Quoiqu'il eût montré un peu de tristesse dans sa captivité, il avait bien mangé; d'ailleurs il n'avait éprouvé aucun mauvais traitement. Ramené aux tentes, il demanda instamment à être mis en liberté, promettant, les larmes aux yeux, de rapporter la hache. On lui donna des habits et différentes choses, et on le laissa partir ; il marcha posément jusqu'à la distance de six cents pieds ; alors jetant un regard en arrière, il se mit à courir de toutes ses forces, ne nous laissant aucun espoir qu'il tiendrait sa parole.

« En effet on ne revit ni Voga ni ses compatriotes. La corvette ayant fait son bois et son eau, sortit le 9 février de la baie qui n'avait pas de nom sur les cartes hollandaises ; elle fut appelée *baie de Caledon*. Le pays qui l'entoure est généralement bas ; quelques collines et le mont Caledon s'élèvent dans le sud. Ces hauteurs sont granitiques ; dans d'autres endroits on retrouve aussi le granit ; ailleurs la base du terrain est de grès imprégné de fer, et quelquefois elle est presque entièrement de minerai de ce métal.

« Le sol est maigre, sablonneux ou pierreux, mêlé çà et là d'un peu de terre végétale ; néanmoins l'herbe et les bois offraient une belle verdure due aux pluies abondantes tombées récemment, et à la chaleur du climat. Dans la saison sèche, le pays doit être absolument aride. Les casuarina croissaient en quantité dans les endroits sablonneux, et les eucalyptus parmi les rochers ; ils étaient assez forts. On trouva sur un seul point le muscadier

sauvage; l'eugenia était commun : on vit aussi
d'autres plantes portant de petits fruits qui ne va-
laient pas grand chose. On aperçut des traces
de kangorou en différens endroits; on n'en vit
aucun non plus que d'autres quadrupèdes : les
oiseaux étaient rares à terre et sur le rivage. La
pêche fut copieuse; la seine rapportait plus de
mollusques que de poissons.»

Les naturels de la baie de Caledon sont de
la même race que ceux de Port-Jackson et du
port du Roi-George, qui sont aux deux extrémités opposées de la Terre Australe. Ils avaient
l'apparence plus chétive que quelques tribus que
nous avions vues, ce qui n'était dû qu'à une nourriture insuffisante. Tous ceux qui vinrent aux
tentes, avaient perdu la dent incisive gauche de
la machoire supérieure, tandis qu'à Port-Jackson
c'est la dent droite qui est enlevée à l'âge de puberté. On ne put savoir si les femmes subissent la
même opération, ce qui n'a pas lieu à Port-Jackson; on n'en vit qu'une seule, et à une certaine distance. Cette jeune fille n'avait pour tout vêtement
qu'un morceau d'écorce qui cachait sa nudité. Les
hommes portent ordinairement au-dessus du
coude une bande en filet, dans lequel est fiché
un tomo, petit morceau d'une herbe forte, qui
leur sert de cure-dent. Enfin tous étaient circoncis : ainsi cet usage parut être général sur les

côtes occidentales du golfe de Carpentarie. Il n'existe pas dans les autres parties de ce continent, ni dans les îles voisines. Flinders n'en put deviner ni le motif ni l'origine.

« Plusieurs circonstances prouvaient, dit Flinders, que cette baie avait été visitée par des étrangers. Les naturels connaissaient les armes à feu; quand nous débarquâmes pour la première fois, ils imitèrent l'action de tirer un coup de fusil, et ne parurent pas très-alarmés lorsqu'à leur demande nous en fîmes partir un. Une quantité de poteaux étendus sur le bord de la mer avaient évidemment été coupés avec des outils de fer; les sauvages interrogés là-dessus firent avec leurs mains le geste de couper un arbre avec une hache, puis s'arrêtant, s'écrièrent *pou*. Il était clair que les hommes qui abattaient les arbres avaient des armes à feu. D'autres indices prononçaient que c'étaient les mêmes dont nous avions rencontré des traces ailleurs. Le penchant des naturels à voler, surtout nos haches, si contraire à tout ce que nous avions appris, ou vu de leurs compatriotes, prouve non-seulement que les étrangers qui les avaient visités avaient des instrumens de fer, mais il semblerait d'après leur audace que l'effet des armes à feu n'était pas très-certain dans les mains de ces étrangers, ou bien qu'ils y avaient rarement recours pour punir les larcins. Les Indiens nous ayant apporté des fruits comme un dédomma-

ment de la hache volée la dernière, il semblerait qu'ils étaient accoutumés à donner de légères
indemnités pour leurs larcins. J'espère que les
navigateurs qui nous suivront ne seront pas volés,
au moins avec autant d'effronterie, et qu'en
même temps les naturels de la baie de Caledon,
bien loin d'éviter, rechercheront les communications avec les Européens.

« Je ne crois pas que dans deux parties de la
Terre Australe, même très-rapprochées, on ait
trouvé que la langue fut entièrement semblable;
car à Port-Jackson, à Botany-Bay et à Broken-
Bay, non-seulement les dialectes, mais plusieurs
mots diffèrent radicalement Ce fait confirme une
observation dont la vérité est généralement admise,
c'est que bien que la ressemblance du langage chez
deux nations prouve que l'origine est la même,
cependant sa dissemblance ne démontre pas la
proposition contraire. La langue de la baie de
Caledon peut donc différer totalement de celle
qui se parle sur les côtes de l'est et du sud, et les
habitans avoir néanmoins une origine commune.
D'ailleurs je ne pense pas que l'idiome soit absolument et totalement dissemblable, quoique Bongari ne le comprît pas mieux que nous; dans
plusieurs cas j'y trouvai de l'affinité.

« Cette multiplicité de langues dans le même
pays présente un contraste extraordinaire avec
les îles du grand océan, où des îles de Sandwich

près du tropique du Cancer à l'extrémité de la Nouvelle-Zélande la plus éloignée. La langue est presque la même partout, et avec si peu de variation dans le dialecte, que les habitans respectifs de ces îles n'ont pas beaucoup de peine à se comprendre les uns les autres.

Voici quelques mots de la langue de la baie de Caledon :

OEil	Mail.	Étoile	Pir-nie.
Nez	Our-rou.	Mer	Kaa-po.
Lèvres	Taa.	Eau	Loc-ka.
Dents	Lir-ra.	Pierre	Pon-da.
Langue	Mat-ta.	Arc-en-ciel	Bap-pi.
Joues	Tac-cal.	Miel	Gol-ko-loc-co.
Menton	Naing.		
Oreille	Pon-dour-ro.	Kangorou	Toï-ty-o.
Cheveux	Mar-ra.	Came gigantesque.	Val-bo-lé.
Nuque	Moï-ang.	Pagaye	Ma-ty-en.
Poitrine	Gom-mor.	Zagaie	Kaïl-le-po.
Ventre	Gour-ro.	Bracelet au-dessus du coude. }	Kaïl-lé.
Dos	Nap-pa.		
Bras	Van-na.	— De poing	Daï.
Main	Gong.	Cordon de cheveux porté autour du ventre. }	Toun-bi-ra.
Doigts	Ming-ghek.		
Coude	Le-kal.		
Derrière	Lam-mé.	Cure-dent en herbe forte. }	To-mo.
Jambe	Bac-ca.		
Cuisse	Yet-ta.	Arc	Bli-ling-ghé-ri.
Cheville	To-ma goï.		
Pied	Lock-ko.	Corde d'arc	Kar-reu-ro.
Orteils	Man-ghel-lok-ko.	Flèche	Vat-tang-ban-ni.
Talon	Taa-li-go.	Bon à manger	Bo-reum.
Soleil	Car-ran-ghié.	Battre	Paï.
Lune	Kol-le-ghé a.	Nager	Poun-can.

« Le thermomètre se tenait à bord de 83° à 87° (22° 64', 24° 42') , à peu près comme il avait été depuis que nous étions dans le golfe de Carpentarie ; à terre il devait monter 10° plus haut. Plusieurs de nos compagnons eurent la diarrhée, mêlée de fièvre ; ce que le chirurgien attribua à la chaleur et à l'humidité de l'atmosphère, car depuis le mois de décembre, époque du commencement de la mousson du nord-ouest, il y avait à peine eu un jour sans pluie ; les orages avec le tonnerre étaient fréquens. On a vu les accidens qui résultèrent de s'exposer au soleil la tête nue, surtout en faisant un exercice forcé. Les moustiques étaient nombreux et excessivement incommodes à terre, de même que les mouches noires. Nous ne vîmes pas de reptiles venimeux. »

Flinders reconnut ensuite le cap d'Arnhem, pointe la plus orientale de la terre de même nom, une baie qui reçut celui de *Melville*, enfin un cap qu'il appela *cap Wilbeforce*; il est situé par 11° 52' sud, et 136° 33' est. Il fut doublé le 17 février, malgré les coups de vent accompagnés de pluie, et l'on fit route au sud-ouest, d'après la nouvelle direction que la côte prit à cet endroit.

« Ainsi, dit Flinders, la reconnaissance du golfe de Carpentarie était terminée. J'avais employé cent cinq jours à suivre les côtes qui la bordent, et à explorer ses baies et ses îles. L'é-

tendue de ce golfe en longitude, du détroit de
l'Endeavour au cap Wilbeforce, est de cinq degrés
et demi, et en latitude de sept degrés : son circuit, sans y comprendre ses îles et ses ouvertures
nombreuses, est de quatre cents lieues. Il est digne
de remarque que la forme que lui donnent les
vieilles cartes n'est pas très-inexacte, ce qui
prouve qu'elles ont été dressées d'après un examen réel ; mais comme l'on ne connaissait aucun détail sur la découverte de ses parties méridionales et occidentales, ni même le nom du
navigateur à qui elle était due, quoique l'on suppose avec raison que c'est Tasman, on regardait
cette carte comme faite d'imagination, et elle
n'obtenait pas le crédit qu'il est aujourd'hui bien
prouvé qu'elle mérite. Dorénavant le golfe de Carpentarie prendra sa place parmi les mieux déter-
minées des parties les plus remarquables du globe.

« Après avoir débouqué du canal étroit qui se
trouve entre le cap Wilbeforce et les îles Bromby,
nous suivîmes la côte au sud-ouest, ayant à tribord des îles grandes et hautes, qui devant nous se
rapprochaient tellement du continent, que l'on
doutait qu'il s'y trouvât un passage. On aperçut
sous la plus grande une pirogue pleine de monde,
et dans une espèce de rade, à l'extrémité méridionale de cette même île, six bâtimens couverts à la
manière des pontons, et arrangés comme pour la

mauvaise saison. Nous nous perdions en conjectures sur ces hommes et sur le motif de leur présence dans cet endroit ; cependant nous pensions que ce devaient être les mêmes dont nous avions vu de si nombreuses traces dans le golfe de Carpentarie. Je penchais à croire que c'étaient des Chinois ; les fusils dont ces étrangers étaient armés, suivant le rapport des naturels de la baie de Caledòn, venaient à l'appui de cette supposition. Je les prenais pour des pirates des îles Ladrone près de Canton, qui venaient se soustraire aux poursuites dans ces parages écartés, et en sortaient lorsque la saison le leur permettait ou que la proie à espérer les y invitait.

« Imbu de cette idée, je m'avançai vers la rade, et je fis arborer le pavillon et la flamme ; aussitôt chacun de ces bâtimens arbora un petit pavillon blanc. Quand nous nous fûmes approchés, j'envoyai un lieutenant dans un canot armé pour prendre des informations ; bientôt après je laissai tomber l'ancre à portée de fusil : tout le monde était prêt pour un coup de main.

« Nous examinions attentivement avec nos lunettes d'approche chaque mouvement dans notre canot et dans le vaisseau qu'il avait accosté ; tout avait l'air de s'y passer fort tranquillement. Le lieutenant à son tour nous raconta que ces navires étaient des prôs de Macassar ; bientôt les six

capitaines malais arrivèrent à bord de la corvette.
Heureusement mon cuisinier était malais ; il me
servit d'interprète. Le commandant des six prôs
était un petit homme d'un certain âge, nommé
Pobassou. Il me dit qu'il y avait sur la côte, en
différentes divisions, soixante prôs sous le commandement de Sallou. Ces hommes étaient mahométans ; ils témoignèrent une horreur extrême
en apercevant des cochons dans la chaloupe ; toutefois ils n'ayaient pas d'aversion pour le vin de Porto,
et ils en demandèrent une bouteille pour emporter, lorsqu'ils s'en allèrent au coucher du soleil.

« Le mauvais temps continua pendant toute la
nuit. Le 18 dans la matinée, j'allai à bord de
Pobassou avec deux officiers et mon interprète.
Ensuite les six capitaines vinrent à bord de la
corvette, et plusieurs pirogues l'accostèrent pour
faire des échanges. Avant midi, six autres prôs
arrivèrent du sud-ouest sur la rade, et mouillèrent près des premiers. Bientôt nous eûmes autour de notre bâtiment plus de monde que je ne
me souciais d'en admettre, car chacun de ces
hommes avait à son côté un poignard court, ou
cris. Ma troupe était sous les armes ; à la demande des capitaines, on fit l'exercice du canon,
et l'on en tira un coup. Le soir chacun s'en alla
tranquillement ; cependant les pièces restèrent
prêtes, et la moitié de l'équipage fut de quart

pendant la nuit. Le temps fut très-pluvieux ; vers le matin l'on entendit beaucoup de bruit parmi les prôs. Le 18 au point du jour ils mirent à la voile, et passèrent par le canal étroit qui sépare les îles Bromby du cap Wilbeforce ; ensuite ils firent route au sud-est dans le golfe de Carpentarie.

« Pobassou m'apprit que soixante prôs appartenant au radja de Boni, dans l'île de Macassar, et portant mille hommes, étaient partis avec la mousson du nord-ouest, il y avait deux mois, pour venir sur cette côte. La flotte était mouillée dans différens lieux à l'ouest, par divisions de cinq à six prôs : celle de Pobassou était la plus avancée. Ces navires paraissaient être du port de vingt-cinq tonneaux ; chacun avait vingt à vingt-cinq hommes d'équipage. Celui de Pobassou portait deux petits canons en cuivre qui venaient des Hollandais ; les autres n'avaient que des fusils ; en outre chaque Malais étaient armé ostensiblement ou secrétement d'un cris. Je demandai s'ils avaient des arcs, des flèches, et du poison d'ippo ; ils répondirent négativement. Ils eurent de la peine à comprendre ce que je voulais dire par l'ippo.

« L'objet de leur voyage était de pêcher des mollusques. Ils m'en montrèrent deux séchés. C'étaient ces trépangs qui avaient rempli nos filets à la baie de Caledon. Les Malais les prennent en plongeant dans les endroits où ils abondent : un homme en peut rapporter huit à dix à la fois. On fend l'animal en deux ; on le fait bouillir, et on le met en presse avec des pierres ; puis avec des éclats de bambou, on le tient ouvert ; on l'expose au soleil pour qu'il sèche, et ensuite on le fume ; alors il est bon à être mis en sac ; mais il demande à être souvent placé au soleil. Mille trépangs font un pecoul, ou à peu près cent vingt-cinq livres poids de Hollande ; et cent pecouls composent la charge d'un prôs. On porte ces tré-pangs à Timor, où on les vend aux Chinois qui viennent les y chercher. Quand tous les prôs y sont arrivés, la flotte retourne à Macassar. Il pa-raît que par Timor, Pobasson entendait Timor-Laout ; car lorsque je le questionnai sur les An-glais, les Hollandais et les Portugais qui s'y trou-vaient, il me dit qu'il n'y avait pas vu ces peuples. Il connaissait de renommée Coupang, l'établis-sement hollandais ; il ajouta qu'il était sur une autre île.

« Il y a deux espèces de trépang ; le noir ou baatou se vend aux Chinois quarante piastres le pécoul ; le blanc ou gris, ou koro, n'en vaut que vingt. Nous avions trouvé le baatou sur les récifs de corail près des îles Northumberland, à la côte orientale du continent. Une colonie établie à la

baie Shoal-Water, ou à Broad-Sound, tirerait peut-
être de grands avantages des trépangs. Nous n'ob-
servâmes que le koro dans le golfe de Carpentarie.

« Pobassou avait fait six à sept voyages de
Macassar à cette côte depuis vingt ans : il y était
venu un des premiers ; il n'y avait vu aucun vaisseau avant le nôtre. Cette baie était le premier
rendez-vous où sa division s'arrêtait pour faire de
l'eau avant d'entrer dans le golfe. Un des prôs avait
été perdu l'année précédente : on nous questionna
beaucoup sur les débris que nous avions vus ;
nous fîmes voir le gouvernail d'une pirogue ; il
fut reconnu pour lui avoir appartenu. Ces Malais
avaient quelquefois des escarmouches avec les naturels qui habitent sur ces côtes : Pobassou avait
été blessé au genou par une zagaie, et un homme
avait été légèrement atteint depuis leur arrivée
sur cette rade. Ils nous engagèrent beaucoup à
nous garder de ces sauvages.

« Ils n'avaient nulle connaissance d'un établissement européen dans ce pays. Le fils de Pobassou en entendant prononcer le nom de Port-
Jackson, l'écrivit pour s'en souvenir, en caractères qui allaient de gauche à droite. Quand on
leur montra les muscades, ils dirent qu'ils ne
savaient pas que ce pays en produisît ; il n'y
avaient jamais rencontré ni cocos, ni bananes,

ni aucun fruit ou végétal bon à manger ; ils ne s'y procuraient que du poisson et quelquefois des tortues. Je leur demandai s'ils avaient connaissance de rivières ou d'ouvertures qui conduisissent bien avant dans les terres ; s'ils dressaient des cartes de ce qu'ils voyaient; ou s'ils se servaient de cartes : Pobassou répondit négativement à toutes ces questions; il m'indiqua deux îles où il y avait des tortues : l'une se trouvait à peu de distance au nord-ouest de notre mouillage.

« Je ne vis à ces hommes d'autre instrument nautique qu'une très-petite boussole de poche, vraisemblablement de manufacture hollandaise ; c'est avec ce seul instrument qu'ils naviguent en pleine mer sans le secours des cartes et des observations astronomiques. Ils emportent leurs provisions d'eau pour un mois, dans des tuyaux de bambou ; il se nourrissent de riz , de cocos , et de poisson séché ; les capitaines y ajoutent de la volaille.

« Mes nombreuses questions furent écoutées avec beaucoup de patience , et Pobassou y répondit avec calme , et je crois avec sincérité. Il s'arrêta même à ma demande, un jour de plus qu'il n'avait projeté , parce que la mousson du nord-ouest , disait-il , ne durerait pas tout-à-fait un mois de plus, et qu'il commençait à être tard.

Je le récompensai, ainsi que ses compatriotes, du dérangement que nous leur avions causé, en lui donnant diverses choses, entre autres des outils en fer, pour lesquels ils montraient une envie extrême ; il me demanda un yak anglais, qu'il arbora ensuite à la tête de sa division. Il me témoigna aussi le désir d'avoir une lettre à montrer aux navires qu'il pourrait rencontrer. En conséquence j'écrivis un billet adressé au capitaine Baudin, qu'il devait probablement trouver sur sa route, soit allant, soit revenant.

« On se servait à bord de cordes noires en gommotou, dont on avait vu des morceaux aux îles Pellew : les Malais nous dirent qu'on les faisait avec le même palmier dont on obtient le sirop sucré nommé *goulah*.

« Une question se présente ici naturellement : les naturels de la côte occidentale du golfe de Carpentarie pouvaient-ils avoir reçu de ces Malais mahométans l'usage de la circoncision ? Il me sembla que ceux-ci fréquentaient le pays depuis trop peu de temps, et que leurs relations avec ces sauvages n'étaient pas assez intimes pour donner de la probabilité à cette opinion. »

Dès que les prôs eurent appareillé, Flinders descendit à terre avec les naturalistes. Il nomma *rade des Malais*, celle où la corvette était à l'ancre. Toutes les îles voisines reçurent aussi des noms; elles se dirigent généralement du nord-est au sud-est, paralèllement à la côte; sur la carte hollandaise, elle sont confondues avec le continent : Flinders appela le groupe *île de la Compagnie anglaise.*

Flinders étant descendu sur l'île Cotton, on aperçut sur le rivage du nord-est trois enfans, et en avançant deux cabanes en écorce; un homme de moyen âge était assis auprès sous un arbre. Il sourit en se voyant découvert, et alla derrière un buisson, où l'on entendit un bruit confus de femmes et d'enfans qui se retiraient dans les bois; l'homme fit aussi retraite sur une colline : tous les signes d'amitié qui lui furent adressés, ne purent le retenir. Il y avait dans une des cabanes une poche en filet qui renfermait quelques morceaux de résine, des os et un clou rompu. On trouva contre un buisson voisin trois zagaies; l'une était barbelée et travaillée avec une certaine délicatesse. Flinders emporta celle-ci, laissant les autres, ainsi que les meubles de la maison, qui avec la poche en filet consistaient en une coquille pour boire.

Ces îles sont assez hautes et boisées : elles s'é-lèvent en pentes douces à l'ouest; mais à l'est, et surtout au sud-est, elles présentent des falaises escarpées. La partie supérieure est de grès à grains

13*

serrés ; la partie inférieure est argileuse et stratifiée, se fendant en plaques d'épaisseurs différentes, depuis celle d'une pièce de monnaie jusqu'à
deux et trois pieds ; les couches s'inclinent à
l'ouest de 20°. En brisant quelques morceaux de
la falaise, on les trouva marqués de jolies empreintes qui représentaient des fleurs et des arbres ; effet dû au fer ou au manganèse qui s'in-
sinue dans les fissures. Les plaques sont de couleur rougeâtre, et ressemblent à des tuiles : on
pourrait les employer comme celles-ci sans une
bien grande préparation. Il y en a assez pour couvrir une ville, dont le grès servirait à bâtir les
maisons.

La surface de ces îles est aride ; cependant le
sol est passable dans les vallées, où à cette époque coulaient des courans d'eau. On y rencontra
des muscadiers, des figuiers des Indes, deux espèces de palmiers, et un arbre dont l'écorce,
dans les îles de l'est de l'Asie, est en usage pour
faire des cordes ; enfin une grande diversité d'autres, dont les cimes sont couvertes de plantes
grimpantes qui forment une ombre impénétrable
au-dessus des ruisseaux : toutefois la chaleur
était suffocante dans ces bosquets, et les moustiques n'y laissaient pas un moment de repos.

Flinders marqua sa présence dans ces îles par

un bienfait pour leurs habitans ; il y planta des cocos qu'il avait reçus des Malais, et des pommes de terre.

On eut presque continuellement mauvais temps pendant que l'on fit la reconnaissance de ces îles ; il pleuvait fréquemment ; il faisait du tonnerre et des éclairs ; le vent soufflait avec force, et par rafales, généralement entre le nord et l'ouest. Le mauvais état de la corvette obligeait de ne pas la mouvoir pendant ces bourrasques.

Le 23 février le temps permit de continuer à naviguer entre le continent et les îles. Toutes les pointes du continent, de même que la côte occidentale des îles, sont basses et rocailleuses; elles sont de plus bordées de récifs.

A l'extrémité des îles de la Compagnie anglaise, Flinders entra dans une grande baie qui est marquée sur les cartes hollandaises, qui ne lui assignent pas de nom ; il lui donna celui de *baie d'Arnhem*, d'après la terre dans laquelle elle est située. Il pense que pour l'étendue et la sûreté, il en est peu qui l'égalent, puisqu'elle comprend près de cent milles carrés, où les vaisseaux peuvent mouiller, et que le fond en parut bon partout. Ses rives sont bien boisées; un ruisseau coulait du flanc d'une des îles de l'entrée ; probablement il est à sec quelques mois plus tard. Dans le fond de la baie la côte est basse, couverte de

mangliers en plusieurs endroits ; on ne vit d'autre
roche que du minerai de fer, comme on en avait
déjà trouvé dans les baies de Melville et de Caledon. Il paraît vraisemblable que le fer se prolonge
le long du pays compris entre les pointes des
trois baies, quoique les côtes et les collines extérieures soient ou de granit, ou d'argile, ou de
grès. Le pays bas, où l'on rencontre le minerai de
fer, semble offrir un sol plus fertile que celui où
le granit et le grès dominent; car l'herbe et les
arbres y croissent abondamment.

Ce pays ne parut pas très-peuplé, quoique l'on
trouvât des traces d'hommes partout où l'on débarqua; l'on aperçut très-peu de naturels. Les
bois étaient peuplés de plusieurs espèces d'oiseaux, la plupart du genre des perroquets; les
marques des kangorous étaient nombreuses à l'île
Melville.

Le 5 mars Flinders quitta la baie d'Arnhem, et
fit route au nord, le long de la chaîne d'îles qui
s'étend au-delà de son entrée occidentale; elles
étaient, ainsi que la côte du continent, si basses
et si proches les unes des autres, qu'on ne pouvait que par un examen attentif reconnaître
qu'elles étaient séparées. Une troisième chaîne
d'îles reçut le nom d'*îles Wessel;* elle ressemble
aux précédentes par la nature du terrain et la
disposition des parties qui la composent. La plus

septentrionale est par 11° 47′ nord, et 136° 6′ est.

Depuis quelques jours le vent soufflait de l'est, comme si la mousson du nord-ouest fût passée, et eût fait place à celle du sud-est. Le mauvais état de la corvette et le dépérissement de la santé de l'équipage faisaient un devoir à Flinders de terminer à l'endroit où il était la reconnaissance de la côte; lui-même souffrait d'ulcères scorbutiques qui l'empêchaient de grimper au haut des mâts, ou d'aller prendre des relèvemens. Néanmoins il quitta ces parages avec regret, au moment où un temps plus favorable lui permettait de poursuivre plus aisément ses travaux.

Le 7 mars il s'éloigna des îles Vessel; le 31 il laissa tomber l'ancre dans le port de Coupang.

Ayant pris des informations sur les pêcheurs de trépang qu'il avait rencontrés à l'entrée du golfe de Carpentarie, il apprit que les Macassariens avaient depuis long-temps l'habitude de pêcher le trépang autour des îles voisines de Java et sur une batture sèche située au sud de l'île de Rotti. Un de leurs prôs ayant il y a une vingtaine d'années été poussé par la mousson du nord-ouest sur la côte de la Nouvelle-Hollande, et y ayant trouvé le trépang très-abondant, y retourna. Depuis ce temps les Macassariens avaient fréquenté cette côte. Le gouverneur de

Coupang pensait que les Chinois allaient trouver ceux-ci non pas à Timor-Laout, mais à Macassar, où ils vont chercher des nids d'oiseaux, des trépangs, des nageoires de requin, etc. Il est donc vraisemblable que les prôs ont simplement leur rendez-vous à Timor-Laout, en venant de la Carpentarie, et que réunis ils vont en flotte à Macassar.

Une dixaine de jours avant l'arrivée de Flinders, un navire de l'Inde qui retournait en Angleterre avait touché à Coupang. Il regretta beaucoup de n'avoir pu profiter de l'occasion pour envoyer un de ses officiers porter à son gouvernement le résultat de ses travaux aux côtes de l'est et du nord de la Nouvelle-Hollande, le rapport du charpentier sur l'état de la corvette, et les renseignemens qu'il avait recueillis sur la pêche du trépang. Le gris se vend à la Chine quarante piastres le pekul, et le noir soixante.

Un capitaine anglais au service des Hollandais devait partir un mois pour Batavia; Flinders lui remit tous ces documens.

Le 8 d'avril l'*Investigator* sortit de la rade de Coupang : un temps mou, des pluies fréquentes et abondantes, le tonnerre, les éclairs, durèrent pendant les premiers jours après le départ de Timor; cette température désagréable produisit sur la santé de l'équipage le même effet qu'il en avait éprouvé étant dans le golfe de Carpentarie. Beaucoup de matelots étaient malades, et d'autres légèrement incommodés. Il paraissait possible que le changement de nourriture qui avait consisté en viande fraîche, en fruits et en végétaux de Timor, changement par lequel Flinders avait espéré de bannir toute apparence de scorbut, eût influé sur la naissance des maladies. « Ainsi, dit-il, j'avais évité Scylla pour tomber en Carybde; c'était un malheur réel. » Malgré le plus grand soin pour tenir l'intérieur de la corvette bien sec et bien aéré, et les matelots aussi proprement et aussi bien qu'il était possible, la maladie fit de grands progrès vers la fin d'avril; plusieurs officiers en furent attaqués. Comme l'on était arrivé dans des parages où il n'y avait pas de danger probable à craindre, Flinders partagea son équipage en trois quarts, et les officiers en quatre.

Le 14 mai l'on eut connaissance du cap de la Leewin. Le 17 on laissa tomber l'ancre dans un groupe nommé les îles Douglas, à l'est de l'archipel de la Recherche. Flinders avait pour objet dans cette relâche de se procurer des oiseaux aquatiques pour ses malades, de l'huile pour les lampes, et de l'eau douce. Il y perdit son contre-maître et un bon matelot. La dyssenterie et la fièvre exerçaient de si grands ravages dans son équipage, qu'il ne put s'occuper d'aucune reconnaissance à la côte méridionale. Le mauvais temps et le vent contraire retardèrent sa navigation, et le 9 juin il arriva dans le plus triste état à Port-Jackson. Plusieurs malades transportés à l'hopital y moururent en peu de jours.

La corvette ayant été visitée, fut jugée hors d'état de servir; presque toute sa membrure était vermoulue. En conséquence elle fut désarmée, et resta dans le port à Sydney-Cove pour servir de ponton.

La difficulté de trouver un bâtiment convenable pour continuer le voyage de reconnaissance autour de la Terre Australe, fit que Flinders choisit parmi les plans que le gouverneur lui proposa, celui de s'embarquer sur le *Porpoise* comme passager, et d'aller en Angleterre demander à l'amirauté un autre bâtiment pour achever les travaux qu'il avait si heureusement commencés. Fowler son premier lieutenant prit le commandement de ce navire; il emmena trente huit des meilleurs de ses anciens matelots. Les naturalistes restèrent à Port-Jackson pour s'occuper de la suite de leurs recherches.

Parmi les déportés que Flinders avait embarqués sur l'*Investigator*, un avait succombé à la maladie; un autre s'était si mal comporté qu'il n'avait pas été possible de le recommander à la

merci du gouverneur : les sept autres furent
libérés ; mais sur ce nombre il y en eut trois qui
par leur conduite prouvèrent que leur retour au
bien n'avait pas été sincère.

Le 10 juillet 1803 Flinders partit sur le *Porpoise*. Ce bâtiment naviguait de conserve avec le
Bridgewater et le *Caton*. On fit route pour passer
par le détroit de Torrès ; le vent était favorable :
on naviguoit très-heureusement ; on osait déjà se
flatter de parvenir sans accident au détroit, où l'on
espérait qu'avec de la prudence et des précautions on surmonterait les dangers sans nombre
que l'on s'attendait à y rencontrer. Le péril était
bien plus proche qu'on ne le supposait.

Le 17 un peu après deux heures, le *Caton*, qui
était à quelque distance à tribord du *Porpoise*, fit
signal qu'il voyait la terre. C'était un banc de
sable à sec qui s'étendait à trois lieues dans le
sud-sud-ouest. « Le *Porpoise*, dit Flinders, marchant mieux que les deux autres navires, on
leur recommanda de poursuivre leur route pendant
que nous reconnaîtrions le banc. A trois heures
il nous restait à la distance de cinq à six milles
au sud-est ; on mit en travers, on sonda, on ne
trouva pas fond à quatre-vingts brasses. Le *banc
du Caton*, car il fut ainsi nommé, est petit ; il
parut dénué de végétation. Une quantité innombrable d'oiseaux volaient à l'entour ; des brisans

l'environnaient ; ils ne semblaient pas s'étendre beaucoup au-delà ; l'on n'en découvrit pas d'autres dans le voisinage. On détermina la position à 23° 6' sud, et à 153° 23' est; ensuite nous fîmes voile pour rejoindre les deux bâtimens et reprendre notre place en avant.

« La rencontre de ce banc fit naître des craintes pour la nuit suivante ; mais comme il était à plus de deux degrés à l'est de la grande Barrière de récifs, on jugea qu'il n'avait de liaison avec aucun autre, de même que deux que Ball et Bampton avaient découverts plus loin vers l'extrémité septentrionale de la Nouvelle-Calédonie. De plus, en faisant route sur l'*Investigator* par le détroit de Torrès, j'avais laissé des récifs à plusieurs degrés dans l'ouest, sans rencontrer d'autres écueils que ceux qui étaient près de la Barrière, ou ceux qui appartenaient au détroit. A l'heure à laquelle nous rejoignîmes le soir les deux bâtimens, nous avions parcouru trente cinq milles depuis le banc ; l'on n'avait aperçu aucun danger. Il ne parut donc pas nécessaire de perdre une nuit de bonne route en mettant en travers. Je convins avec M. Fowler qu'il suffirait d'avertir par un signal les navires de faire petites voiles pendant la nuit, de prendre notre place ordinaire en tête, et de charger un des officiers de faire bon quart au gaillard d'avant. Ces précautions effectuées, on

prit deux ris dans les huniers, et l'on continua
de cingler au nord un quart ouest avec un vent
bon frais, et le temps couvert. A huit heures on
jeta la sonde; on ne trouva pas fond à trente-
cinq brasses. Le *Bridgewater* était à environ un
demi-mille à tribord, et le *Caton* à un mille à
bâbord. A neuf heures leur distance du *Porpoise*
parut augmenter; nous filions huit nœuds; c'est
pourquoi l'on cargua la misaine, pour ne pas les
perdre de vue. Le vent soufflait alors du sud-est
un quart est.

« Une demi-heure après, des brisans furent
aperçus de l'avant au même instant par le charpentier qui était sur le gaillard d'arrière, et par le
master sur le gaillard d'avant. On gouverna pour
les éviter; le vaisseau obéit mal. M. Fowler en
entendant le bruit, courut aussitôt sur le pont;
comme je supposais qu'il était occasioné par la
drosse du gouvernail qui s'était détachée, accident qui était souvent arrivé sur l'*Investigator*,
et n'ayant pas d'ordres à donner, je restai quelques minutes de plus dans la sainte-barbe à causer avec les officiers. En montant sur le pont, je
vis les voiles secouées par le vent, et le navire
prêt à être entraîné; sous le vent il y avait des
brisans très-hauts qui n'étaient pas à un quart
d'encâblure. En une minute le vaisseau fut emporté au milieu des brisans, et touchant sur un

banc de corail s'abattit à bâbord : on essaya de
tirer un coup de canon pour avertir les autres
vaisseaux du danger; mais la violence des mouvemens du navire, et les lames terribles qui passaient par-dessus empêchèrent de le faire tout de
suite; avant que l'on eût apporté la lumière, le
Bridgewater et le *Caton* étaient venus au vent en
travers l'un de l'autre.

« Notre mât de misaine fut emporté au second
ou troisième choc; bientôt on nous annonça que
le fond était crévé et la calle pleine d'eau. Quand
les lames nous permirent de regarder au vent,
nous aperçûmes le *Bridgewater* et le *Caton* à
moins d'une encâblure de distance, et s'approchant si fort l'un de l'autre qu'il nous semblait
qu'ils ne pouvaient éviter de s'aborder. C'était
un moment terrible : le silence le plus profond
régnait à bord; et lorsque les proues des deux
navires furent sur le point de se heurter, on semblait même retenir sa respiration. Ils s'avancèrent :
nous nous attendions à entendre l'épouvantable
craquement; bientôt nous les vîmes s'écarter l'un
de l'autre : ils avaient passé bord à bord sans se
toucher, le *Caton* faisant route au nord-est, et
le *Bridgewater* au nord. Nous pensions que notre
salut ne dépendait que de ces deux vaisseaux :
la joie que nous éprouvâmes en voyant ce danger
imminent passé, fut grande, mais, hélas! de peu

de durée. Le *Caton* toucha sur le récif, à peu près à deux encâblures du *Porpoise*: nous le vîmes s'abattre sur le côté ; en un instant les mâts disparurent. L'obscurité de la nuit ne nous permit pas d'apercevoir , à cette distance , ce qui se passa ensuite.

« En tournant nos regards vers le *Bridgewater*, nous vîmes à la tête de son mât un feu , ce qui nous prouva qu'il avait évité le récif; notre première idée fut que le capitaine allait virer de bord, et envoyer un canot à notre secours; cependant avec un peu de réflexion nous comprîmes qu'à sa place nous ne voudrions pas nous approcher autant du récif pendant la nuit, par un vent si frais , et surtout envoyer un canot et des hommes au milieu des brisans , où sans doute ils périraient.

« Fort heureusement le *Porpoise* s'était abattu du côté du récif, de sorte que les lames passaient par-dessus sans enlever rien de dessus les ponts. L'eau était si tranquille sous le vent, que l'on espéra pouvoir descendre les embarcations de ce côté. On fit d'abord l'essai avec un petit canot ; il réussit : un canot plus grand fut lancé par la violence du choc contre une ancre et enfoncé ; l'eau le remplit aussitôt.

« On ne pouvait calculer combien de temps le vaisseau , qui n'était ni fort de construction , ni

en très-bon état, resterait sans s'ouvrir; on pensa
donc qu'il conviendrait de l'alléger, afin qu'il pût
s'avancer d'avantage sur le récif et se coucher
plus à l'aise. On sonda, et l'on trouva dix-sept
brasses du côté du vent, et seulement quelques
pieds du côté du récif. M. Fowler ordonna donc
de couper le grand mât et le mât de misaine, et
de jeter une ancre à la mer. Cependant lorsque
je lui eus représenté qu'à la marée montante le
vaisseau pourrait être poussé par-dessus le récif
et aller à fond dans une eau profonde, comme il
était arrivé à la *Pandore*, on ne songea plus à l'o-
pération.

« Au-delà de l'eau tranquille, sous le vent du
navire, s'étendait une ligne de brisans, et plus
loin la mer ne paraissait pas agitée : on supposa
donc que des canots pourraient de ce côté s'approcher du vaisseau, et que s'il était possible de
faire parvenir cet avis au capitaine du *Bridgwa-
ter*, il y aurait moyen d'essayer promptement un
moyen de sauver l'équipage. Comme j'avais un
peu plus de crédit que M. Fowler auprès de ce
capitaine, et que d'ailleurs je n'étais que passager
à bord du *Porpoise*, où aucun devoir à remplir ne
rendait ma présence nécessaire, je proposai de
tenter l'aventure dans le petit canot; M. Fowler
y consentit. On était obligé de tenir l'embarcation à une petite distance du bâtiment, pour

qu'elle ne fût pas brisée; je me jetai donc par-
dessus bord, et j'y allai à la nage. En la poussant
à travers les brisans, jusqu'à l'endroit où la mer
était tranquille, nous reçûmes quelques lames
qui faillirent à nous submerger. Il n'y avait rien
dans le canot pour vider l'eau, et seulement deux
avirons qui ne lui appartenaient pas; au lieu de
quatre matelots qu'il fallait pour le conduire, je
n'en trouvai que trois; et de plus trois hommes
couchés sous les bancs : c'étaient l'armurier, le
cuisinier et un soldat de marine qui ne savaient
pas manier un aviron. Ils furent chargés de vider
l'eau avec leurs chapeaux et leurs souliers; et
nous tenant sous le vent des brisans, nous nous
dirigeâmes vers le feu du *Bridgewater*. Ce bâtiment marchait et s'éloignait de nous. Je prévis
que toute tentative de le rejoindre avant qu'il
virât de bord serait inutile, et même après : il
paraissait très-douteux qu'avec deux avirons dé-
pareillés, et un canot surchargé de monde, nous
pussions nous avancer contre la lame au vent du
récif. Je me décidai donc à rester sous le vent,
jusqu'à ce que le *Bridgewater* se rapprochât, et
à mouiller près du *Porpoise*, afin que dans le cas
où il s'ouvrirait avant le jour, nous pussions
sauver quelqu'un de l'équipage. En rebroussant
chemin, nous rencontrâmes la chaloupe; son

IV. 14

équipage ayant bouché en partie les trous, avait poussé au large sans officier, et sans savoir où il allait; il nous donna un troisième aviron. Je dis à ces hommes de se tenir jusqu'au matin à côté du petit canot, près du vaisseau. Le fond était de corail, et l'eau si peu profonde, qu'en beaucoup d'endroits elle n'aurait pas passé par-dessus la tête d'un homme qui s'y serait tenu debout.

« J'aurais désiré d'aller à bord du *Porpoise*, annoncer à nos camarades que les embarcations étaient en sûreté, et que nous connaissions en partie l'étendue du récif. Les brisans qui nous séparaient du vaisseau et l'obscurité de la nuit m'enlevèrent tout espoir de pouvoir communiquer avec lui avant le jour. Toutes les demi-heures on allumait des feux pour servir de guides au *Bridgewater*. Nous ne pûmes dans le canot apercevoir à onze heures le fanal de ce navire; et à deux heures on le perdit de vue, de dessus le *Porpoise*. Il parut qu'alors la mer était basse; le bâtiment était beaucoup plus tranquille qu'auparavant, de sorte que la crainte qu'il ne s'ouvrît avant le jour, avait beaucoup diminué. Mais voulant être préparé pour la marée montante, M. Fowler employa son monde pendant la nuit à construire un radeau avec les mâts de perroquets, les vergues de rechange, etc. fixés ensemble par des cordages. On y attacha une barrique d'eau, et un coffre contenant des provisions, un sextant et le journal de l'*Investigator*.

« Nous étions trempés dans le petit canot; le vent de sud-est soufflait bon frais : transis de froid, notre position devenait encore plus désagréable par nos réflexions sur le changement funeste que nous avions si soudainement éprouvé, et sur l'incertitude du sort du *Caton*, et même du *Bridgewater*. Que cette nuit fut longue et triste! Mes pensées se portaient principalement sur les moyens de nous sauver, dans le cas où nous ne reverrions plus le *Bridgewater*. Toutefois pour ne pas décourager mon monde, je disais que le matin nous nous embarquerions tous sur ce bâtiment, et que nous continuerions notre voyage jusqu'en Angleterre.

« Nous ne pouvions rien apercevoir ni entendre du *Caton*; nous le supposions abîmé dans la mer avec tout son équipage.

« A la petite pointe du jour, j'allai à bord du *Porpoise*, à l'aide des mâts tombés sur le récif. Tout le monde sentait renaître son courage, en voyant que le vaisseau résistait si bien, et que les embarcations étaient sauvées; on avait regardé le petit canot et tous les hommes qui s'y trouvaient comme entièrement perdus; quelques personnes s'imaginaient même qu'il avait disparu à leurs yeux au milieu des brisans.

14*

« Le jour qui vint éclairer notre position, allégea nos maux; on découvrit à moins d'un demi-mille de distance un banc de sable à sec, et assez étendu pour nous recevoir tous avec les provisions que nous pourrions retirer du vaisseau. La satisfaction que l'on ressentit à cet aspect fut augmentée en apercevant le *Bridgewater* à la voile, et quoique éloigné, faisant route vers le récif. D'un autre côté, la vue du *Caton*, dont l'équipage placé sur le beaupré et le gaillard d'avant, seules parties de ce vaisseau qui ne fussent pas submergées, nous faisait des signes, était déchirante.

« Le récif parut avoir un mille de largeur, et s'étendait dans l'est et dans l'ouest au-delà de ce que l'on pouvait distinguer de dessus le pont du *Porpoise;* il offrait plusieurs ouvertures larges, et vraisemblablement profondes, par lesquelles le *Bridgewater* pouvait parvenir sous le vent de l'écueil, et y mouiller, ou mettre en travers pendant qu'il enverrait ses canots à notre secours. Ayant fait ces observations, je laissai M. Fowler et son monde occupés à rassembler de l'eau et des provisions, et j'allai sur le banc, afin d'être prêt à partir avec le canot, aussitôt que ce bâtiment serait assez proche, et indiquer à son capitaine les moyens qu'il pourrait employer pour prendre à bord les équipages des deux bâtimens naufragés, et tout ce que l'on pourrait sauver. L'événement trompa mon attente : le *Bridgewater* ne tarda pas à virer de bord, et on ne le revit plus de tout le jour.

« Un grand nombre d'œufs d'oiseaux de mer, épars sur le banc, montraient qu'il était au-dessus de la ligne de la mer haute. J'expédiai le canot pour porter cette nouvelle à M. Fowler, cet officier voyant que le *Bridgewater* n'avançait pas vers nous, ordonna au grand canot d'aller vis-à-vis du *Caton*. Le capitaine et l'équipage de ce malheureux navire se jetèrent à l'eau, avec les morceaux de planches et d'espares qu'ils purent trouver, et gagnèrent le canot en nageant à travers les brisans ; il les transporta aussitôt à bord du *Porpoise*, où on leur donna de quoi manger et se vêtir. Quelques hommes furent meurtris contre les rochers de corail, et trois jeunes gens furent noyés. Un de ces pauvres garçons qui avait fait trois naufrages, sur trois fois qu'il s'était embarqué, passa toute la nuit à déplorer son sort, se comparant à Jonas, qui portait le malheur partout où il allait. Il se lança à la mer avec le capitaine, sur une espare rompue ; mais il lâcha prise au milieu des brisans, et on ne le revit plus.

« Le capitaine du *Caton* raconta qu'ayant rencontré le *Bridgewater* qui courait une bordée

opposée à la sienne, il fit route pour arriver sous
le vent : s'il eût continué, les deux navires eussent rencontré le récif en même temps. Le *Bridgewater* le doubla, et échappa au danger qui le
menaçait : le *Caton* toucha par le bâbord sur la
pointe d'un rocher ; il s'abattit, le pont tourné au
vent, et exposé à la lame. En quelques minutes
les ponts et la cale furent enfoncés ; tout fut emporté par la mer. Le seul endroit où les malheureux naufragés purent éviter la fureur des vagues,
fut sur le gaillard d'avant de bâbord ; tous s'y réfugièrent : la plupart n'avaient que leurs chemises
pour tout vêtement. Chaque fois que la lame
frappait le *Caton*, elle le roulait sur le rocher
avec des secousses si violentes, que chacun s'attendait à voir à chaque instant l'arrière, qui était
sous l'eau, se séparer. Quelques matelots s'atta-
chèrent aux têtes des membrures ; d'autres se
cramponèrent aux chaînes de haubans, et aux
caps de mouton des haubans ; d'autres enfin se
serraient les uns contre les autres, ce fut ainsi
qu'ils passèrent la nuit. Ils espéraient que le gaillard d'avant tiendrait jusqu'au lendemain matin,
et que le *Bridgewater* enverrait des canots pour
les sauver. Ils n'attendaient rien du *Porpoise*, et
jusqu'au moment où ils virent ses feux de signaux,
ils crurent qu'il était en pièces.

« A la mer basse qui eut lieu à deux heures, le récif fut à sec très-près du *Porpoise*. Chacun s'empressa d'y porter des provisions et des habits, que les canots venaient chercher ; car à une certaine distance autour du banc, l'eau avait plusieurs pieds de profondeur. Avant la nuit on avait débarqué cinq pièces d'eau, de la farine, de la viande salée, du riz, de l'eau-de-vie, ainsi que les cochons et les moutons qui n'avaient pas été noyés, et tous les hommes des deux bâtimens étaient à terre. Quelques matelots du *Caton* parurent en uniformes d'officiers, qu'on leur avait donnés à bord du *Porpoise* ; et je fus bien content de voir que nos gens ne jugeaient pas notre position bien mauvaise, puisqu'ils firent des plaisanteries sur ces promotions inopinées. Ceux qui avaient sauvé des redingotes ou des couvertures, partagèrent avec les moins fortunés : nous dormîmes sur le sable assez tranquillement ; la fatigue nous accablait. A l'exception des matelots du *Caton*, qui avaient été coupés ou meurtris par les rochers, on n'entendit pas une seule plainte sur le banc.

« On hala au-dessus de la ligne de la haute mer les deux canots et la yole du *Porpoise* ; celle-ci n'ayant pas été mise bien en sûreté, fut emportée par la marée qui monta plus haut qu'à l'ordinaire; c'était une grande perte! Le lendemain matin nous eûmes la satisfaction de voir le *Porpoise* encore entier et poussé plus avant sur le récif; le *Caton* était entièrement brisé, il n'en restait qu'une des hanches, qui ayant flotté pardessus le récif s'était venu loger près du banc. On n'apercevait pas le *Bridgewater*; on commençait à concevoir des craintes pour lui.

« Afin de mieux conserver la discipline et l'union si nécessaires dans ces tristes conjonctures, il était nécessaire que les deux équipages et les passagers fussent mis sur le même pied et réunis sous le commandement d'une seule personne. Le *Porpoise* étant perdu sans ressource, la position du capitaine et de l'équipage devenait semblable à celle des passagers; c'est pourquoi en qualité du plus ancien officier, je me regardai comme autorisé et appelé à prendre le commandement général. Mon intention communiquée à M. Fowler, il en reconnut sans hésiter la convenance et la justice; le capitaine du *Caton* fit de même: alors les matelots furent rassemblés sur le sommet du banc; j'instruisis ceux du *Caton*, dont un petit nombre avaient témoigné du mécontentement d'être commandés pour travailler, que s'attendant sans doute à être nourris de nos provisions, ils devraient faire les plus grands efforts

pour en sauver le plus qu'il serait possible (1) ;
et que quoiqu'ils ne fussent pas à la solde du roi,
cependant en ma qualité de magistrat , agissant
dans la juridiction de l'amirauté , je punirais
toute espèce de désobéissance et de mauvaise
conduite chez eux comme parmi nos matelots.
J'ordonnai que les hommes du *Caton* qui n'a-
vaient rien sauvé fussent placés avec les nôtres
dans la proportion d'un sur trois ; et je dis à
M. Fowler qui avait la direction des vivres de les
nourrir tous de même. Le chirugien du *Porpoise*
visita les blessés, et dressa la liste de ceux qui ne
pouvaient pas faire de service. Un détachement ,
formé d'autant d'hommes que les deux canots en
pouvaient contenir, alla au vaisseau pour en retirer des provisions et des munitions.

« Une vergue de perroquet fut dressée sur la
partie la plus haute du banc , et l'on y arbora un
grand pavillon bleu avec le yak en bas pour servir de signal au *Bridgewater*. Nous espérions que

---

(1) Lorsqu'un navire marchand se perd, non-seulement
les matelots cessent d'être aux gages du propriétaire, ils perdent aussi ceux qui leur sont dus depuis la dernière remise
de la cargaison. Leur seul intérêt pour sauver les agrès,
même de leur vaisseau, est leur conservation, ou la perspective d'être récompensés par les armateurs ou les assu-
reurs.

s'il n'était pas arrivé d'accident à ce bâtiment,
il viendrait nous retirer de notre situation critique aussitôt que le vent serait moins fort :
néanmoins je pensai que la prudence conseillait
d'agir comme si nous n'avions pas cette ressource,
et l'évenement justifia cette idée. Le capitaine
Palmer, commandant du *Bridgewater*, nous avait
dès lors abandonnés à notre sort, et en ce moment faisait route pour Batavia sans avoir tenté
le moindre effort pour venir à notre secours.
Dans un rapport que publia un journal de Calcutta, M. Palmer dit que le lendemain de notre
catastrophe il vit les vaisseaux naufragés, ainsi
que les récifs et le banc de sable, mais qu'il ne
put pas aller à leur aide. Il devait savoir que le
récif n'était nullement continu, puisqu'il en parle
comme formé de parties éparses : il ne chercha
pas à reconnaître si le *Bridgewater* pouvait passer
par quelqu'une des ouvertures, et s'il lui serait
ainsi possible de prendre à son bord quelques-
uns des malheureux qui avaient échappé au danger de se noyer ; il ne fit rien pour eux. Il jugea
qu'il était plus sûr de continuer son voyage, et de
publier que tout était perdu ; il n'y manqua pas
à son arivée dans l'Inde.

« Cette conduite du capitaine Palmer envers
deux bâtimens dont l'un avait manœuvré pour
l'empêcher de se perdre, ne l'a pas préservé du

malheur qu'il redoutait. Les équipages du *Porpoise*,
et du *Caton* sont arrivés sains et saufs en Angleterre. Le capitaine Palmer étant parti de Bombay
sur le *Bridgewater* pour revenir en Europe en
1804, on n'en a plus entendu parler. Quelles
réflexions terribles il a dû faire, lorsque son bâtiment allait à fond! Mais revenons à notre banc
de sable.

« Le vent souffla grand frais du sud-est le 18,
et le 19; les deux jours suivans il diminua, et le
temps fut beau. On travaillait sans relâche à
bord du *Porpoise*: le 22 nous avions retiré la plus
grande partie de l'eau et des provisions; on les
avait placées sous une grande tente faite avec des
espares et des voiles. Chaque troupe d'officiers et
de matelots avait sa tente particulière. On avait
repris le même train de vie et d'occupation qu'a-
vant le naufrage. Un des hommes auxquels le
gouverneur avait à ma requête accordé la liberté,
s'étant mal conduit, je fis lire la loi, et il fut
puni. Cet exemple comprima les mauvaises dispositions: les matelots faisaient cordialement la
besogne ensemble. L'on observait en tout la
même discipline et le même ordre qu'à bord des
vaisseaux du roi.

« Notre espoir d'être aidés par le *Bridgewater*
étant devenu très-faible, après deux jours de beau
temps, je réunis tous les officiers en conseil pour

délibérer sur les meilleurs moyens de nous tirer
de notre position précaire. Il fut décidé qu'un
officier s'embarquerait dans le plus grand des
deux canots, essayerait de gagner le cap Sandy
éloigné de soixante-trois lieues, et ensuite irait
le long de la côte à Port-Jackson demander au
gouverneur d'envoyer des vaisseaux au banc de
sable, soit pour nous ramener dans ce port, soit
pour nous transporter en Angleterre. Cependant
comme il était possible que dans cette saison, durant laquelle de forts vents du sud règnent souvent, le canot n'arrivât pas heureusement, il fut
résolu que les charpentiers se mettraient sur-le-
champ à construire, avec les matériaux déjà sauvés
et ceux que l'on pourrait se procurer encore, deux
chaloupes pontées, capables de transporter tout
le monde qui se trouvait sur le banc, à l'exception
d'un officier et d'un équipage de canot; et que si
l'officier expédié dans celui qui allait partir n'é-
tait pas de retour dans deux mois, alors les chaloupes feraient voile pour Port-Jackson aussitôt
qu'elles le pourraient. Mais le premier et le principal moyen de salut reposant sur l'heureuse
arrivée du canot, le choix de l'officier qui devait
le conduire fut ensuite mis en délibération.
M. Fowler me proposa pour remplir cette tâche:
son avis fut adopté; et persuadé que le maintien
du bon ordre sur le banc et l'emploi des muni-

tions seraient laissés en bonnes mains, le désir d'effectuer la délivrance de nos compagnons d'infortune me fit accepter. Cependant pour parer à un cas de maladie, ou à tout autre accident qui pourrait résulter de la rencontre des naturels, il était nécessaire qu'il y eût deux officiers dans le canot. Le capitaine du *Caton* ayant témoigné le désir de retourner à Port-Jackson pour faire le rapport relatif à la perte de son navire, il fut nommé mon second avec l'approbation générale.

« Je proposai que le plus petit canot, avec un officier, son second et un équipage, restât avec le grément et les munitions, ainsi que pour la garde de mes cartes et de mes journaux, quelques jours de plus que les deux mois; et qu'alors il partît pour Port-Jackson, s'il n'arrivait pas de vaisseau avant cette époque. Cette précaution était nécessaire dans le cas où un accident imprévu retarderait mon retour au banc au-delà de deux mois, sans toutefois l'empêcher entièrement, pour que les cartes, les journaux et tous les papiers s'y trouvassent et pussent être portés en Angleterre. Je désignai le lieutenant Flinders, mon frère, pour remplir cet emploi; mais M. Fowler l'ayant réclamé comme un poste d'honneur, je respectai trop le motif qui le faisait agir pour ne pas acquiescer à sa demande.

« Le 23 au soir on avait enlevé du *Porpoise* la

plupart des choses essentielles. Recensement fait
de ce qu'on avait sauvé, l'on trouva une quantité
d'eau et de vivres suffisante pour nourrir, à
ration complète, pendant trois mois, quatre-
vingt-quatorze hommes ; c'était notre nombre.
Les principaux objets en munitions, agrès, voiles,
mâture, étaient aussi à terre. Mes livres, mes
cartes et mes papiers avaient beaucoup souffert,
le toit de la chambre ayant été déplacé par la
chute du mât d'artimon ; tous les papiers épars
dans la nuit du naufrage furent emportés par la
lame, entre autres une carte de la côte occidentale
du golfe de Carpentarie et d'une partie de la côte
du nord, à laquelle j'avais travaillé l'après-midi.
Une portion de ma petite bibliothèque avait
éprouvé le même sort ; le reste de mes cartes,
avec mes journaux, mes livres de relèvemens et
d'observations astronomiques étaient sauvés,
quelques-uns à la vérité mouillés et endomma-
gés. Les plantes rares, recueillies sur différentes
parties des côtes méridionale, orientale et septentrionale de la Terre Australe, et destinées pour
le jardin du roi à Kew, étaient en très-bon état
avant le naufrage ; l'eau de mer les avait entièrement détruites, de même que les plantes d'un
herbier ; beaucoup d'autres objets de curiosité
furent perdus.

« Le banc sur lequel nous étions réfugiés a

environ sept cent cinquante pieds de longueur sur deux cent cinquante de largeur. Son élévation est en général de trois à quatre pieds au-dessus du niveau ordinaire de la mer haute. Il consiste en sable et en morceaux de corail, rejetés par les vagues sur une portion d'un récif très-considérable. Étant à peu près au milieu de cette portion, la mer, même dans un coup de vent, n'y envoie qu'un peu d'écume, qui suffit néanmoins pour qu'il n'y puisse croître qu'un petit nombre de plantes salées. A sa bande nord, et à celle du nord-ouest, il y a de dix-huit à vingt-cinq brasses d'eau sur un fond de sable de corail; le *Bridgewater* aurait pu y mouiller en sûreté, tant que les vents restèrent au sud-ouest et à l'est-sud-est, et recevoir les deux équipages avec les provisions pour leur subsistance. Les observations fixèrent la latitude du banc à 22° 11' sud, et sa longitude à 155° 8'.

« En cherchant des matériaux pour faire du feu la première nuit que nous y débarquâmes, on trouva et l'on brûla une espare et une pièce de charpente rongées des vers, et presque pouries. La dernière fut examinée par le charpentier du *Porpoise*, qui jugea qu'elle avait appartenu à l'arrière d'un bâtiment de 400 tonneaux. J'ai donc supposé qu'elle pouvait provenir de la *Boussole* ou de l'*Astrolabe*. La Pérouse, en partant de Botany-Bay,

avait l'intention de visiter la côte sud-ouest de la
Nouvelle-Calédonie. N'a-t-il pas pu rencontrer
comme nous, pendant la nuit, un des nombreux
écueils épars sur ces mers? Moins heureux que
nous, il n'aura pas trouvé dans son voisinage un
banc où son équipage pût se rassembler, et porter
des vivres; peut-être aussi ses deux vaisseaux
prirent-ils, après avoir touché, la même direction
que le *Caton*, et la lame y pénétrant, emporta les
canots et les provisions. Dans ce cas la Pérouse,
ses équipages et ses vaisseaux ne purent pas résister plus de vingt-quatre heures à l'impétuosité des
vagues. Si telle fut la fin de ce navigateur si digne
de regrets, comme il n'y a aujourd'hui que trop
de raison de le craindre, c'est celle à laquelle
nous aurions été condamnés si le *Porpoise* eût
comme le *Caton* tombé du côté de la mer, au lieu
de s'abattre du côté du récif.

« L'opinion que la Pérouse s'était perdu dans
ces parages, m'engagea, lorsque je visitai la côte
du continent, à chercher attentivement dans
chaque endroit, parmi les objets que la mer re-
jette sur les rivages, des indications de vaisseau
naufragé au large; si j'avais pu pousser mes recherches jusqu'au quinzième ou au douzième degré de latitude, je suis persuadé qu'elles n'auraient
pas été vaines. Indépendamment de l'immense
récif qui entoure la côte occidentale de la Nou-

velle-Calédonie et la Barrière de récifs sur la
côte de la Nouvelle-Galles méridionale, située
vis-à-vis, on connaît actuellement huit bancs de
corail dans la mer qui les sépare; indépendamment
d'îlots et de battures. Tous ces écueils sont situés
dans l'espace compris entre la Louisiade et la
Nouvelle-Guinée au nord, la Nouvelle-Calédonie
à l'est, la Nouvelle-Galles méridionale à l'ouest,
et une ligne tirée du cap Sandy sur cette côte, et
l'île des Pins au sud de la Nouvelle-Calédonie.
Peu de navires ont passé dans ces parages sans
découvrir quelque nouveau banc de corail, et
il est probable que l'on y trouvera des portions
de récif encore inconnues, surtout du côté
de la Nouvelle-Calédonie. C'est pourquoi cet
espace pourrait être appelée avec raison *la mer de
Corail.*

Le vendredi 26 août, le canot qui devait porter
Flinders à Port-Jackson étant prêt, fut lancé à
l'eau et nommé l'*Espérance:* jamais nom n'avait
été mieux appliqué; et la Providence permit que
toutes les idées flatteuses qu'il faisait naître fussent
réalisées.

« La matinée était belle, dit Flinders; un petit
vent de sud soufflait: malgré la défaveur attachée
au jour, qui sur le calendrier des marins est noté
comme le plus malheureux de la semaine pour
entreprendre un voyage, je m'embarquai pour

Port-Jackson avec M. Park, capitaine du *Caton*. Nous avions double équipage de rameurs; nous étions en tout quatorze. Nous avions des provisions pour trois semaines, et trois barriques d'eau; de sorte que le canot était un peu trop chargé. A huit heures nous partîmes au milieu des acclamations et des souhaits de ceux pour lesquels nous allions chercher des secours. On avait jusqu'alors gardé le pavillon avec le yak en bas, comme signal de détresse pour avertir le *Bridgewater*; dans ce moment d'enthousiasme, un matelot se détacha de la foule, et en ayant obtenu la permission, courut au mât de pavillon, l'amena et l'arbora de nouveau avec le yak en haut. Je ne pus contempler sans émotion cette expression symbolique de mépris pour le bâtiment qui nous avait lâchement abandonné, et de confiance dans le succès de notre voyage.

« Nous fîmes route à l'ouest sous le vent du récif, et nous passâmes devant deux de ses ouvertures, qui avaient près d'un mille de largeur. Au bout de deux lieues, nous arrivâmes devant un banc de sable à sec, plus petit que celui que nous quittions; à midi nous en rencontrâmes un troisième situé à dix milles à l'ouest du banc du naufrage. Le vent ne nous secondant plus, on s'arrêta pour faire cuire le dîner sur le rivage, et je tuai autant de noddies qu'il en fallait pour le

repas de tout notre monde. En quittant ce troisième banc, qui est près de l'extrémité orientale
du récif du naufrage, nous entrâmes dans la
haute mer. Le vent s'étant élevé du sud-est, nous
fîmes route pour le cap Sandy. Plusieurs baleines
bossues jouèrent autour du canot pendant tout le
temps qu'il resta sous le vent du récif; elles ne
nous suivirent pas plus loin.

« Au coucher du soleil, on ne voyait rien à la
surface de la mer; cependant on navigua avec
précaution pendant l'obscurité; et on fit bon
quart pour découvrir les brisans. La nuit fut belle.
Nous avançâmes au moyen des avirons. Nos
douze matelots divisés en deux quarts, ramèrent
chacun à leur tour. M. Park et moi nous nous
succédions alternativement au gouvernail. C'est
par ce motif, et pour éviter tout accident, que
j'avais pris dans le canot un équipage si nombreux. »

Dans la seconde journée les naufragés eurent à
combattre contre la force du vent et de la lame;
il fallut diminuer de voile et alléger le canot en
jetant par-dessus bord les pierres du foyer, un
sac de pois, du bois à brûler, enfin tout ce dont
on pouvait se passer sans inconvénient, et vider
une barrique d'eau. Quelle dure nécessité d'être
obligé de se défaire des moyens de conserver son
existence! Heureusement le temps et la mer de-

vinrent moins défavorables ; on navigua plus
tranquillement. Le 28, à la fin du jour, on aperçut la terre à l'ouest, à la distance de quatre à
cinq lieues. Alors on se dirigea plus au sud, et
malgré les contrariétés que des coups de vent et
des grains firent éprouver, on mouilla le 30 à
midi à la pointe Look-out. Flinders regarda le
voyage comme à moitié terminé, puisqu'il était
le long du continent ; car il y a plus de probabilité
de se perdre en faisant trois cents milles en pleine
mer dans un bateau ouvert, qu'en parcourant
six cents milles le long d'une côte.

« La nécessité de nous procurer de l'eau était
devenue pressante, dit Flinders, car la barrique qui
nous restait était beaucoup diminuée. Il y avait une
vingtaine d'Indiens sur le penchant d'un coteau
près du rivage ; ils paraissaient avoir des dispositions amicales et nous amusaient par une danse à
l'imitation des kangorous. Nous leur fîmes signe
que nous avions besoin d'eau ; ils nous comprirent,
et nous indiquèrent un petit ruisseau qui tombait
dans la mer. Deux matelots se mirent à la nage
avec quelques bagatelles pour les naturels, attachées au bout de la ligne de sonde ; on fixa la
barrique vide à l'autre : ils tirèrent le tout à terre,
et remplirent la barrique sans empêchement. Un
requin les avait suivis jusqu'au rivage. Craignant
qu'à leur retour ils ne fussent attaqués par cet

animal vorace, je levai l'ancre, et j'allai à un endroit où le ressac, quoique trop fort pour nous permettre d'aborder, nous permettait de mouiller plus près de la plage. La barrique, une charge de bois et les deux hommes arrivèrent à bord sans accident. Les naturels s'étaient tenus éloignés pendant tout le temps; ils se retirèrent même lorsque nos gens s'approchèrent : ils étaient nus et sans armes. »

Après des fatigues inouïes, Flinders entra le 8 septembre dans Port-Jackson; tout son monde était en parfaite santé, à l'exception d'un matelot qui avait été repris de la dyssenterie.

Flinders alla aussitôt avec le capitaine Park à Sidney chez le gouverneur King, qui était en ce moment à table. Les deux naufragés ne s'étaient pas rasés depuis le moment de leur désastre. Le gouverneur ne fut pas médiocrement surpris en voyant paraître ainsi devant lui deux personnes qu'il supposait à plusieurs centaines de lieues en route pour l'Angleterre. Quand il apprit la cause de leur apparition inattendue, il versa involontairement des larmes de bienveillance et de compassion. Son accueil affectueux les dédommagea de toutes leurs peines.

Le *Rolla*, navire destiné pour la Chine, était mouillé dans le port; le gouverneur s'empressa de l'affréter pour aller chercher les naufragés et les conduire à Canton. Deux goëlettes, le *Cumber-land* et le *Francis*, devaient l'accompagner, pour ramener à Port-Jackson ceux qui voudraient y revenir. Chacun rivalisa de zèle pour alléger le sort des naufragés : des particuliers embarquèrent sur les bâtimens du vin, des bestiaux, et toutes sortes de provisions fraîches.

Les navires n'étaient pas prêts à faire voile à l'instant : malgré l'activité que l'on mit à les expédier, il se passa treize jours depuis l'arrivée de Flinders, avant que l'on pût les faire partir. Ce délai lui causa une peine d'esprit inexprimable ; il craignait de n'arriver au récif que lorsque ses compagnons désespérant de son secours, auraient fait une tentative infructueuse de se sauver : cette idée le poursuivait tellement, que chaque jour lui semblait une semaine.

L'impatience qu'il montrait de retourner au récif et de là en Angleterre le plus promptement possible, engagea le gouverneur à lui offrir une des goëlettes pour aller par le détroit de Torrès en Europe, plutôt que de prendre la route de la Chine avec le *Rolla*. La goëlette ne portait que vingt-cinq tonneaux ; sa petitesse, comparée avec la distance de Port-Jackson en Angleterre, ne formait pas pour Flinders une objection pour qu'il s'y embarquât : il prévoyait que la vitesse de sa marche et le défaut de place nécessaire ne lui permettraient pas, pendant la traversée, de mettre les cartes et les journaux de son voyage en ordre; cette perte d'un temps précieux pour un objet si important le fâchait singulièrement. D'un autre coté, l'avantage de passer encore une fois par le détroit de Torrès, d'y recueillir de nouveaux détails, et d'arriver en Angleterre trois à quatre mois plus tôt pour s'occuper de l'armement d'un autre bâtiment, n'était pas moins considérable. Ce motif, joint à l'ambition d'être le premier à entreprendre un si long voyage dans un si petit bâtiment, et le désir de mettre un terme aux bruits que le capitaine Palmer aurait sans doute fait courir sur la perte totale de l'équipage du *Porpoise*, décidèrent Flinders à accepter la proposition de gouverneur, et à s'embarquer sur le *Cumberland* qui était très-solide. Il fut pourvu de six mois de vivres.

La petitesse de ce navire imposait la nécessité de relâcher, durant sa traversée de Port-Jackson en Angleterre, dans les endroits les plus commodes pour s'y ravitailler. Flinders proposa Coupang, dans l'île de Timor, l'île de France, le cap de Bonne-Espérance, l'île Sainte-Hélène, et une des Açores. Le gouverneur éleva des objections sur l'île de France, ne se souciant pas d'encourager les communications entre cette colonie et Port-Jackson, et sachant d'ailleurs qu'il régnait quelquefois dans le voisinage de cette île des ouragans vers l'époque à laquelle le *Cumberland* y devait passer. Du reste il s'en rapporta à la prudence de Flinders, et à ce que prescriraient les événemens. On croirait qu'un pressentiment secret lui faisait prévoir le malheur que ce navigateur éprouva.

Tout étant prêt pour le départ, Flinders mit à la voile sur le *Cumberland*, le 21 septembre, avec le *Rolla* et le *Francis*. Le 7 octobre il mouilla près du banc de sable, où ses compagnons l'attendaient avec impatience. On le salua de onze coups de canon, que l'on avait réussi à enlever du bâtiment naufragé. Quand il débarqua, il fut reçu avec des acclamations de joie. « Le plaisir de rejoindre mes compagnons avec tant de moyens de les aider dans leur infortune, s'écrie-t-il, rendit ce moment un des plus heureux de ma vie. »

Lorsque Flinders eut été absent un mois, on avait commencé à douter qu'il revînt. On se résigna donc à profiter le mieux que l'on pourrait des ressources qui restaient, pour atteindre à un port fréquenté; déjà l'on avait construit un canot.

Le récif, dont le banc du naufrage fait partie, a une vingtaine de milles de longueur, et d'un quart de mille à un mille et demi de largeur. Il consiste en plusieurs portions de différentes dimensions; les six plus grandes ont de huit à dix milles de circuit. Elles sont séparées par des ca-

naux d'un mille à une lieue de largeur. Flinders
trouva de huit à dix brasses dans les deux orientales : aucun obstacle ne s'opposait à ce qu'un
vaisseau y passât en cas de nécessité. Quatre à six
des plus considérables de ces portions de récif ont
vers leur milieu un banc de sable, qui paraît n'a-
voir pas été couvert par la marée depuis quelque
temps; ces bancs sont fréquentés par des oiseaux
de mer, tels que des fous, des boubis, des paille-
en-cu, des frégates, des goëlands bruns, et peut-
être d'autres. De ces quatre bancs, deux sont à
l'ouest, et un à l'est de celui près duquel les Anglais firent naufrage. L'oriental est le plus considérable et le plus abondant en oiseaux; les tortues y abordent aussi : on l'appelait avec raison
Bird-Islet (l'îlot aux Oiseaux) ; il était tapissé
d'herbe grossière et de quelques arbustes; chaque
jour les oiseaux y augmentent la masse de la terre
végétale.

Cet îlot étant au vent et seulement à sept milles
de distance du banc du naufrage, les Anglais le
visitèrent fréquemment pendant l'absence de
Flinders. Indépendamment des oiseaux aquatiques, ils s'y procurèrent aussi plusieurs milliers
d'œufs, et quatre tortues, dont une pesait quatre
cent cinquante-neuf livres. Ces provisions, les coquillages recueillis sur le récif et les poissons furent d'une grande ressource, et donnèrent les

moyens de ménager les viandes salées. La pluie qui tomba de temps en temps servit à emplir des barriques vides. On trouva des trépangs sur les rochers, et l'on essaya d'en faire de la soupe ; mais, soit que les cuisiniers anglais ne connussent pas la manière de les accommoder, soit que ces mollusques ne conviennent qu'au palais des Chinois, personne ne les trouva bons.

On sema sur le banc du naufrage et sur l'îlot aux Oiseaux de l'avoine, du maïs et des potirons. Les plantes avaient bien poussé, et étaient en assez bon état lorsque l'on partit. « Peut-être quelques-unes réussiront-elles sur l'îlot, observe Flinders, mais on ne peut guère l'espérer pour le banc. Le coco est en état de résister à l'écume de la mer qui passe souvent par-dessus ces bancs ; je regrette beaucoup que nous n'en eussions pas pour les y planter. Une touffe de ces palmiers majestueux et utiles serait une excellente marque pour avertir les navigateurs de l'approche du danger ; et dans le cas où l'obscurité rendrait ce signal inutile, le fruit de ces arbres fournirait une nourriture salubre aux matelots naufragés. Le marin qui distribuerait dix mille cocos parmi les nombreux bancs de sables épars à la surface du grand océan et de la mer des Indes, aurait des droits à la gratitude de toutes les nations maritimes, et de tous les amis de l'humanité. On croira peut-être que j'attache trop d'importance à cet objet, en disant que cette plantation devrait former un des principaux articles des instructions remises au commandant d'une expédition de découverte ou de reconnaissance dans ces parages; mais c'est en souffrant que l'on apprend à apprécier les infortunes et les besoins des autres, et que l'on devient doublement intéressé à les prévenir ou à les soulager. « Le cœur, dit un auteur célèbre, est « comme ces sortes d'arbres qui ne donnent leur « baume pour les blessures des hommes que « lorsque le fer les a blessés eux-mêmes (1). »

Les deux équipages ayant été répartis sur les bâtimens de la manière dont on était convenu auparavant, on quitta le banc du naufrage, et le 11 octobre Flinders se sépara du *Rolla* qui fit voile pour la Chine. Quant à lui, il se dirigea vers le détroit de Torrès.

Lorsqu'il y fut engagé, il se garda de trop s'approcher des îles Murray, de crainte que la petitesse de son bâtiment ne fît naître aux naturels le désir de l'attaquer; ils y paraissaient très-disposés, car il en vit plusieurs sur le rivage avec leurs pirogues, qui semblaient être toutes prêtes à se détacher de la côte. Ayant heureusement

(1) Chateaubriand. *Génie du Christianisme. Episode d'Atala.*

échappé à tous les écueils dont ce bras de mer est persemé, il traversa le golfe de Carpentarie, attérit près du cap Wilbeforce, mouilla près d'une des îles de Wessel, où il chercha inutilement de l'eau. Le 29 octobre des Indiens s'approchèrent pendant que l'on coupait du bois : on leur donna les haches dont on venait de se servir, et l'on fit route aussitôt pour Timor, où l'on arriva le 10 novembre. D'après la distance de laquelle Flinders avait aperçu en mer les montagnes de cette île, il supposa qu'elles devaient avoir plus de 1500 toises de hauteur.

Le 14 novembre Flinders partit de Timor. Son intention, si l'état de sa goëlette qui avait fait jusque là beaucoup d'eau et la mousson du nord-ouest ne s'y opposaient pas, était de passer au sud des îles de la Sonde, et d'aller directement au cap de Bonne-Espérance; s'il ne le pouvait pas, il comptait entrer dans un des détroits de cet archipel, gagner le mousson du nord-est, et faire route pour Batavia, ou pour tout autre port où il aurait le moyen de radouber son navire. Le vent qui sauta au sud-ouest, et qui fut accompagné d'une forte houle et de quelques éclairs dans le nord-ouest, lui fit craindre d'être obligé d'adopter le dernier parti : il prépara donc un filet d'abordage pour se défendre contre les pirates malais, qui infestaient, disait-on, tous les détroits situés entre Timor et Java. Mais le vent revint à l'est, quoique la houle continuât à venir du sud-ouest; il tombait de fréquentes ondées de pluies, suivies quelquefois de tonnerre et d'éclairs.

Au bout de onze jours de route, le 25 novembre, Flinders se trouvait par 12° 48' sud, et 103° 6' est; il avait passé le méridien de la pointe occidentale de Java, et les limites ordinaires de la mousson du nord-ouest. La goëlette faisait beaucoup plus d'eau qu'auparavant : les pompes que l'on n'avait pu, faute de matériaux, racommoder à Timor, se détérioraient chaque jour davantage. Espérant atteindre le cap de Bonne-Espérance, Flinders avait abandonné l'idée d'aller à Batavia, comme étant trop loin hors de sa route. D'ailleurs l'île de France s'y trouvait, dans le cas où il ne pourrait pas doubler le Cap sans avoir besoin de radoub. Les circonstances devinrent si graves, qu'il ne lui fut pas possible de songer à doubler le Cap; et le 6 décembre il se dirigea vers l'île de France, à la grande satisfaction de son équipage fatigué de pomper sans relâche. Les malheureux ne se doutaient pas qu'ils couraient à la captivité.

Ce ne fut que parce que la nécessité la plus urgente l'y contraignit, que Flinders prit la résolution de relâcher à l'île de France, car il n'avait pas oublié les objections que le gouverneur King avait élevées sur ce point. Il ignorait ce qui s'était passé en Europe depuis près d'un an, et par conséquent que la guerre y avait éclaté de nouveau. Mais il pensait que, même dans ce cas, le passe-port du gouvernement français lui servirait à l'île de France : au lieu qu'en allant au Cap, il était douteux que le gouverneur hollandais montrât beaucoup de respect pour les ordres du premier consul de France ; et d'ailleurs la réputation des Hollandais comme protecteurs des sciences ne lui faisait pas concevoir de grandes espérances à cet égard. L'île de France lui parut donc un lieu beaucoup plus sûr que le Cap, puisqu'il devait y obtenir les secours nécessaires même en cas de guerre, tandis qu'au Cap il craignait qu'on ne lui prît ses cartes et ses journaux, et qu'on ne le fît prisonnier. Il avait mal jugé, comme on va le voir.

. Le 15 décembre il eut connaissance de la côte nord-est de l'île de France ; en faisant route le long de la côte pour voir s'il rencontrerait des canots ou des navires auxquels il pourrait parler, il aperçut un pavillon sur une des montagnes de l'île ; alors il arbora le sien, et ensuite hissa un pavillon français au mât de misaine, comme signal pour demander un pilote. Une goëlette sortit d'un petit port situé sur la côte : elle s'approcha ; Flinders la héla ; elle courut vers la terre, puis le suivit. Le *Cumberland* ayant mis en travers, la goëlette retourna vers un lieu où d'autres bâtiment étaient à l'ancre. Flinders croyant qu'elle indiquait qu'il fallait aller à cet endroit pour obtenir un pilote, courut après elle par un passage étroit entre les rochers, et mouilla dans un petit port nommé la baie du Cap.

— Si les mouvemens de la goëlette française lui avaient paru étranges, la conduite de l'équipage de ce bâtiment lui sembla bien plus singulière. A peine les matelots eurent-ils laissé tomber l'ancre, que sans serrer les voiles, ils se jetèrent dans une pirogue, gagnèrent le rivage à la hâte, et se mirent à grimper sur une montagne escarpée; un d'eux portait une malle sur ses épaules. Ils furent rencontrés par une personne qu'à son chapeau à plumet, on reconnut pour un officier ; et aussitôt plusieurs hommes armés de fusils se montrèrent sur le haut de la montagne. «Cette apparition, dit Flinders , me fit envisager sous un nouveau jour les mouvemens de la goëlette ; je commençai à craindre que la France et l'Angleterre ne fussent déjà en guerre, ou sur le point de se la déclarer. Pour engager quelqu'un à venir à bord du *Cumberland*, je levai en l'air les lettres du gouverneur King, adressées au général Magallon, gouverneur de l'île de France. Personne ne se présentant, mon lieutenant alla à terre dans le canot avec ces lettres et le passe-port ; bientôt il revint avec l'officier et deux autres Français : à mon regrêt extrême, j'appris qu'on était en guerre. »

Flinders alla à terre, et fut très-bien accueilli par l'officier français. Ne comprenant pas le français à cette époque, il n'avait jamais lu son passeport, qu'on lui avait interprété en gros dans les bureaux de l'amirauté quand on le lui remit : depuis ce moment, et surtout après que la nouvelle de la paix fut arrivée à Port-Jackson, il n'avait pas regardé ce papier, et il n'en connaissait pas parfaitement le contenu. L'officier l'ayant quitté, il se mit à considérer attentivement cette pièce, et autant qu'il put l'entendre, il lui sembla qu'elle ne concernait que l'*Investigator*, et qu'il n'y avait aucune clause pour le cas où la perte de ce navire ou un autre accident l'empêcherait d'y continuer son voyage, et l'obligerait de s'embarquer sur un autre bâtiment. « L'intention, dit-il, était sans doute de protéger l'expédition en général, et non l'*Investigator* en particulier ; cependant si le gouverneur de l'île de France voulait s'en tenir à la lettre du passe-port, et n'avoir aucun égard à l'esprit de cette sauve-garde, il pourrait s'emparer du *Cumberland* comme d'une prise. L'idée d'être retenu seulement une semaine me semblait insupportable. Je demandai au pilote français si le cap de Bonne-Espérance appartenait aux Hollandais ou aux Anglais, presque résolu, s'il n'avait pas été

rendu avant que la guerre éclatât, d'essayer de
passer à tout risque plutôt que de courir la chance
d'être arrêté. Le Cap était entre les mains des
Anglais. »

Le lendemain Flinders revint à bord, un pilote
conduisit le *Cumberland* au Port-Louis. Durant
la traversée le navigateur en réfléchissant à sa
position ne put s'empêcher de concevoir des
craintes : cependant, se disait-il, l'intention du
passe-port de mettre à couvert les personnes employées dans l'expédition, avec leurs cartes et
leurs journaux, ne saurait être douteuse; et la
conduite d'un gouverneur nommé par Bonaparte
qui s'est déclaré protecteur des sciences, ne saurait être moins libérale que celle des deux précédens gouvernemens envers Cook dans la guerre
d'Amérique et envers Vancouver dans la dernière guerre. On avait ordonné de leur donner
protection et secours, quoiqu'ils n'eussent pas de
passe-ports et qu'ils n'eussent pas fait naufrage. Ces
circonstances et le témoignage que les capitaines
du *Géographe* et du *Naturaliste* avaient sans doute
rendu de la manière dont ils avaient été traités à
Port-Jackson, semblaient devoir assurer à Flinders
une réception amicale; il se reposa sur cette idée,
et bannit toute crainte comme injurieuse au gouverneur de l'île et à la nation française en général.

Le général Magallon ne commandait plus à

l'île de Francis : depuis quelque temps le général Decaen l'avait remplacé. Le nouveau gouverneur crut voir du louche dans la démarche de Flinders. Il supposa que ce navigateur n'était venu dans une colonie française qu'en vertu de quelque instruction secrète, et seulement dans le but d'épier ce qui se passait. Par suite de cette opinion erronée, Flinders soupçonné d'espionnage fut arrêté et retenu prisonnier ; le scellé fut mis sur ses papiers, et l'embargo sur sa goëlette. On peut dire pour justifier le général Decaen que peut-être les circonstances critiques où se trouvait la colonie, et le besoin de veiller à sa sûreté, autorisaient à prendre dans les premiers momens des mesures de rigueur ; mais ce gouverneur est inexcusable d'avoir retenu Flinders en captivité pendant six ans et demi, et surtout de l'avoir traité avec peu de ménagement et d'égards.

Flinders fut d'abord détenu dans une auberge de la ville, où il resta quatre mois ; ensuite on le transféra dans une maison à la campagne, où des prisonniers de guerre anglais étaient renfermés. Il avait au moins la consolation de respirer un air pur, et de pouvoir se promener dans un grand jardin : on lui enleva ensuite ses lunettes d'approche et son épée ; déjà il avait été dépouillé d'une partie de ses papiers. Cependant on lui en rendit depuis quelques-uns, et il put en s'occupant, alléger les peines de sa captivité.

Il copia ses livres de relèvemens, les journaux qu'on lui avait remis, et ses cartes; il fit des observations astronomiques. Son lieutenant ayant obtenu la permission de s'embarquer sur un navire américain, il le chargea de la copie des papiers relatifs à l'expédition, ainsi que des instrumens astronomiques, et des montres marines qui appartenaient au bureau des longitudes. Bientôt il resta seul de son équipage; car plusieurs matelots avaient profité de la présence d'une escadre anglaise, dans le voisinage de l'île, pour s'enfuir, et les autres furent échangés.

Au mois d'août 1805 Flinders sortit de la maison où il était détenu, en signant une promesse de ne pas s'éloigner de plus de deux lieues de l'habitation de madame d'Arifat, située aux Vacouas, dans les plaines de Guillaume, où il avait obtenu la permission de demeurer sur sa parole d'honneur.

Il dut cette amélioration dans son sort aux bons offices du colonel Monistrol, et de M. Bergeret, capitaine de vaisseau, qui dès le premier moment de sa captivité lui avaient montré l'intérêt le plus touchant. S'il eût à se plaindre du capitaine général, et il le fait sans ménagement, il ne manque pas non plus de citer les Français qui essayèrent par leurs représentations d'obtenir sa liberté, ou vinrent lui porter des consolations.

16*

Il cite avec l'expression de la plus vivre reconnaissance l'amiral Linois, les capitaines, aujourd'hui amiraux Halgan et Baudin, et M. Thomas Pitot, négociant de l'île de France ; ce dernier était parent de madame d'Arifat, et lui avait procuré un asile chez elle.

L'élévation du Refuge, nom de sa nouvelle habitation, en rendait le climat extrêmement tempéré. Flinders pouvait se promener et faire de l'exercice ; au bout de quelques semaines, sa santé, qui avait beaucoup souffert, se rétablit considérablement. N'ayant plus ses papiers pour s'occuper, il étudia la langue française.

Cependant sa captivité n'avait pas de terme. Les instances du marquis de Wellesley, gouverneur général de l'Inde, avaient été infructueuses auprès du capitaine général. Sir Joseph Banks s'était adressé à l'Institut de France, pour qu'il sollicitât l'élargissement de Flinders ; il lui mandait en 1805 que sans doute il ne tarderait pas à l'obtenir. Flinders avait écrit au comte de Fleurieu, pour qu'il s'intéressât en sa faveur ; l'amiral Linois avait de son côté invité ce savant à réclamer pour le navigateur anglais la justice du chef du gouvernement. M. Pitot avait sollicité pour lui le comte de Bouguainville, ce marin qui avait précédé Flinders dans la carrière, le comte Chaptal qui doit son élévation aux sciences, le

comte Dupuis, conseiller d'état, qui avait long-
temps habité dans l'Inde, enfin l'astronome La-
lande. La société d'émulation de l'île de France,
écrivit à l'Institut une lettre remplie des expres-
sions les plus honorables pour Flinders. Tous les
efforts de ces hommes recommandables ne produisaient rien.

Au mois de juillet 1807 Flinders reçut de
l'amiral anglais sir Edouard Pellew, par l'intermédiaire du capitaine général, la copie d'une lettre
du ministre de la marine et des colonies de France
à ce dernier : il lui apprenait que le conseil d'état
avait, par une délibération du mois de juillet 1804, approuvé sa conduite, et en même temps
accordé au capitaine Flinders, par un pur sentiment de générosité, sa liberté et la remise de son
bâtiment. Cette décision n'avait été approuvée
par l'empereur Napoléon que le 11 mars 1806.
Cette fois Flinders dut croire qu'il allait pouvoir
retourner en Angleterre par la première occasion. A la vérité on lui rendit une partie de ses
papiers, qui étaient encore sous le scellé, et dont
quelques-uns avaient été mangés par les rats ;
mais ce ne fut que le 28 mars 1810 qu'une lettre
du colonel Monistrol lui annonça que le capitaine général l'autorisait à retourner en Angleterre, à condition de ne pas servir de toute la
guerre contre la France ou ses alliés. Il courut

aussitôt au Port-Louis ; divers obstacles l'y retinrent jusqu'au 13 juin. On lui rendit son épée ; mais il ne put obtenir la restitution du troisième volume de son journal, ni celle de la goëlette le *Cumberland*. Il s'embarqua sur un navire parlementaire anglais, qu'il quitta bientôt pour passer sur une corvette qui allait au cap de Bonne-Espérance. A la fin d'octobre il arriva heureusement en Angleterre.

Flinders ne cessa depuis son retour de s'occuper de la rédaction de sa relation, et de l'atlas qui devait l'accompagner. Cet ouvrage parut en 1814, et ce navigateur mourut le 19 juillet de la même année, peu de jours après avoir corrigé la dernière feuille, et avant qu'il fût publié.

C'est bien à tort que l'on a cru que le motif de l'injuste détention de Flinders avait eu pour but de s'approprier ses découvertes, afin de les attribuer à l'expédition française commandée par Baudin. A ce sujet, des géographes et des journalistes anglais ont dirigé contre les rédacteurs de la relation de l'expédition de ce dernier des accusations de plagiat aussi violentes qu'injustes. Elles sont victorieusement réfutées par la relation même de Flinders, qui se plaint seulement de ce que les cartes françaises imposent des noms à des côtes qu'il avait reconnues ; mais comme, lorsqu'il rencontra Baudin, il ne lui remit pas la note dé-

taillée des points qu'il avait découverts et nom-
més, il fallait bien, lorsque la relation de ce dernier fut publiée, et que les cartes qui l'accompagnaient furent gravées, que les lieux découverts
ou reconnus reçussent des noms; or on ne pouvait leur appliquer ceux que Flinders leur avait
donnés, puisqu'on ne les connaissait pas.

~~~~~~

VOYAGE

DE DÉCOUVERTES,

PAR JAMES GRANT.

(1800 A 1802).

———

On a vu plus haut qu'une partie de la côte méridionale de la Nouvelle-Hollande avait été découverte par le capitaine Grant. Ce navigateur partit de Portsmouth le 18 juillet 1800 sur le brig du roi *Lady Nelson*, qui ne portait que soixante tonneaux. La petitesse de ce bâtiment expédié pour la colonie de Port-Jackson, et chargé de reconnaître la côte de la Nouvelle-Hollande voisine du détroit de Bass, causa des désagrémens à Grant : on se moquait de son navire, auquel on donnait par dérision le nom de *boîte d'amadou du roi ;* les capitaines de l'escadre mouillée sur la rade de Portsmouth lui proposaient de le prendre à la remorque quand on serait à mer. Il ne fit que rire de ces plaisanteries ; mais le plus grave inconvénient fut que les matelots, effrayés de ce qu'ils entendaient dire, désertaient, et qu'il avait beaucoup de peine à les remplacer. Il surmonta heureusement ces difficultés, et s'acquitta de la mission dont on l'avait chargé. Le petit bâtiment était construit d'après un modèle nouveau ; indépendamment de la quille dont tous les navires sont pourvus, il en avait trois mobiles, que l'on faisait à volonté rentrer dans l'intérieur du bâtiment. Grant se louait beaucoup de cette invention.

Le 8 juillet il relâcha au cap de Bonne-Espérance, et se remit en route le 7 octobre. Le 3 décembre il eut connaissance de la côte méridionale de la Nouvelle-Hollande : elle était très-haute. Il nomma cap Banks et cap Northumberland, deux promontoires boisés qu'il vit les premiers, et ne perdit pas la terre de vue jusqu'au promontoire Wilson, déjà découvert par Bass : il aperçut des feux, mais ne put débarquer nulle part à cause de la violence du ressac. Le 16 il laissa tomber l'ancre à Port-Jackson ; et fut ainsi le premier navigateur européen qui eût traversé le détroit de Bass en venant d'Europe.

Un de ses canots ayant été volé quelque temps après, Grant apprit que le larron s'en était allé avec son embarcation du côté du Hawkesbury-River, fleuve qui a son embouchure à Port-Jackson. Il envoya un autre canot à sa recherche, et lui-même se mit en route à pied, afin de profiter de l'occasion pour visiter le Pittwater, qui se jette dans le Hawkesbury, et remonte dans l'intérieur en se divisant en plusieurs branches, autour desquelles les naturels se rassemblent pour pêcher.

« Je partis, dit-il, avec un soldat du régiment colonial, un de mes matelots et un naturel suivi de sa femme qui me servaient de guides. Le sentier que nous suivions était peu frayé, ainsi qu'il devait l'être dans un pays peu habité; d'ailleurs il présentait des points de vue très-pittoresques. Le soir il plut si fort, que nos guides nous firent faire halte près d'un bois, sous un rocher qui mettait à l'abri, ce qui avait fait nommer ce lieu *Gablegouny* (maison du rocher). Deux sauvages âgés y étaient assez près du feu; ils ne firent pas grande attention à nous : c'étaient deux médecins. Notre guide était venu probablement pour les consulter sur une blessure qu'il avait reçue au dos, et qui rendait sa respiration difficile. Les vieillards nous donnèrent des poissons; mais ils puaient tellement qu'il fut impossible d'en manger. Je leur offris en retour du pain, et nous nous séparâmes très-satisfaits les uns des autres.

« Ces sauvages nous avaient dit qu'un peu plus loin nous trouverions plusieurs de leurs compatriotes occupés à pêcher le long du rivage, où ils avaient élevé deux cabanes. Tout annonçait que la nuit serait noire et pluvieuse : je projetai de la passer, si cela se pouvait, dans une de ces caba-

nes; mais notre guide était si malade qu'il ne
semblait pas en état de nous accompagner. A sa
demande un des docteurs le remplaça. Je ne pus
m'empêcher d'observer combien ces sauvages ont
la vue et l'ouïe fines. En approchant des huttes,
nous trouvâmes deux pirogues sur la grève; puis
nous étant avancés à travers les buissons, la femme
me demanda si je voyais un homme noir, en
m'indiquant du doigt des broussailles plus éloignées. Je m'arrêtai, je regardai; l'obscurité m'empêcha de rien distinguer. Bientôt on nous adressa
la parole dans la langue du pays; le soldat répondit : le naturel qui nous avait hélés du milieu
des buissons nous conduisit aux cabanes. Il
était allé chercher du poisson dans les pirogues; nous ayant découverts pendant qu'il revenait, il déposa sa charge, et se mit en embuscade
pour reconnaître qui nous étions : la femme l'avait
aperçu dans ce moment. Ses camarades avertis
qu'il avait vu des étrangers, cachèrent leurs poissons, précaution qu'ils prennent toujours pour
n'être pas découverts. En général ces hommes
craignent beaucoup de marcher seuls pendant la
nuit, à moins que la faim, la jalousie ou la vengeance ne les y portent. Alors ils profitent du
sommeil de leurs compatriotes pour les voler, et
avec le *donal*, instrument fait d'un bois dur et

terminé en pointe, ils les clouent à terre pour satisfaire leur haine.

« Les cabanes étaient plus grandes et mieux construites qu'aucunes de celles que j'avais vues ; les sauvages y avaient employé le bois provenant d'un petit navire qui avait échoué sur la côte à peu de distance. Il y avait dans l'une trois hommes, quatre femmes et deux enfans ; et dans l'autre plus petite, un homme et sa femme. Les naturels tirèrent très-obligeamment de leur cachette plusieurs gros poissons, et les mirent sur le feu placé au milieu de la hutte ; ils étaient excellens, quoiqu'on les mangeât à demi-grillés. Harassés de fatigue, affamés et trempés, ce repas simple nous fit grand bien , à mes compagnons et à moi. Je reconnus en cette occasion que les vrais besoins sont aisément satisfaits, car je trouvai qu'il ne me manquait que du sel. Divers objets que j'avais sur moi excitèrent vivement la curiosité de ces bonnes gens : ils ne se lassaient pas d'admirer une tête en argent sculptée en relief à la culasse de mon pistolet ; les femmes et les enfans étaient surtout émerveillés du bruit de ma montre, qu'ils contrefaisaient pendant qu'ils la tenaient à leur oreille.

« Avant la pointe du jour, nous nous mîmes en route sous la conduite d'un de ces sauvages hospitaliers, qui était plus robuste et plus fort que ne le sont ordinairement les naturels de ce pays. Armé d'une lance, il marchait en tête. Arrivés près des rives du Narrôbaïne, il faisait à peine assez clair pour distinguer les objets ; notre guide nous dit qu'il voyait quelqu'un de l'autre côté. Bientôt nous reconnûmes qu'il avait raison, mais sans pouvoir reconnaître si c'était un naturel du pays, ou non. Interrogé là dessus, le sauvage répondit : non, ce n'est pas un noir, et il a un fusil. Je ne doutai pas que ce ne fût un des déportés, qui à cette époque s'étant emparés du sloop le *Norfolk* pour s'échapper, avaient été jetés sur la côte. Ils avaient eu l'audace d'attaquer et d'enlever un bateau expédié par un colon au Coal-River. L'abondance des pluies et la marée montante avaient rendu le Narrôbaïne trop gros et trop rapide pour que l'inconnu pût le traverser. Je l'appelai et lui demandai qui il était, et où il allait. Il me répondit qu'étant parti pour chasser le kangorou, il s'était égaré, et mourait de faim. Cette dernière circonstance acheva de me convaincre que c'était un des fugitifs, et je lui criai de s'arrêter, parce que nous allions traverser la rivière, et lui montrer un bon endroit pour la passer. Pendant que nous nous déshabillions, je dis à notre guide, qui était tout nu, d'arrêter cet homme s'il essayait de s'échapper, et de le percer de sa lance s'il faisait quelque résistance. La rivière était si profonde que le sauvage avait de l'eau jusqu'au menton ; et comme il était plus grand qu'aucun de nous, nous fûmes obligés de laisser nos habits sur le rivage, et de faire deux voyages pour empêcher nos fusils d'être mouillés ; ce qui ne fut pas aisé, car il fallut les tenir sur nos têtes. Le fond de la rivière était très-raboteux ; les rochers aigus nous coupaient les pieds et nous faisaient broncher : cependant nous abordâmes. Le pauvre diable se rendit à moi sans condition, en avouant qu'il était de la troupe qui s'était enfuie sur le *Norfolk*. Il se mourait de faim, et quand même il aurait réussi à traverser le Narrôbaïne, son extrême faiblesse ne lui aurait jamais permis d'arriver à Sidney. Son fusil, au lieu de lui être de quelque utilité, ne faisait que l'incommoder par son poids, car il ne pouvait servir. Ses jambes et ses pieds étaient couverts de plaies. Je recommandai à mes deux compagnons de l'aider à marcher jusqu'au Pittwater, où mon canot devait nous prendre : je lui donnai le peu de pain qui me restait ; un coup d'eau-de-vie acheva de le ranimer. Il me montra l'endroit où il avait passé la nuit, couché sur quelques branchages sous un arbre, et exposé à une pluie continuelle.

« Après une marche pénible nous fûmes avertis de l'arrivée de notre canot par le son d'un cornet ;

j'en avais apporté deux d'Angleterre , parce qu'ils sont très-utiles quand on veut traverser des bois non encore frayés : leur usage comme signal économise les munitions ; les-plus grands peuvent servir à porter de l'eau.

« J'étais convenu avec mes gens qu'ils remonteraient le Pittwater jusqu'à une certaine hauteur; mais comme ni l'officier qui commandait le canot ni moi ne connaissions cette rivière, et que nos guides n'étaient pas trop familiers avec le canton , j'eus recours au cornet. On me répondit du canot qui était à un mille et demi de distance.

« Mon officier avait cherché inutilement le canot volé. Dans l'endroit où nous le joignîmes, le Pittwater est très-large et se partage en plusieurs branches, ce qui rendit les recherches très-difficiles. Nous les continuâmes encore un peu plus haut; enfin nous parvînmes à un endroit où nous ne trouvâmes plus que de la vase. Je marchais avec mon lieutenant; nous fûmes singulièrement incommodés par une petite plante aquatique, dont les pointes perçaient à travers la vase, et par des coquilles d'huîtres, que la marée y avait amoncelées.

« N'ayant rien trouvé, nous prîmes le parti de retourner à Sidney ; d'ailleurs nous commencions à manquer de provisions, surtout de pain. Nous espérions retrouver les naturels que nous avions

rencontrés la veille près du Narrôbaïne. Celui qui
nous servait de guide avait probablement été at-
tiré par l'espoir d'obtenir du biscuit, que tous ces
sauvages aiment beaucoup. Comme la marée
n'était pas parvenue à toute sa hauteur, il nous
conduisait le long du rivage, sous les hauteurs où
nous avions voyagé dans la matinée. En passant,
il nous montra un antre où il nous dit qu'il était
né. Cependant la mer montait avec rapidité : nous
marchions sur des rochers ; les vagues venaient se
briser contre leurs bases ; de sorte que je craignais
que nous ne pussions pas franchir les difficultés
de la route : mais notre guide avançait toujours,
et quand le passage était pénible ou dangereux,
il nous indiquait avec sa lance les endroits où il
fallait poser les pieds, ou bien nous tendait la
main pour nous aider. Il se chargeait toujours de
quelques-uns de nos effets, surtout de mon manteau de bord. En un mot, pour rendre justice à
ce sauvage, je dois dire qu'il nous donna constamment des marques d'attention et d'obligeance.

« En arrivant à l'endroit où nous avions laissé
les naturels, nous ne les trouvâmes plus ; il était
près de trois heures après midi. Notre guide pressé
par la faim ne désirait pas moins vivement que
nous de les rencontrer ; il examina tous les sentiers,
et découvrit qu'il s'en étaient allés par celui où
nous avions vu deux pirogues sur le sable. Nous

courûmes à cet endroit : ils en étaient partis; nous nous mîmes à leurs trousses. Le sauvage nous fit traverser plusieurs halliers où sont sans doute leurs repaires; de temps en temps il poussait une espèce de hurlement , puis écoutait si on lui répondait. Enfin nous aperçûmes un feu allumé sur un monticule tout près du rivage , et bientôt des hurlemens se firent entendre à l'unisson de celui de notre sauvage. Un pourparler s'établit ; on lui apprit qu'à une certaine distance il y avait une autre troupe bien pourvue de poisson. En conséquence il nous conduisit au lieu où j'avais indiqué le rendez-vous à mon canot, me remit mon manteau et d'autres objets, et alla rejoindre ses compatriotes.

Nous avions depuis quelques momens marché dans l'obscurité ; la lune long-temps cachée par les nuages se montra ; sa lumière ne nous faisant pas découvrir ce que nous attendions , nous nous étendîmes à terre, quoiqu'elle fût mouillée par les pluies fréquentes qui avaient tombé toute la journée ; mais nous étions accablés de fatigue. Nous ne comptions plus sur le retour de notre guide affamé : quelle fut donc notre surprise lorsque trois quarts d'heure après son départ, nous entendîmes le son de plusieurs voix ! c'était notre premier guide et sa femme. Leurs compatriotes les avaient envoyés à notre secours. Ils nous apportaient un

poisson de quatre livres : certes c'était un trait
de bonté et d'amitié digne d'être raconté. Ces
braves gens nous dirent qu'ils avaient vu quelques instans avant la nuit un canot avec deux
blancs qui pêchaient à peu de distance de l'endroit où nous étions. Un de nous partit aussitôt
avec les naturels, pour nous l'amener : bientôt
il parut ; il portait un homme et un petit
garçon qui étaient allés plus au sud pour
pêcher. L'état incertain du temps les avait engagés à passer la nuit près de l'entrée du port,
afin d'être prêts à appareiller le lendemain de
bonne heure. Ils consentirent, moyennant une
légère rétribution, à nous transporter à l'île sur
laquelle le gouverneur m'avait permis de fixer ma
demeure.

« Il était minuit : mon canot n'arriva que le
lendemain à sept heures ; il avait recueilli un
autre fugitif, qui de même que le premier était
exténué de faim. En remettant ces deux hommes
au gouverneur, je l'instruisis du repentir dont ils
avaient paru pénétrés : pour l'exemple ils furent
jugés et condamnés à mort ; mais on leur fit
grâce. »

Le gouverneur ayant décidé que King irait reconnaître le détroit de Bass, qu'il avait traversé en
venant d'Angleterre, il partit le 8 mars 1801. Son
équipage ayant été licencié, à l'exception de deux

hommes, au moment de son arrivé à Port-Jackson, il l'avait remplacé par des condamnés libérés conditionnellement. Pour plus de sûreté, il prit quatre soldats à bord ; et comme il allait explorer des côtes inconnues, il fut accompagné d'un arpenteur et d'un botaniste, enfin d'Euranabie et de Vorogan sa femme, deux naturels du pays.

Il s'arrêta d'abord dans la baie de Jarvis, située à quelque distance au sud de Port-Jackson. Le canot qu'il avait envoyé reconnaître le mouillage revint avec un naturel ; c'était un homme de moyen âge, et plus robuste que ceux des environs de Port-Jackson. Son air de confiance annonçait qu'il avait eu de fréquentes communications avec les Européens. Il répétait souvent les mots *blunket* (couverture) et *woman* (femme), Cependant beaucoup de choses excitèrent sa surprise, surtout un miroir, dans lequel il vit sa figure; ses grimaces et ses gestes n'avaient pas de fin. Euranabie et sa femme attirèrent aussi son attention. Suivant la coutume de ces peuples, il se tint long-temps assis auprès d'eux sans leur rien dire; au bout d'une demi-heure, une grande familiarité s'établit entre eux. Mais pendant qu'ils gardaient tous deux le silence, les yeux de l'étranger n'avaient pas été oisifs ; la femme les avait fortement occupés : elle ne paraissait rien moins que belle aux

17 *

Anglais ; tous ces sauvages la trouvaient charmante. La difficulté que ces deux hommes eurent d'abord à se comprendre, indiquait qu'il existe dans ce pays , sur des points assez rapprochés, des différences de dialectes. Ils se montrèrent mutuellement les blessures qu'ils avaient reçues. L'étranger fit à Euranabie , au sujet de sa femme, des propositions que celui-ci rejeta, et elles l'intriguèrent sans doute, car il dit à Grant qu'il craignait bien qu'on ne la lui enlevât ; le capitaine le rassura complétement sur ce point.

Avant que le vaisseau eût laissé tomber l'ancre, il fut entouré de pirogues. Dans l'une était un homme , à qui sa barbe et ses cheveux blanchis par l'âge donnaient une figure intéressante ; ses compatriotes lui témoignaient du respect. Il ne voulut jamais monter à bord. Ceux qui y furent admis observant nos mentons ras , témoignèrent le désir d'avoir les leurs arrangés de même ; aussitôt on leur coupa la barbe avec des ciseaux. Comme aucun d'eux n'était peint, ainsi que le sont ceux des environs de Port-Jackson , Grant voulut savoir s'ils se barbouillent quelquefois ; on apporta donc de la peinture rouge , le premier qui l'aperçut demanda qu'on lui en mit sur le nez. Bientôt on peignit complétement le même homme de couleurs différentes ; il était ravi de cette bigarrure ; ses compatriotes n'en paraissaient pas moins enchantés que lui : tous quittèrent le vaisseau très-satisfaits.

Grant ayant débarqué avec Euranabie, les sauvages se rassemblèrent autour d'eux, et entamèrent avec celui-ci une longue conversation. Un vieillard lui ayant fait présent d'une massue, Euranabie accourut vers Grant, en le suppliant de le renvoyer à bord, parce qu'autrement les naturels le tueraient et le mangeraient. » J'eus de la peine à le croire, dit Grant, car je n'avais pas la moindre idée que ces hommes fussent cannibales ; toutefois pour rassurer Euranabie, je le fis ramener à bord. Sa conduite me surprit d'autant plus, qu'il avait montré le désir de m'accompagner à terre ; ensuite il ne me le demanda plus pendant tout le temps que nous restâmes dans cette baie, quoiqu'il aimât beaucoup à courir, de même que ses compatriotes.

« On tira la seine ; les naturels nous aidèrent volontairement dans cette opération ; on leur distribua la plus grande partie du poisson ; comme il en vint un plus grand nombre qui marquaient le désir d'en avoir aussi, je fis donner un nouveau coup de seine ; on leur abandonna toute la pêche. Il en arrivait toujours davantage, et je commençai à soupçonner qu'il y en avait beaucoup de cachés dans les buissons : cependant comme ils se mirent à danser et à pousser des cris de joie, je cessai de craindre qu'ils n'eussent des intentions hostiles. Ils étaient tous nus, à l'exception d'un jeune homme qui avait une touffe d'herbes attachée autour de la ceinture, et relevée par derrière comme la queue d'un kangorou. Il était vif et fort gai; il prit toutes sortes de postures singulières, et nous amusa beaucoup; je ne pus savoir si c'était pour nous divertir ou par fantaisie qu'il agit ainsi.

Le pays me paraissant devoir abonder en kangorous, je fis signe aux sauvages que j'allais chasser: l'un d'eux s'avança, et m'offrit ses services; mais étant entrés dans les bois, l'officier qui était avec moi tira un coup de fusil à un superbe perroquet; aussitôt notre guide saisi de frayeur décampa. Nous revînmes l'après-midi, et nous tuâmes plusieurs oiseaux qui se trouvèrent bons à manger. La chair des perroquets n'est pas non plus désagréable; elle a le goût de celle de nos pigeons: elle est même préférable pour son fumet, qu'elle doit sans doute aux graines dont ces oiseaux se nourrissent. Nous rencontrâmes dans notre promenade des habitations de naturels; ce ne sont que des branches d'arbres liées ensemble pour les mettre à l'abri du vent: il y avait à l'entour des os de quadupèdes, d'oiseaux et des arêtes. Dans une autre excursion, j'arrivai à un emplace-

ment bien situé , et qui semblait avoir servi aux
fêtes des naturels : j'y comptai quinze places différentes où l'on avait fait du feu ; parmi les ossemens
épars à l'entour, on ramassa un morceau de
crâne humain, plus loin une portion de mâchoire, et des vertèbres dorsales. Ces débris avaient
l'air très-frais ; d'après les informations que je
pris , il fut évident que ces os étaient ceux d'un
blanc. Un navire venant de l'Inde avait péri sur
cette côte un an auparavant ; un des naufragés
avait été dévoré par les sauvages : ces affreux détails furent donnés par deux naturels de la baie ,
et confirmés de la manière la moins équivoque.
Vorogan , femme d'Euranabie , me dit que les habitans des bois , qui paraissaient être d'une tribu
différente de ceux des côtes , mangeaient quelquefois de la chaire humaine , et elle m'expliqua
même la manière dont ils expédient leurs victimes.
Mais tous les naturels de ce pays sont-ils cannibales , et la pratique de manger de la chair
humaine est-elle habituelle? C'est ce qu'il est difficile de décider.

« Dans une troisième descente que je fis à
terre , je fus joint par plusieurs naturels qui marquaient le plus vif désir d'aller à bord avec nous.
Deux étaient des étrangers, qui nous firent entendre qu'ils venaient de très-loin pour nous voir,
et qu'ils avaient très-grand faim. Ils étaient jeunes

et robustes, et avaient les cheveux plus longs que les autres sauvages. »

Grant ayant terminé sa reconnaissance de la baie de Jarvis, fit route pour le détroit de Bass. Dans sa route il rencontra le navire *Britannia* venant d'Angleterre et allant à la pêche de la baleine; il était commandé par le capitaine Turnball.

Le 20 mars Grant eut connaissance du promontoire de Wilson; au-delà, en se dirigeant au nord-nord-ouest, la côte s'abaissait jusqu'au cap Liptrap. Grant entra dans le port Western; ses opérations y furent singulièrement contrariées par le mauvais temps. Le pays voisin était fertile et bien arrosé par des rivières; on ne vit pas un seul naturel. Il sema des graines de céréales et de plantes potagères, ainsi que des noyaux et des pépins sur une île située à l'entrée du port. C'est ainsi que dans les temps modernes les navigateurs s'efforcent de marquer leur route par des bienfaits.

Le 14 mai Grant fut de retour à Port-Jackson. Bientôt le gouverneur le chargea d'aller reconnaître au nord de la colonie l'embouchure du fleuve Hunter, qui avait reçu le nom de *Coal-River*, à cause de la quantité de houille que l'on avait trouvée sur ses rives. Grant emmenait sur son bâtiment le colonel Paterson, habile minéralogiste, des ouvriers et des charpentiers; il était accompagné de la goëlette le *Francis* : Bongari , un naturel, lui tint compagnie. Il fit voile le 10 juin; le 12 il était devant le fleuve , dont l'embouchure est par 32° 57′ sud.

Dès que l'on fut entré dans le fleuve , dont la bouche forme un vaste port bien abrité , Grant et le colonel allèrent à terre avec un mineur pour examiner les couches de houille. On ne tarda pas à les découvrir : elles étaient extrêmement riches; et on les voyait se prolonger le long des falaises d'une île située à l'ouest du port. Aussitôt on se mit à l'ouvrage; on ramassa d'abord le minéral sur un récif que la mer basse laissait à découvert; ensuite on perça un puits : le 26 juin le *Francis* fut chargé de houille et de bois de construction. On peut se faire une idée de l'abondance de la houille, quand on saura que la goëlette en emporta 800 quintaux , et qu'un seul homme fut employé à creuser la roche.

Le canton où l'on trouve la houille est dégarni de bois sur une étendue de plusieurs acres; il n'est tapissé que d'une herbe tendre et courte, excellente pour les moutons. Le terrain , qui s'élève en pente douce , est entrecoupé de vallées bien boisées et à l'abri du vent; on y jouit d'une vue délicieuse. Ce pays parut très-propre à y former un établissement pour les ouvriers des mines , et les coupeurs de bois.

Le mineur fit voir à Grant plusieurs veines de houille qu'il avait découvertes, et qui étaient d'excellente qualité. On trouva aussi dans les rochers des rognons de fer, qui accompagnent ordinairement la houille et sont d'un produit très-riche. Ainsi tout se réunissait pour annoncer que ce canton serait un jour d'une ressource immense pour la colonie.

Les naturels que l'on rencontra dans cet endroit furent peu nombreux. Un jour on en amena un à bord, qui appartenait à la classe qu'on appelle hommes des bois, et que l'on regarde comme inférieurs aux autres sauvages. Il était d'un certain âge ; ses bras et ses jambes n'étaient nullement proportionnés au reste de son corps ; la manière dont il monta l'échelle du vaisseau prouva qu'il était très-accoutumé à grimper : il étendait ses bras aussi loin qu'il pouvait ; ensuite au moyen d'un élan il faisait arriver ses pieds à la même hauteur. Personne à bord ne comprenait son langage : il rendait plutôt des sons qu'il n'articulait des mots ; et quoique ces sons fussent extrêmement discordans et rudes, ils avaient quelque chose de plaintif. Il ne lui manquait, contre l'usage des autres naturels de ce continent, aucune dent incisive : on ne put le résoudre à manger ni à boire ; vainement on lui présenta du sucre, supposant qu'il devait l'aimer, puisque les habitans des bois se nourrissent beaucoup du miel des abeilles sauvages. Grant était sur le point de le renvoyer à terre, puisqu'il ne voulait goûter de rien, et d'ailleurs paraissait indocile. Tout à coup cet homme aperçut une corneille qu'un Anglais avait tuée; il témoigna un vif désir d'avoir cet oiseau : on le lui donna; il le fit cuire un peu au feu de la cuisine et le dévora avidement, entrailles et tout. Quand il quitta le vaisseau, le colonel lui fit présent d'un casse-tête, dont il parut qu'il n'ignorait pas l'usage, quoiqu'il ne lui donnât aucun nom particulier, ce que l'on avait grande envie de savoir. Il le mit sous son bras et s'en alla. L'équipage du canot qui l'avait conduit à terre voulant avoir une preuve de sa dextérité à se servir de sa nouvelle acquisition, lui montra un arbre comme pour lui faire entendre qu'on souhaitait qu'il y grimpât; il comprit parfaitement ce qu'on voulait, et faisant avec son instrument une entaille dans l'arbre, il y plaça un de ses pieds, et continuant la même opération, il arriva promptement à la cime de l'arbre, qui était assez gros et n'avait pas de branches qui pussent l'aider à monter à une hauteur de quarante pieds. De cet arbre il sauta sur un autre, le long duquel il descendit; puis s'enfonçant dans les broussailles, on ne tarda pas à le perdre de vue. On rencontre souvent des arbres avec des entailles que les natu-

rels font par le moyen de haches de pierre. Comme
on ne connaissait pas encore parfaitement le pays,
l'apparition de cet homme sembla extraordinaire.
Les compagnons de Grant, qui résidaient depuis
long-temps dans la colonie, convinrent qu'ils n'a-
vaient jamais vu de naturel qui différât autant de
ceux qu'ils rencontraient habituellement. Il était
complétement nu, et n'avait pas de brochette de
bois passée à travers le cartilage du nez, comme
quelques-uns de ces sauvages en portent. Grant
lui trouva si peu de rapports avec l'espèce humaine, qu'il ne savait s'il devait le placer immédiatement au-dessus ou au-dessous des singes
dans la chaîne des êtres créés.

Indépendamment des riches mines de houille
que l'on avait découvertes à Coal-River, l'expérience
fit reconnaître que plusieurs arbres des environs
ayant le bois beaucoup plus léger que ceux du
voisinage de Port-Jackson, cette qualité les rendait propres à plusieurs usages pour lesquels les
autres ne pouvaient pas convenir. On scia plusieurs de ces arbres en morceaux de dimension
pour faire des avirons, emploi pour lequel le pin
de Norfolk n'est pas bon, parce que bien que plus
léger, il est si cassant, que souvent les avirons se
rompent.

Grant fit construire une grande maison pour
les mineurs, dont le travail avançait rapidement.

Le colonel avait remonté le fleuve jusqu'à une distance de quarante milles de son embouchure; Grant alla l'y rejoindre en canot. Le pays le long de ses bords était uni et marécageux; au-delà il offrait un aspect délicieux; le fleuve était sinueux, et pendant plusieurs milles très-large. Les marques que ses eaux avaient laissées sur les arbres indiquaient que souvent elles s'élevaient jusqu'à quarante et cinquante pieds. Grant pense que ces débordemens doivent provenir de lacs situés dans le voisinage des montagnes.

Le colonel s'était construit une baraque très-commode. Grant et plusieurs de ses compagnons remontèrent le fleuve pendant une trentaine de milles de plus; ils rencontrèrent plusieurs rapides, qui les obligèrent de mettre pied à terre, et de prendre leurs canots à la traîne. L'on n'avait pas encore vu un seul naturel; bientôt des traces de feu firent reconnaître différens endroits où ils avaient été; on en aperçut quelques-uns qui s'enfuirent lorsque l'on s'approcha d'eux. En avançant et en gravissant sur des terrains élevés, les voyageurs arrivèrent derrière la chaîne des collines qui s'étendent parallèlement à la côte du sud au nord; ils distinguèrent aussi la côte du Port-Stéphens, et la chaîne des monts de l'intérieur, qui se dirige au nord-est. Le pays entre eux et les hauteurs était parfaitement uni pendant plusieurs

milles , couvert d'arbres et de broussailles , et sui+
vant les apparences marécageux ; au sud du fleuve
il y avait beaucoup d'étangs.

Au point où l'on était parvenu , le fleuve dé-
crivait tant de détours , qu'en les suivant en canot
pendant toute une journée , l'on n'aurait pas
avancé au-delà de quatre à cinq milles en ligne
directe. Le temps fixé pour retourner à Sidney
avançait rapidement , et la reconnaissance à effectuer encore s'étendait à soixante-dix milles en
remontant le fleuve : on jugea qu'il était prudent
de ne pas aller plus loin.

En descendant le fleuve au-delà de l'endroit
où il avait laissé le colonel, Grant vit plusieurs naturels avec leurs pirogues. Lorsqu'il passa le long
de ces embarcations , il y laissa du biscuit ; il y
avait dans quelques-unes du feu allumé, et une
sorte de mets que ces sauvages nomment *cabra* ;
la vue en est dégoûtante, quoiqu'il ne soit pas désagréable au goût quand il est préparé. C'est une
espèce de vers qui s'engendre dans le bois sub-
mergé par l'eau, et qui devient très-gros ; il ne
tarde pas à réduire les pièces de bois les plus
grosses à l'état d'un rayon de miel. Il est d'une
substance glutineuse ; mais lorsqu'on l'a fait cuire
au feu, il acquiert la consistance de la moelle
épinière. Les naturels, s'ils n'ont pas du feu prêt
quand ils en prennent, les mangent tout crus.

J'en goûtai sur la recommandation d'un de mes compagnons , et je trouvai que ce n'était pas mauvais; et la faim tenant lieu d'assaisonnement, on peut dire que l'on est souvent réduit à une cuisine plus chétive.

L'on eut des rapports avec les naturels qui furent extrêmement tranquilles, et se montrèrent très-satisfaits des plus minces objets qu'on leur donna. Le peintre en dessina plusieurs, qui se prêtèrent volontiers à prendre les attitudes qu'on leur indiquait. Grant observe que tous les naturels de la Nouvelle-Hollande sont tout fiers de se voir dessinés.

Les provisions devenaient rares ; il n'en arrivait pas de la colonie ; Grant et son détachement songèrent à y retourner. L'établissement fait pour les mineurs les mettait parfaitement à l'abri des injures du temps ; on leur laissa une seine , des armes, des munitions et des outils. Ensuite on quitta le Coal-River le 22 juillet ; on mouilla le 23 à Port-Jackson.

Le principal objet du voyage de Grant à la Nouvelle-Galles méridionale ayant été effectué , il ne fut pourtant pas récompensé de ses services comme il le méritait ; ennuyé des contrariétés et des mortifications qu'il éprouvait , il prit le parti de dire adieu à la colonie , et en conséquence s'embarqua sur un navire que l'on expédiait au cap de Bonne-Espérance avec une cargaison de houille, de mâts, d'espares et de vergues. Ainsi ce pays inculte et sauvage quelques années auparavant, était déjà en état d'exporter des productions de son sol. Quoi que l'on en ait pu dire, l'homme civilisé est plus utile sur la terre que l'être grossier et brut qui ne sait que consommer et détruire.

Grant partit du Port-Jackson le 9 novembre 1801; on alla par le sud de la Nouvelle-Zélande et du cap Horn. Au commencement de janvier 1802 on eut connaissance de la Terre du Feu; les vents empêchèrent de passer par le détroit de Lemaire; on laissa la terre des états à gauche, et le 12 on mouilla dans la baie de l'Espérance, ou le petit port de l'ouest des îles Falkland. On y trouva un bâtiment des Etat-Unis de l'Amérique; il allait à la Chine porter une cargaison de peaux de phoques tués sur ces îles écartées. Le capitaine apprenant que les Anglais étaient à court de buiscuit, leur en offrit très-obligeamment, quoiqu'il eût encore une longue route à parcourir. Ce marin fit connaître à Grant une propriété de la pomme de terre mangée crue : c'est d'être un antiscorbutique excellent. Encouragé par son exemple, Grant en goûta, et trouva qu'il avait pris des médecines plus désagréables. L'Américain en avait planté un jardin dans l'île ; ses compatriotes qui la visitaient suivaient le même usage : ainsi l'on pouvait espérer que cette plante pourrait finir par s'y reproduire, et offrir une ressource aux naviga-teurs qui fréquenteraient ces parages.

On s'éloigna le 27 janvier des îles Falkland : l'on fut pris par les calmes ; la traversée se prolon-gea d'une manière désolante. On avait compté que l'on aborderait le cap de Bonne-Espérance dans les premiers jours de mars, et avant ce terme les provisions devinrent rares : pour surcroît de malheur, les pièces à eau commencèrent à fuir ; on perdit une partie de la provision. Avant la fin de février on manqua entièrement de pain. On se voyait donc à la veille de périr de faim et de soif. La Providence vint au secours de ces infor-tunés. Ils rencontrèrent un vaisseau qui leur fournit généreusement des vivres. Bientôt les calmes les replongèrent dans la même misère à laquelle ils venaient d'échapper. Le temps devenu plus chaud rendit la rareté l'eau extrêmement pénible. Enfin leur bonne étoile leur fit trouver sur leur chemin un navire américain qui allait aussi au Cap ; il leur envoya de la viande et du biscuit : comme il tenait la mer depuis long-temps, il n'avait pas plus d'eau qu'il ne lui en fallait, et ne put par conséquent en donner qu'une petite quantité aux Anglais ; mais il le fit de bon cœur.

Ennuyé de son navire, Grant passa sur l'améficain. Il croyait arriver dans quarante-huit heures au Cap; les calmes le retinrent encore pendant dix jours, et il put à son tour secourir le vaisseau qu'il avait quitté. Enfin le 1ᵉʳ avril on laissa tomber l'ancre dans la rade du Cap. Le 12 Grant s'embarqua pour l'Angleterre, où il arriva heureusement.

VOYAGE

DE J. H. TUCKEY,

POUR ÉTABLIR UNE COLONIE

AU PORT PHILLIP DANS LE DÉTROIT DE BASS.

(1803 et 1804.)

DANS les premiers temps de l'établissement de la colonie à Port-Jackson, le gouvernement britannique n'employait que des navires marchands, qu'il frétait pour transporter les déportés à la Nouvelle-Galles du sud. La paix conclue à la fin de 1801 ayant laissé plusieurs bâtimens sans emploi et beaucoup d'officiers ainsi que des matelots sans occupation, on pensa qu'il serait plus économique et plus avantageux, sous tous les rapports, de faire servir des bâtimens de l'état pour cette opération. En conséquence on en expédia plusieurs, et entre autres le *Calcutta*.

Depuis la découverte du détroit de Bass, le gouvernement avait songé à établir une colonie à

IV.   18 *

son entrée occidentale, tant pour empêcher toute nation rivale de se fixer sur cette côte, que pour offrir un point de relâche commode est sûr aux navires qui faisaient la pêche des phoques dans le détroit. Le port Phillip, situé sur la côte septentrionale du détroit, ayant été représenté comme possédant tous les avantages qui devaient le faire choisir, il fut désigné pour l'établissement projeté. L'*Océan*, gros navire marchand, fut adjoint au *Calcutta* pour porter les provisions et les munitions, ainsi que des officiers civils et militaires, et les colons avec leurs outils et leurs meubles. Quant au *Calcutta*, il n'était chargé que de déportés, d'une partie des munitions et des effets, et de divers objets destinés pour Port-Jackson.

Le 26 mars 1803 les deux vaisseaux partirent de Portsmouth. Après avoir relâché à Rio de Janeiro en juillet, ils poursuivirent leur route; mais quelques jours après avoir quitté ce port, le *Calcutta* fut obligé de se séparer de l'*Océan*, qui par sa mauvaise marche aurait trop retardé son voyage : il toucha ensuite au cap de Bonne-Espérance. Le 10 octobre on eut connaissance de l'île King, dans le détroit de Bass : le temps était menaçant, tout annonçait un ouragan; il eut lieu pendant la nuit; heureusement le *Calcutta* avait pu se mettre assez au large pour n'avoir rien à craindre. En arrivant au port Phillip, on fut sur-

pris d'y apercevoir un bâtiment ; c'était l'*Océan*
que l'on croyait encore bien loin en arrière.

« La semaine qui suivit notre arrivée, dit
Grant, fut employée à chercher un lieu convenable pour y placer l'établissement. Comme il
était surtout important qu'il fût d'un accès facile
pour les vaisseaux, l'on examina d'abord le rivage près de l'entrée du port ; quel contre-temps !
il n'y coulait pas une goutte d'eau douce, et de
plus le sol y était si sablonneux et si léger, que
l'on ne pouvait pas espérer d'y rien cultiver avec
succès. Toutefois, comme il fut décidé que l'on
débarquerait les passagers, on choisit une anse
à huit milles de l'ouverture du port où l'on
s'était procuré de l'eau passable en enfonçant des
barriques dans un ruisseau. On y établit donc un
camp, et le 16 les soldats de la marine et les déportés furent mis à terre ; en même temps les
deux navires commencèrent à y envoyer leur
cargaison.

Dans les premiers jours du débarquement, des
officiers eurent une entrevue avec les naturels qui
vinrent au-devant des canots ; ils étaient entièrement nus ; ils ne donnèrent pas le moindre signe
de crainte. On leur fit présent de couvertures, de
biscuit et d'autres objets ; ils s'en allèrent contens,
et fort tranquillement, excepté que l'un d'eux,
épris d'un bardis du canot, s'en empara et le jeta

derrière les buissons. Afin de lui faire comprendre qu'il avait mal agi, on leur ôta les couvertures qu'on leur avait données, et on leur fit entendre qu'on ne les leur rendrait que lorsqu'ils auraient restitué la planche : ils montrèrent de la répugnance ; cependant ils finirent par la rapporter.

Quoique les environs de l'entrée du port n'offrissent pas une position adaptée à l'établissement d'une colonie, on espérait d'après sa vaste étendue, puisque son extrémité se perdait dans l'horizon, y trouver des emplacemens convenables. Tuckey fut chargé d'en faire la reconnaissance ; d'après son rapport, le pays qui entoure le port est extrêmement pittoresque. Il s'élève en coteaux, dont les pentes douces sont couvertes de la plus brillante verdure, et parsemées d'arbres qui semblent avoir été plantés par la main du goût, tandis que le sol est émaillé d'une profusion de fleurs de toutes les couleurs : en un mot, l'aspect du pays fit naître les idées les plus décevantes de fertilité ; mais un examen plus attentif fit voir que partout, excepté dans quelques endroits où la marne est mêlée avec la terre végétale, le sol est sablonneux ; sa couleur noire ne provient que des cendres de l'herbe, à laquelle les sauvages ont l'habitude de mettre le feu. La proportion du sable varie, et dans quelques coins le terrain est peut-être assez fort pour produire des plantes potagères et même du maïs; mais à l'exception d'un petit nombre d'acres situés au fond du port, aucun emplacement à cinq milles de distance de la côte ne donnerait des récoltes ni de froment, ni de tout autre grain qui demande un sol frais ou très-bon. On rencontre sur quelques-unes des éminences les plus élevées le sable aride de la mer qui ne nourrit que des bruyères et des fougères. Les bases des collines ne consistent qu'en granit grossier qui s'y montre à tous les degrés de formation, depuis des grains qui adhèrent à peine ensemble, et entre les doigts se réduisent en sable, jusqu'à la roche parfaite qui défie presque le ciseau.

La rareté de l'eau est un des grands désavantages de ce port. On aperçoit des traces de courans d'eau dans les gorges entre les hauteurs; mais à cette époque ils étaient la plupart desséchés. Des étangs d'eau douce, épars autour du port, ne sont que les écoulemens des marais; et comme elle y est stagnante, elle est fortement imprégnée de substances végétales en décomposition.

A vingt-huit milles de l'entrée, un ruisseau d'eau douce se jette dans le port à sa rive orientale, après avoir traversé un vaste marais; il paraît former une branche d'une grande rivière qui est à l'extrémité septentrionale du port, et que le mauvais temps ne permit pas d'examiner. Le lit de ce ruisseau était couvert de mica feuilleté, que les matelots prirent d'abord pour de la poudre d'or; ils s'imaginaient déjà avoir découvert un nouveau pays d'Eldorado.

La rive occidentale du port offre une grande lagune, trop peu profonde pour que les petits canots puissent y entrer, si ce n'est de mer haute : dans différens endroits on trouve des lagunes d'eau salée, où les oiseaux aquatiques abondent.

Les arbres dans une étendue de cinq milles autour du rivage ne sont en général bons que pour les ouvrages de marquetterie; d'ailleurs ils ne sont pas serrés, et le pays est entièrement dégagé de broussailles, excepté dans les marais, qui sont toujours couverts de buissons impénétrables Les autres arbres, tels que les eucalyptus et une espèce de pin, sont clair-semés : quelques-uns parviennent à de très-grandes dimensions; et s'ils étaient sains, conviendraient certainement pour la construction des vaisseaux. La légèreté et le peu de profondeur du sol sont cause que les arbres poussent leurs racines horizontalement, et ne tenant pas fortement au terrain, sont aisément renversés, en nombre considérable, dans les coups de vent violents.

On trouva beaucoup de céleri et de panais sauvage, de cochlearia et de criste marine, que l'on mit dans la marmite; il n'y avait de fruits bons à manger que les cônes d'un grand arbre, qui étant verts, ont une acidité très-agréable, et une petite baie, qui est aussi à Port-Jackson. Les quadrupèdes sont les kangorous, qui pèsent de cinquante à cent cinquante livres, le chien du pays, l'opossum, l'écureuil volant et le rat des champs.

Les oiseaux aquatiques, tels que les cygnes noirs, les canards, les sarcelles, les cormorans, les pélicans, les goëlands, les huîtriers, les hérons, les courlis et les bécassines couvrent les lagunes et les rivages. On remarque parmi les oiseaux terrestres, l'aigle, la corneille, le corbeau, la caille, le pigeon aux ailes bronzées, et plusieurs belles espèces de perroquets, notamment le grand cacatoes noir. On trouva des œufs d'emeu. On observa trois espèces de serpens qui parurent venimeux. Les insectes sont innombrables; quelques-uns sont très-beaux : les marais sont habités par des légions innombrables de moustiques très-gros; et de même que dans les pays peu habités, les mouches communes y sont aussi incommodes qu'eux; les guêpes sont également très-communes : on ne vit pas d'abeilles.

Quant aux poissons, ils sont si rares, qu'ils ne fourniraient pas une ressource dans un temps de disette : peut-être l'abondance des requins nuit-elle à la multiplication des autres poissons. Les rochers en dehors du port sont fréquentés par des phoques ; il y a beaucoup de coquillages, ainsi que des homards, et de grandes écrevisses.

Comme les métaux, de même que la pierre calcaire, la houille et l'argile étaient de la plus grande importance pour la colonie future, on les chercha avec attention ; on trouva de grandes masses de minerai de fer qui parut très-riche. Tuckey suppose que les naturels en pulvérisant cette pierre, se procurent la terre rouge dont ils se barbouillent le visage. On rencontra de la pierre calcaire ; mais on ne découvrit pas de houille : l'argile était plus ou moins mêlée de sable ; dès qu'on enlevait la surface de la terre, on voyait presque partout un grès jaunâtre, tendre et friable.

On n'eut pas assez de temps pour juger de l'effet du climat sur les habitans ; les vicissitudes de la chaleur et du froid étaient très-grandes, car le thermomètre variait dans le même jour de 50 à 96° (7° 99 à 28° 42) depuis le lever du soleil jusqu'à son coucher : le 19 et le 21 octobre, il gela assez fort au fond du port. Les vents du nord-ouest, qui soufflent par rafales violentes, produisent des effets aussi désagréables que le sirocco du levant : heureusement ils durent rarement plus d'une heure ; ensuite ils retournent au sud-ouest par un orage de tonnerre, d'éclairs et de pluie.

La rive nord-ouest du port, où une plaine s'étend à perte de vue, paraît être la plus peuplée. A peu près deux cents naturels s'y rassemblèrent autour des canots; leurs intentions étaient si évidemment hostiles, qu'il fallut avoir recours aux armes à feu : un de ces sauvages fut tué, et deux à trois furent blessés. Auparavant l'on avait eu plusieurs fois des entrevues amicales avec eux dans différens endroits, et l'on avait cherché à les fortifier dans leurs bonnes dispositions par des présens de couvertures et de grains de verroterie. Ils semblaient connaître parfaitement l'usage des armes à feu; et comme à leur vue seule ils paraissaient saisis de frayeur, on les leur cachait. Cette dernière rencontre, qui se termina inopinément de la manière la plus fâcheuse, avait de même commencé de la manière la plus tranquille. Trois naturels sans armes vinrent aux canots; on leur donna du poisson, du biscuit et des couvertures. N'appréhendant rien de trois sauvages nus et dénués d'armes, Tuckey continua sa reconnaissance avec un canot, pendant que l'équipage de l'autre resta sur le rivage pour préparer le dîner et faire la provision d'eau. Dès que la première embarcation fut hors de vue, les trois Indiens s'en allèrent, et en moins d'une heure revinrent avec quarante de leurs compatriotes, conduits par un chef qui paraissait jouir de beaucoup d'autorité. Cette troupe se partagea aussitôt; les uns attirèrent l'attention des hommes qui avaient soin de la tente, tandis que les autres entourèrent les canots, les avirons, les mâts, et les voiles desquels on avait fait usage pour dresser la tente. Leur intention de piller était manifeste; tous les efforts de l'équipage furent inutiles pour les empêcher de s'emparer d'un casse-tête, d'une hache et d'une scie. Dans cette situation, il était impossible au canot de s'échapper, tout ce qui lui appartenait se trouvant à terre : on jugea donc convenable de temporiser, et d'attendre le retour de l'autre canot, sans avoir recours aux armes à feu, si l'on pouvait l'éviter. En conséquence on gratifia les sauvages de biscuit, de viande et de couvertures ; mais cette condescendance ne fit qu'accroître leur audace; leur nombre s'étant accru par l'arrivée de deux nouvelles troupes, se montait à plus deux cents. Dans ce moment critique l'autre canot arriva en vue, et apercevant de la foule et du tumulte autour de la tente, s'avança avec toute la promptitude possible. En approchant du rivage, on remarqua aussitôt l'air extraordinairement martial des naturels ; et comme ils paraissaient être entièrement maîtres de la tente, on conçut des craintes sérieuses pour l'arpenteur et deux matelots que l'on ne vit pas dans le canot. Dans le moment où l'on enlevait le grappin du canot du lieutenant pour l'empêcher de toucher, un des naturels saisit le contre-maître qui commandait l'autre canot, et le tint serré dans ses bras; à l'instant un cri général de « feu! feu! monsieur, pour l'amour de Dieu, » fut adressé au lieutenant par tous les hommes qui étaient à terre. Tuckey espérant que le bruit suffirait pour intimider ces sauvages, tira deux coups de fusil par-dessus leurs têtes : ils eurent l'air de s'arrêter pendant un moment, et quelques-uns se sauvèrent derrière les arbres; mais ils revinrent tout de suite en frappant des mains, et poussant des cris affreux. Alors il fallut bien faire feu sur eux avec quatre fusils de munition et des fusils de chasse; des hurlemens bien différens de leurs clameurs précédentes donnèrent lieu de supposer que beaucoup avaient été blessés. Cette décharge répandit parmi eux une terreur panique; et laissant leurs manteaux derrière eux, ils s'enfuirent de tous côtés au milieu des arbres.

On supposait que cette affaire se serait terminée là : en conséquence Tuckey ordonna d'abattre la tente, et de se préparer à quitter le territoire de voisins si désagréables. Tandis que l'on s'en occupait, on aperçut une troupe nombreuse qui se rassemblait de nouveau derrière une colline, au pied de laquelle la tente était placée. Les sauvages formant un corps très-serré, s'avancèrent jusqu'au

bord de la hauteur: tous étaient armés de zagaies;
quelques-uns qui paraissaient être les serviteurs
des autres portaient des paquets de ces armes.
Arrivés à trois cents pieds des Anglais, ils firent
halte, et le chef avec un serviteur descendit vers
la tente, et parla avec beaucoup de véhémence,
en tenant une très-grande zagaie de guerre dans
la position de la lancer. Tuckey qui désirait de ré-
tablir la paix, s'il était possible, posa son fusil à
terre, et s'avançant vers le chef, lui présenta des
manteaux, des colliers et des zagaies qui avaient
été laissées en arrière dans leur retraite. Le chef
prit son manteau et son collier, et remit les autres à son serviteur. Pendant tout ce temps, son
visage et ses gestes annonçaient plus la colère que
la peur, et sa zagaie semblait être à chaque instant sur le point de se détacher de sa main. Quand
tous les manteaux eurent été rendus, le corps
posté sur la colline descendit en poussant des
cris horribles et brandissant la zagaie. Tuckey fit
sur-le-champ mettre sa troupe en ligne, et ordonna de mettre les fusils en joue; en même
temps il tenta un dernier effort auprès du chef,
pour le convaincre que si ses gens continuaient à
avancer, on tirerait sur eux. Ces menaces ou ne
furent pas bien comprises, ou furent méprisées; et
les Anglais jugèrent absolument nécessaire, pour
leur sûreté, de faire sentir à ces sauvages la puis-

sance de leurs armes, avant qu'ils fussent assez
près pour les blesser de leurs zagaies. Un de ceux
qui étaient en tête paraissait le plus violent : on
résolut d'en faire un exemple. Trois coups de fusil
lui furent tirés à cent cinquante pieds de distance ; deux l'atteignirent ; il tomba roide mort.
Le chef s'étant retourné au bruit, et l'ayant vu
abattu, s'enfuit précipitamment au milieu des
arbres ; la déroute devint générale, et le cadavre
fut laissé en arrière.

On distinguait aisément parmi ces sauvages des
différences de rang, fondées très-probablement
sur des qualités personnelles et sur les avantages
extérieurs. Le chef l'emportait à cet égard sur tous
les autres ; il était grand, robuste et bien proportionné, et avait l'air hardi et imposant. La première fois qu'il s'approcha des canots, il était
porté sur les épaules de deux hommes, et entouré
de toute la troupe qui hurlait et frappait des
mains. Indépendamment de son manteau, qui ne
se distinguait que par sa dimension plus grande,
il portait un collier de roseaux et de cheveux en-
trelacés. Sa tête était ornée d'une couronne faite
de plumes d'ailes de cygne, très-artistement ar-
rangées ; ce qui produisait un effet très-agréable.
Le visage de plusieurs de ces hommes était
peint en rouge, en blanc et en jaune ; d'autres
avaient un roseau ou un os qui leur traversait la

cloison du nez, et dont la longueur augmentait peut-être en proportion du rang de l'individu ; car ce bijou chez le chef avait au moins deux pieds d'un bout à l'autre. Tous ces hommes portaient des cicatrices longitudinales aux épaules, pour parure ; l'un d'eux avait le visage marqué de petits trous profonds, comme de la petite vérole, quoique cette maladie ne fût pas connue à la Nouvelle-Hollande.

Quelques-uns de ces sauvages étaient si affreusement sales, que l'on ne pouvait les regarder sans dégoût, tandis que d'autres étaient fort propres. Les premiers laissaient croître dans toute sa longueur, leur barbe qu'ils ont extrêmement touffue; les derniers l'avaient rasée de très-près avec un instrument tranchant, probablement une coquille.

Le seul vêtement dont ils font usage pour se mettre à couvert du froid de l'hiver, est un manteau carré de peaux d'opossum, artistement cousues ensemble, et jeté négligemment sur leurs épaules; le côté de la chair, qui est porté en dedans, est marqué de lignes parallèles formant des carrés, des losanges, etc. et quelquefois offrant des figures humaines grossièrement dessinées dans l'attitude de danser.

Ils ont pour armes la zagaie, qu'ils lancent, comme ceux de Port-Jackson, à l'aide d'un morceau de bois; leurs boucliers sont d'un bois dur très-proprement sculpté ; leurs zagaies de guerre sont barbelées avec des morceaux de spath blanc, ou des dents de requin fixées avec de la résine : à une certaine distance, elles doivent être très-dangereuses. Leurs harpons sont garnis à la pointe d'une dent de kangorou : ils s'en servent pour darder les raies qui nagent dans des eaux basses. On ne leur vit ni hameçons, ni d'autres instrumens pour pêcher dans des eaux profondes. On trouva au fond du port de méchantes pirogues en écorce.

Leur nourriture consiste principalement en coquillages. Leur habileté pour se procurer des alimens plus substantiels semble bornée à la construction de piéges grossiers, qu'ils placent sur les pointes qui s'avancent dans le port, et où les oiseaux aquatiques se prennent le soir en venant se reposer. La rareté des vivres doit souvent réduire ces hommes à de grandes extrêmités ; s'ils quittent le voisinage de l'eau, ils n'ont pour subsister, que des lézards, des vers de bois, et quelques opossums qu'il leur est possible de tuer ; car le kangorou, par sa finesse et par l'agilité de ses mouvemens, paraît être hors de la portée de leurs armes ou de leur adresse. On fut confirmé dans cette opinion en ne voyant pas une seule peau de ces animaux parmi ces sauvages, et on supposa que les os dont leurs harpons étaient armés, sont

ceux des kangorous morts naturellement. On leur
vît manger des lézards, des vers de bois, et un grand
ver qui s'engendre dans les eucalyptus ; ce dernier est pour eux une véritable friandise. Ils dé-
voraient avec avidité le biscuit, le bœuf et le
poisson que les Anglais leur donnaient ; ils en
avalaient de gros morceaux sans les mâcher ;
comme s'ils eussent craint qu'on ne les leur enlevât. Jamais on ne put les engager à boire du
vin, de la bière, ou des liqueurs ; l'odeur de
celles-ci les rebutait ; on leur fit goûter du
punch doux ; ils le crachèrent avec des marques
de répugnance. Ils mâchent les feuilles vertes de
différens arbres, dont quelques-unes ont une sa-
veur légèrement astringente, et un goût aroma-
tique.

Des voyageurs précédens avaient déjà observé
que les huttes de ces sauvages sont les plus sim-
ples et les plus misérables que l'on puisse imaginer ; elle servent uniquement à les mettre tem-
porairement à l'abri des intempéries de l'air. Elles
sont en branchages posés obliquement, et ouvertes d'un côté qui est toujours sous le vent. Si
un arbre est tombé dans le voisinage, il sert ordinairement à soutenir la cabane, et quelquefois
quand ils ont de l'herbe grossière à portée, ils
l'entrelacent avec les branchages. Ils font le feu
à l'entrée de la hutte, et si le vent vient à chan-

ger, il faut à l'intant le placer ailleurs. On n'eut pas l'occasion de remarquer comment ils allumaient le feu, parce que le troupes que l'on vit avaient toujours avec elles des brandons, qui avec un peu d'herbes sèches produisaient dans l'instant une flamme ardente.

La seule trace de société que l'on aperçut, fut un groupe de cinq cabanes ; un puits d'eau saumâtre, situé dans les environs, avait peut-être été le seul motif de ce rapprochement. On ne put guère deviner comment ces sauvages s'y prenaient pour se procurer de l'eau ; car malgré l'examen le plus attentif, on n'en trouva pas une goutte à plusieurs milles de l'endroit où leurs huttes étaient construites.

Un squelette humain que l'on rencontra à trois pieds sous terre, en creusant pour avoir de l'eau, fit connaître la manière dont ils disposaient de leurs morts ; son état de détérioration prouvait qu'il avait été enterré long-temps avant l'arrivée des Européens dans ce port.

Le seul meuble de ménage qu'on leur vit, fut un panier de paille assez artistement fait. Leur seule manière d'apprêter les mets est de les faire griller. Ils ne mettent pas une grande délicatesse à cette opération, car souvent les poissons que les Anglais leur donnaient étaient à l'instant placés devant le feu, puis dévorés sans être vidés ni

19*

nettoyés. Ils recevaient les couvertures avec beaucoup de plaisir ; cependant plusieurs de ceux qui
en avaient été gratifiés, étant revenus voir les
Anglais, les laissaient toujours en arrière, et se
présentaient grelottans de froid. Cette manœuvre
avait peut-être pour but d'obtenir un nouveau
don, à moins qu'on ne suppose qu'ils en avaient
fait présent à leurs femmes, ce qui impliquerait
un degré de civilisation dont ils sont à une distance immense. Dans leurs premières entrevues,
ils semblèrent dépourvus de toute espèce de curiosité ; et contemplèrent la personne et les canots des Anglais avec une indifférence stupide :
ensuite leur conduite annonça que l'utilité de
beaucoup d'objets les avait frappés ; et enfin la
crainte seule les empêcha, plus que toute idée de
juste ou d'injuste, de s'approprier ces choses qui
leur avaient paru si précieuses.

Les naturels de cette partie de la Nouvelle-Hollande ne semblent pas différer beaucoup de ceux
des environs de Port-Jackson. La ressemblance
des traits indique l'identité de l'origine : les
mœurs, les usages, tout en un mot, offre un
rapprochement complet ; on ne remarque de différence que dans le langage et dans la coutume
de faire sauter une dent incisive de la mâchoire
supérieure, qui n'existe pas chez les Indiens du
Port Phillip. On n'aperçut qu'une femme à qui

les hommes dirent de se retirer, lorsque les Anglais s'approchèrent. On reçut la visite d'un jeune
garçon, dont la conduite donna lieu de penser qu'il
n'existait pas chez ce peuple un grand degré de
subordination, fondé sur la différence des âges ;
car il était plus bavard et plus importun qu'aucun
des hommes faits.

« A notre arrivée au Port Phillip, dit Tuckey,
le pays sauvage dont nous étions environnés
offrait le tableau d'une solitude paisible. Les
hommes contemplatifs ou mélancoliques y auraient trouvé une retraite où rien n'aurait troublé
leurs rêveries. Souvent dans la soirée je me pro-
menais dans les bois; on n'y entendait pas le bruit
le plus léger ; on ne peut se faire une idée d'un
silence aussi complet : il n'était interrompu que
par la voix de quelques oiseaux, et par le doux
murmure d'un vent léger. Les sentiers frayés par
les sauvages, ou les cendres de leurs feux éteints
indiquaient seuls l'existence de créatures humaines dans ces lieux. Dans le cours de quelques
semaines, la scène éprouva un changement considérable : des routes furent ouvertes dans les forêts pour le passage des voitures qui transportaient
les pièces de charpente ; les cabanes des bûche-
rons furent élevées sous des branches des arbres
gigantesques qui leur servaient d'abri ; le bour-
donnement de leur voix et le bruit de leurs ha-

ches qui retentissaient dans les bois annonçaient
les mouvemens de l'industrie sociale et les travaux
de la civilisation.

« Quelquefois assis sur l'affût d'un canon, à la
tête du camp, je contemplais avec des sensations
alternatives de pitié, de rire et d'étonnement, le
spectacle que j'avais devant moi. Quand je voyais
tant de mes semblables, dont quelques-uns étaient
déchus d'un rang dans la société égal ou supérieur au mien, et abaissés par leurs vices au niveau
de ce qu'il y a de plus bas dans l'espèce humaine;
quand je les apercevais nus marchant dans l'eau
jusqu'aux épaules pour décharger les bateaux,
tandis qu'un soleil brûlant frappait de ses rayons
à midi leurs têtes découvertes, ou attelés à une
voiture qui portait du bois, et dont les roues s'en-
fonçaient jusqu'à l'essieu dans le sable, je ne con-
sidérais que la position de ces malheureux accablés
par la fatigue, et le souvenir de leurs vices dispa-
raissait pour un moment devant la grandeur de
leur punition : je m'écriais avec enthousiasme
que la liberté seule donne des charmes et de
l'agrément à la vie, et que sans elle nous ne
sommes sur la terre que comme des plantes sauvages.

« D'un autre côté quand je regardais l'aspect
vivant du camp, les occupations des femmes et
les embarras plaisans dans lesquels les jetait à

chaque instant la nouveauté de leur situation, je souriais, et admirant intérieurement la souplesse de notre esprit qui nous met en état de nous accommoder aux vicissitudes de la fortune, j'avouais que l'orgueil de l'indépendance et la vive sensibilité de la prospérité, semblables aux caractères tracés sur le sable, sont bientôt effacés par le torrent des circonstances malheureuses. Ce qui jadis paraissait plus précieux que la vie même, la vertu des femmes s'affaiblit par dégrés, et finit par être sacrifié à l'agrément actuel; tant est vraie l'exclamation du poëte que le besoin rendrait parjure la vestale pure jusqu'alors.

« Enfin quand je réfléchissais aux motifs du mouvement qui m'entourait; quand je comparais la puissance, l'adresse et les ressources de l'homme civilisé avec la faiblesse, l'ignorance et les besoins du sauvage qu'il venait déposséder de sa terre, je reconnaissais la grandeur immense de l'intelligence humaine, et je me sentais pénétré de gratitude pour la faible portion qui m'en avait été départie. Ces pensées me conduisaient naturellement à la contemplation des événemens possibles. Je voyais une seconde Rome s'élevant du sein d'une réunion de bandits; je la voyais donnant des lois au monde, et fière de sa supériorité dans les armes et dans les arts, regarder avec

dédain les nations barbares de l'hémisphère septentrional. »

C'était fort beau de se livrer ainsi aux rêves de
son imagination ; mais si jamais un empire puis-
sant doit s'élever sur les côtes arides de la Terre
Australe, ce n'était pas sur celle où l'on avait débarqué, malgré la vaste étendue et la sûreté du
Port Phillip. Le rapport de Tuckey sur les nombreux inconvéniens de ce lieu, qui l'emportaient
sur ses avantages, prouva la nécessité urgente de
transporter la colonie dans un endroit plus convenable. Comme l'expédition arrivait d'Europe,
et que l'on n'avait aucune lumière sur les découvertes récentes qui avaient pu être faites le long
des côtes voisines, on jugea nécessaire de demander des instructions à cet égard au gouverneur en
chef à Port-Jackson. Le navire l'*Océan* ayant mis
sa cargaison à terre, allait continuer sa route
pour la Chine ; on ne pouvait le retenir sans oc-
casioner une grosse dépense au gouvernement.
Ainsi il ne restait d'autre moyen de communiquer avec Port-Jackson qu'un canot ouvert. On en
équipa donc un à six avirons, et un officier s'y
embarqua avec les dépêches du vice-gouverneur.
Après avoir été balloté pendant neuf jours par le
mauvais temps, il fut recueilli à soixante milles
de Port-Jackson par l'*Océan*, qui était parti six

jours après lui, et qui le transporta à sa destination. Le gouverneur King, instruit par un rapport que lui avait adressé l'arpenteur général de la colonie, savait déjà que le Port Phillip ne convenait pas pour y placer une colonie, et fréta tout de suite l'*Océan*, pour la porter soit au Port Dalrymple sur la côte septentrionale de la Terre Van-Diemen, soit sur les bords du fleuve Derwent, qui a son embouchure à la côte méridionale de cette île, et où un petit détachement venu de Port-Jackson s'était déjà établi.

Comme la prolongation du séjour du *Calcutta*, après que la translation eût été finalement décidée, devait beaucoup retarder, sans avantage pour la colonie, le principal objet de son voyage, qui était le transport d'une cargaison de bois de charpente en Angleterre, ce vaisseau partit le 16 décembre, laissant les colons prêts à s'embarquer sur l'*Océan*.

Pendant que le *Calcutta* séjourna dans le Port Phillip, son équipage fut occupé à rassembler des échantillons de bois de charpente, que fournissaient les forêts voisines ; on en réunit cent cinquante pièces de bonne qualité.

Tuckey profita du temps qui s'écoula entre le départ du canot et le retour des nouvelles de Port-Jackson, pour aller avec d'autres officiers, par terre, reconnaître le Port-Western décou-

vert par Bass, et voir, si comme on l'avait dit, il
y avait des mines de houille. La péninsule que
l'on traversa, est coupée dans sa longueur par
une chaîne de collines qui se dirigent vers la mer.
Cette péninsule consiste entièrement en dunes
de sable qui ne produisent que des touffes d'herbe
grossière et des arbres chétifs. Après avoir franchi
la chaîne, l'on marcha directement à l'est presque parallèlement au bord de la mer, que l'on
apercevait quelquefois. Jusqu'au cap ou à la pointe
de Shank le pays continue à s'élever : les collines sont plus hautes et plus escarpées, et séparées par des gorges étroites ; le sol est toujours
très-sablonneux, et l'on ne trouve de l'eau qu'en
creusant à plusieurs pieds dans les endroits enfoncés. Après le cap Shank, le coup d'œil change
entièrement ; le terrain n'est plus que de l'argile
dure ; on ne rencontre que des eucalyptus, et
deux gros ruisseaux tombent dans la mer immédiatement au-dessous du cap. L'on s'arrêta dans
cet endroit pour y passer la nuit, et à l'exemple
des naturels, l'on éleva une cabane, et l'on fît
du feu à quelques pieds de l'entrée. On supposa
que cette pointe de Shank était à vingt-cinq milles
du camp.

Le lendemain au point du jour l'on se remit
en marche, et à l'aide d'une boussole de poche,
on se tint à une distance de trois à cinq milles de

la côte. A midi l'on arriva au Port-Western. Le pays était diversifié par des collines et des vallées : le fond de celles-ci consistait en riche terre végétale noire, profonde de plusieurs pieds ; çà et là on y trouva de la tourbe ; l'herbe y est très-abondante, et quelquefois recouverte par des broussailles, tandis que dans d'autres l'on découvre à peine un arbriseau. Plusieurs ruisseaux vont se jeter dans la mer.

On ne put reconnaître que l'espace de quelques milles sur la côte occidentale du Port-Western, parce que l'homme chargé de la provision de biscuit s'étant caché peu de temps après qu'on fut parti du camp, on se trouva à court de vivres. On n'en avait plus que pour quatre jours, ce qui était bien peu, les officiers se fiant au produit de leur chasse pour augmenter leur moyen de subsistance, avaient employé la plupart des gens qui les accompagnaient à porter de l'eau, dans la crainte de n'en pas rencontrer en route. De plus on ne pensait pas que le Port-Western fût aussi considérable et aussi éloigné.

Depuis son entrée jusqu'à une douzaine de milles plus haut, le Port-Western n'offre le long de sa côte occidentale qu'un endroit où les canots peuvent débarquer commodément, la plage ne consistant qu'en un roc noir et plat, ou en un espace sablonneux, large d'un quart de mille, et sur lequel la lame brisant continuellement, forme un long ressac très-dangereux. Il y a dans cet endroit trois ruisseaux d'eau excellente, qui tombant du haut des collines, entretiennent des étangs à leur base, et sont absorbés par le sable de la plage : ces étangs étaient couverts de sarcelles d'un plumage magnifique et d'un goût exquis.

Comme en venant au Port-Western on ne s'était jamais éloigné de plus de cinq milles de la mer, on résolut de retourner au camp, en essayant de pénétrer dans le pays dans la direction du nord-ouest, parce que l'on supposa que l'on arriverait ainsi à vingt milles de distance du point où l'on tendait. On partit à la pointe du jour, et au bout d'un quart de mille l'on se trouva à l'entrée d'une immense forêt de très-grands eucalyptus. Le pays devint montagneux ; les vallées, ou plutôt les gorges qui séparent les hauteurs, sont arrosées par des ruisseaux qui coulent au milieu de buissons impénétrables, d'arbrisseaux épineux, réunis ensemble par des plantes grimpantes. Après avoir traversé huit de ces gorges dans un espace de six milles, ce qui prit quatre heures et donna des peines infinies, le pays parut encore plus impraticable : des arbustes aussi piquans que l'ajonc, et couvrant des emplacemens immenses, arrêtaient à chaque moment les pas des voyageurs.

Plusieurs des hommes qui portaient l'eau n'avaient plus la force de résister à la fatigue; il fallut renoncer au projet formé. On prit donc un peu de repos, et l'on fit route au sud-ouest pour se rapprocher de la mer, parce que le long de la côte le pays est plus égal et plus ouvert. On le trouva bien arrosé; le sol était fertile, et souvent des prairies qui comprenaient de cinquante à cent acres, étaient couvertes d'herbes hautes de cinq pieds : on n'y voyait pas un seul arbre. Au coucher du soleil on atteignit le cap de Shank; l'on y passa la nuit, et le lendemain après midi l'on fut de retour au camp après cinq jours d'absence.

On ne découvrit pas de mine de houille au Port-Western; mais une recherche aussi superficielle et aussi restreinte ne permettait pas de prononcer que ce minéral ne s'y trouvait pas. Les roches noires qui bordent la côte depuis les premières collines jusqu'au Port-Western, donnent de la pierre à chaux excellente. Toutes les pointes de terre sont hautes, escarpées, perpendiculaires, présentant une barrière insurmontable à la mer, qui même par le temps le plus beau brise avec violence contre leurs flancs; il n'y a pas le moindre abri pour mouiller, ni la plus petite ressource pour un canot de se sauver en faisant côte.

On vit au Port-Western des troupeaux de kangorous et quatre grands loups. De beaux pigeons

claire en été après son coucher : ce phénomène
dura environ une heure ; il rentra graduellement
dans l'obscurité qui l'entourait. C'était probablement le météore qui remplace dans le sud l'au-
rore boréale. .

Le *Calcutta* passa entre les îles de Diego Ra-
mirez et les îles l'Hermite , à peu près à six milles
de distance des premières. La force du vent empêcha de sonder ; mais le peu de clarté de l'eau
fit juger qu'elle ne pouvait pas avoir plus de trente
brasses de profondeur. Ces petits groupes , situés
au sud de la Terre du Feu, n'offrent à l'œil que
très-peu de végétation ; presque partout il voit le
roc nu. On doubla à la distance de quatre lieues
le cap Horn , qui forme la pointe méridionale des
îles l'Hermite ; ses flancs étaient couverts de neige.
Le temps était beau et serein , le vent à l'ouest ; le
thermomètre se soutenait à 48° (7° 10). L'aspect
des îles l'Hermite fit conjecturer qu'elles doivent
avoir plusieurs bon ports. Après avoir doublé le
cap Horn , on observa que la mer était quelquefois
couverte de mollusques lumineux qui avaient
près de neuf pouces de long ; leur lumière égalait
celle d'une bougie : ces mollusques annonçaient
toujours des coups de vent.

On entra le 22 mai à Rio Janeiro ; on en sortit
le 1er. juin : deux mois après on mouilla sur la
rade de Portsmouth.

Tuckey observa que durant la traversée de la Nouvelle-Zélande au cap de Horn le nombre des oiseaux aquatiques qui suivait le bâtiment et qui était toujours considérable, augmentait pendant les tempêtes. Il pensa qu'alors le vent agitant les eaux de la mer jusque dans ses profondeurs, apporte à leur surface en plus grande quantité les matières animales qui attirent ces oiseaux. Dans les beaux temps ils se retirent probablement sur les rochers, où ils trouvent leur nourriture en abondance. Cet indice n'est pas le seul qui doit faire croire à l'existence de plusieurs îles, non encore découvertes dans le grand océan austral; un autre consiste dans ces paquets de goêmons que l'on rencontre à plusieurs centaines de lieues de toute terre connue. Bligh, comme on l'a vu dans la relation de son ouvrage, découvrit une de ces îles. Un autre navigateur en trouva une par 49° 19′ sud, et 179° 2′ est. Il la nomma l'antipode de Pen. Tuckey est d'avis qu'une expédition employée à explorer ces parages dans les mois d'été serait digne de fixer l'attention du gouvernement britannique.

COLONIE ANGLAISE

DE LA

NOUVELLE-GALLES MÉRIDIONALE,

DEPUIS SA FONDATION

EN 1788, JUSQU'EN 1822.

On a vu précédemment (1) que la Grande-Bretagne ayant par le traité de paix de 1783 renoncé à ses possessions de l'Amérique septentrionale, où elle envoyait les malfaiteurs condamnés à la déportation, il fut décidé de former une colonie pour ce but salutaire à la côte orientale de la Nouvelle-Hollande, découverte et explorée par Cook, et qu'il avait nommée Nouvelle-Galles du sud. Ensuite on choisit pour l'emplacement de la colonie, Botany-Bay (la baie de la Botanique), dont cet illustre navigateur avait fait la description la plus avantageuse. L'escadre des-

(1) Tome III, page 1.

tinée à transporter dans ce lieu les personnes qui devaient composer le nouvel établissement, était composée d'une frégate, d'un brig de guerre, de trois navires chargés de vivres, de provisions, de munitions, d'habillemens et d'outils, et de six autres portant les malfaiteurs. Le commandement de la flotte fut donné à Arthur Phillip, capitaine de vaisseau, qui était nommé gouverneur de la colonie. Il avait pour second le capitaine Jean Hunter.

On mit à la voile de Porsmouth le 13 mai 1787. Une traversée faite avec des gens de l'espèce de ceux dont six des navires étaient remplis, ne pouvait se terminer sans qu'il survînt quelque événement parmi eux. En effet, peu de jours après le départ, on découvrit un projet formé par les malfaiteurs d'un des navires de tranport, de s'en emparer, et de se séparer du reste de la flotte pendant la nuit pour aller ensuite où ils décideraient après plus mûre réflexion. Quelques jours auparavant, Phillip avait par humanité ordonné d'ôter les fers à ceux des déportés qui y étaient attachés, afin qu'ils pussent se déshabiller plus aisément avant de se coucher, et fussent moins gênés dans leurs mouvemens pendant le jour. Cette mesure bienveillante n'avait sans doute fait qu'inspirer plus de confiance aux mutins pour l'exécution de leur projet; mais il régnait une

20*

surveillance si active, que la tentative n'aurait
tourné qu'à la ruine de ceux qui l'auraient es-
sayée. Deux des chefs amenés à bord de la frégate
furent sévèrement punis, et ensuite envoyés à
bord d'un autre bâtiment où on les enchaîna.
Cet exemple produisit un bon effet; le reste du
voyage se passa tranquillement.

Après avoir relâché à Rio Janeiro, où l'on se
ravitailla, et où l'on prit des graines de diverses
plantes et d'arbres utiles pour les semer dans la
colonie, ensuite au cap de Bonne-Espérance, on
continua la route; le 7 janvier 1788 l'on eut connaissance du cap méridional de la Terre Van-
Diemen. Le 20 toute la flotte était mouillée dans
Botany-Bay.

Pendant que les navires entraient dans la baie,
un grand nombre de naturels se rassemblèrent
sur la côte méridionale, et par leurs mouvemens
semblèrent menacer les Anglais; ils brandissaient
leurs zagaies, et répétaient souvent les mots
ouara, ouara. Cependant lorsque Phillip débarqua pour reconnaître le terrain, ils ne s'y oppo-
sèrent pas. Voyant qu'il s'avançait vers eux seul
et sans armes, ils mirent bas celles qu'ils portaient. On leur donna des morceaux de drap rouge
et des colliers : ces présens leur firent sans doute
plaisir, car ils s'en parèrent la tête et le cou. Ils
laissèrent Phillip exécuter tranquillement ses opé-

rations, et pendant tout le temps que l'on séjourna dans la baie, ne causèrent pas le moindre dérangement.

Ce n'était pas le tout pour Phillip d'avoir amené heureusement au but du voyage, après une traversée de plus de cinq milles lieues, la flotte confiée à ses soins; il fallait encore examiner l'emplacement convenable pour y fonder l'établissement projeté. Le résultat de la reconnaissance qu'il fit dans diverses parties de la baie, prouva qu'elles offraient toutes des inconvéniens. Sur la côte méridionale le sol paraissait propre à culture; mais il ne s'y trouvait pas une goutte d'eau fraîche, et le local n'était pas assez grand pour recevoir tout le monde qui devait y débarquer et s'y fixer : sur la côte septentrionale il y avait un ruisseau d'eau douce; mais ses bords semblaient devoir être fréquemment inondés; le terrain voisin était bas et marécageux. Enfin la baie, bien que spacieuse, n'était pas assez abritée contre les vents d'est, et la lame venant de ce côté aurait fatigué les bâtimens.

Frappé de cette réunion de désavantages, le gouverneur prit le parti de visiter d'autres baies de la côte; et le 21 emmenant avec lui le capitaine Hunter, vice-gouverneur, Collins le juge, plusieurs officiers et un détachement de troupe, il s'embarqua pour aller au nord. Sa flotille de trois canots ouverts attira l'attention des naturels, qui les voyant passer, répétaient le cri de *ouara*, *ouara*.

A trois lieues et demie au nord de Botany-Bay, on aperçut une ouverture dans les terres ; mais le pays voisin offrait un aspect si peu attrayant, que l'on ne comptait y trouver tout au plus qu'un abri pour un canot. De chaque côté de l'entrée s'élevaient des rochers nus, scabreux, escarpés ; à peine y eut-on pénétré, que l'on fut agréablement surpris d'apercevoir une vaste rade, bien abritée, profonde, bordée de côtes bien découpées, et se prolongeant dans l'intérieur par plusieurs branches. On en examina les différentes anses ; elles pouvaient recevoir des navires. Le sol était bon, l'eau douce abondante. Tout se réunissait pour décider l'établissement de la colonie dans cette baie. Phillip en sortit le 23 pour aller annoncer cette nouvelle à ses compagnons restés à Botany-Bay. Ceux-ci avaient par son ordre commencé des travaux, parce qu'il fallait n'être pas pris au dépourvu dans le cas où il n'aurait rien découvert de mieux. Ils applaudirent à la translation dont ils allaient avoir à s'occuper, car tout leur avait démontré que Botany-Bay ne convenait nullement pour être le berceau d'une colonie.

Le 25 Phillip partit sur le brig de guerre avec un détachement de troupe, pour s'installer dans la nouvelle baie que Cook avait, en passant vis-à-vis, nommée *Port-Jackson ;* n'y étant pas entré, il avait supposé que ce n'était qu'une anse ouverte. Phillip arriva le soir, et mouilla à l'entrée de l'anse sur le bord de laquelle on comptait fonder la colonie. Dès le lendemain il fit débarquer les ouvriers et des artisans qu'il avait pris parmi les déportés, et il y eut dans le cours de la journée assez de terrain nettoyé pour que la garde de l'officier et les déportés pussent y camper. Phillip avait choisi un emplacement situé au fond d'une anse et arrosé par un joli ruisseau. On dressa un mât, auquel le pavillon anglais fut hissé ; on fit plusieurs salves de mousqueterie, que le gouverneur et les officiers entremêlèrent de rasades bues à la santé du roi et de la famille royale d'Angleterre, et au succès de la nouvelle colonie. La journée avait été extrêmement belle ; le soir elle se termina par l'arrivée heureuse de tous les vaisseaux restés à Botany-Bay. Ainsi le voyage s'acheva avec le même bonheur qui l'avait accompagné si visiblement depuis qu'il était commencé. On en tira les conjectures les plus favorables sur la réusite de l'établissement : elles se sont vérifiées.

A l'instant où la flotte anglaise allait mettre à la voile, on avait été très-surpris d'apercevoir au large deux grands vaisseaux portant pavillon français, qui se préparaient à entrer dans la baie. On s'épuisait en suppositions sur ce qu'ils pouvaient être ; enfin on pensa que c'étaient peut-être ceux de l'expédition de la Pérouse, partie de France long-temps avant que l'on eût quitté l'Angleterre. On ne se trompait pas. Comme Hunter avec sa flotte manœuvrait pour sortir à l'instant où la Pérouse se présentait dans la baie, les deux commandans n'eurent que le temps de faire échange de civilités et d'offres de service. Ils entretinrent ensuite des relations amicales ensemble, et les Anglais eurent à se louer de la discrétion de la Pérouse, qui refusa constamment de prendre à son bord plusieurs déportés échappés de Port-Jackson. Avant son départ la Pérouse fit remettre à Phillip ses dépêches pour la France ; et c'est ainsi aux soins de ce dernier que nous devons les dernières nouvelles authentiques que nous avons reçues de notre infortuné compatriote et de ses compagnons.

Le 27 fut employé entièrement au débarquement des troupes et des déportés ; la confusion qui succéda à cette opération ne surprendra pas, si l'on considère que cette troupe nombreuse d'Européens sortait des vaisseaux pour entrer dans une forêt. Des détachemens furent aussitôt occupés, les uns à nettoyer le terrain pour les campemens, d'autres à dresser des tentes et à apporter les objets dont on avait le besoin le plus urgent. Ces lieux, si long-temps le séjour du silence et de la tranquillité, étaient devenus le théâtre du mouvement, du bruit et du tumulte ; à mesure que les forêts s'éclaircirent, et que le terrain fut débarrassé, les campemens s'étendirent, et l'ensemble prit l'aspect de la régularité.

Une maison portative en canevas peint fut élevée pour le gouverneur, sur le rivage oriental de l'anse, qui reçut le nom de *Sidney-Cove*, en l'honneur du secrétaire d'état de l'intérieur : ce lieu, où quelques déportés furent d'abord logés sous des tentes, est devenu une ville ; mais n'anticipons point sur les événemens. Le détachement des soldats de marine fut posté au haut de l'anse près de la petite rivière, et sur la rive occidentale on plaça la masse entière des déportés. Les femmes ne furent débarquées que le 6 février. Alors toutes les personnes appartenant au nouvel établissement se trouvant à terre, on en fit le dénombrement ; il se trouva 1053 individus. Les tentes pour les malades furent dressées sur la rive de l'ouest, et l'on observa avec regret que leur nombre augmentait rapidement. Dans la traversée il n'était mort que très-peu de monde, et le scorbut n'avait pas fait de grands ravages parmi les déportés ; mais après leur arrivée il éclata, et la dyssenterie s'y joignit. L'hôpital ne tarda pas à

se remplir, et plusieurs malades moururent; car
on ne pouvait pas se procurer assez de provisions
fraîches pour aider à l'effet des médicamens. Cependant on recueillait toutes les plantes bonnes à
manger, telles que le céleri, l'épinard et le persil
sauvages que le pays produisait en abondance; et
les malades, comme les hommes qui se portaient
bien, les mêlaient à leur ration de viande salée. On découvrit heureusement que la résine de
plusieurs espèces d'eucalyptus était un remède
efficace pour la dyssenterie.

Les animaux vivans que l'on avait réussi à
sauver consistaient en un taureau, quatre vaches, un veau mâle, un étalon, trois jumens et
trois poulains, dont un mâle. On les déposa d'a-
bord sur la rive orientale; et quand ils eurent
consumé le peu de pâturage qui s'y trouvait, ils
furent transportés près d'une anse contiguë, dans
un endroit nettoyé pour y établir une ferme. On
en défricha un autre près de la maison du gouverneur, et l'on y mit en terre les plantes apportées
de Rio Janeiro et du Cap. On vit bientôt, avec
grand plaisir, que les vignes, les figuiers, les
orangers, les poiriers, les pommiers et d'autres
végétaux de l'ancien monde avaient pris racine,
et promettaient de prospérer dans ce monde absolument nouveau.

Dès que la confusion et le tumulte inséparables

des premiers arrangemens eurent un peu cessé, Phillip s'occupa de donner une forme régulière au gouvernement de la colonie. Il fit ranger en bataille les soldats sous les armes, et rassembler tous les déportés; ensuite Collins, le juge avocat, lut à haute voix la commission du roi qui nommait Phillip son capitaine général et gouverneur en chef du territoire de la Nouvelle-Galles méridionale et de ses dépendances, ainsi que l'acte du parlement qui établissait les diverses cours de judicature, et enfin les lettres patentes du roi qui conféraient le pouvoir aux personnes capables de se réunir pour tenir ces cours. Parmi celles qui assistaient à la cérémonie, il y en avait bien peu qui connussent avec précision l'étendue de la colonie; on apprit par ces documens officiels qu'elle comprenait toute la côte orientale de la Nouvelle-Hollande depuis le cap York au nord par 10° 37' sud jusqu'au cap Sud de la Terre Van-Diemen par 43° 39', et depuis le bord de la mer jusqu'à 135° est, ainsi que toutes les îles adjacentes situées dans le grand océan.

La lecture de ces pièces terminées, le gouverneur prit la parole : d'abord il félicita les soldats sur leur excellente discipline; puis s'adressant aux déportés, il leur dit entre autres choses : « Je m'empresserai toujours de marquer mon approbation et de donner des encouragemens à ceux qui par leur bonne conduite s'en montreront dignes; mais en même temps je ferai punir suivant la rigueur des lois tous ceux qui troubleront l'ordre public et se rendront coupables de délits. » Il leur représenta qu'il était de leur intérêt de renoncer aux habitudes de la paresse et du vice, qui jusqu'à présent avaient été familières à la plupart d'entre eux; et les exhorta à vivre honnêtement, à obéir à leurs chefs, et à bien s'acquitter des divers travaux auxquels on les occuperait. Il recommanda le mariage comme le meilleur moyen de remédier à la corruption des mœurs, entretenue par le commerce illégitime des deux sexes, et promit sa protection spéciale à ceux qui en contractant ces nœuds, donneraient une preuve de leurs dispositions à se conformer aux préceptes de la morale et de la religion. Phillip termina son discours en déclarant que son plus vif désir était de travailler au bonheur de tous ceux qui vivaient sous son gouvernement, et de rendre la colonie utile et avantageuse à la mère patrie.

Ce discours fut reçu avec des acclamations universelles : les troupes firent une triple décharge de mousqueterie; puis le gouverneur accompagné de Hunter et des principaux officiers les passa en revue et reçut les honneurs dus à son rang. Un banquet termina la cérémonie.

L'on avait compté les déportés dans la matinée ; il en manquait neuf. La nature de l'emplacement que l'on avait choisi s'opposait à ce que l'on pût empêcher ces hommes de s'écarter. Aveugles sur les dangers auxquels ils s'exposaient en traversant un pays habité par des sauvages, plusieurs étaient allés demander à la Pérouse de les embarquer avec lui, et lui avaient causé beaucoup d'embarras, ainsi qu'il le raconte dans sa dernière dépêche. D'un autre côté, on ne tarda pas à découvrir que ces vauriens avaient caché au moins un tiers de leurs outils, et l'on reconnut qu'il serait bien difficile d'obtenir d'eux aucune sorte de travail.

Le manque d'inspecteurs convenables contribuait à ces inconvéniens. Ceux que l'on avait choisis étaient des déportés que leur bonne conduite pendant la traversée avait fait distinguer ; mais la plupart ne se souciaient pas d'exercer l'autorité nécessaire pour tenir dans le devoir les gens dont ils devaient surveiller l'ouvrage, quoiqu'ils fussent assurés d'être soutenus efficacement en cas de besoin. Bientôt les mauvaises dispositions de beaucoup de déportés commencèrent à se manifester : de petits vols se commirent entre eux ; ceux qui rodaient au-delà des limites de la colonie dérobaient même aux sauvages le petit

nombre d'objets que ceux-ci avaient dans leurs
misérables cabanes. Il en résultait souvent des
rixes. Déjà ces hommes montraient de l'éloignement pour les Anglais : malgré leur simplicité ,
ils voyaient que ces étrangers faisaient des dispositions qui annonçaient le dessein de s'établir
dans le pays ; plusieurs des endroits les plus favorables pour la pêche étaient déjà envahis ; on
leur imposait l'obligation de ne pas passer certaines
limites. Malgré leurs idées peu exactes sur le droit
de propriété, ils concevaient parfaitement que
celle de leur pays leur appartenait, et devaient
trouver très-singulier qu'on les en expulsât. Mais
que pouvaient-ils opposer à la force ?

Phillip s'occupait sans relâche d'entretenir des
relations amicales avec eux. Ses bonnes intentions étaient constamment déjouées par la mauvaise conduite des déportés. Plusieurs de ceux-ci
portèrent la peine de leur méchanceté ou de leur
étourderie : les uns furent tués par les naturels ;
d'autres revinrent avec des blessures plus ou
moins graves. On supposa qu'ils n'avaient pas
toujours été les agresseurs.

Une des causes du désordre parmi les déportés
était l'ivrognerie ; malgré des défenses et des punitions réitérées , les matelots des navires de
transport apportaient de l'eau-de-vie à terre pen-

dant la nuit , et en donnaient à ces malheureux, qui cédant à un malheureux penchant, perdaient la raison et se rendaient coupables.

Il fallait mettre un frein à ces attentats. La cour de justice s'assembla le 11 février ; trois prévenus furent jugés , et tous trois furent condamnés , deux à recevoir un certain nombre de coups de fouet, le troisième à être consigné pendant une semaine au pain et à l'eau , sur une petite île à l'entrée du port. Un des deux premiers obtint sa grâce.

La douceur de ces punitions sembla encourager plutôt qu'effrayer ; car avant la fin du mois , la cour criminelle se réunit de nouveau pour juger quatre prévenus qui avaient volé dans le magasin public , pendant que l'on faisait une distribution de provisions. Ce crime nuisible à la petite communauté était d'autant plus atroce, qu'il se commettait au moment où les premiers embarras étant écartés , l'égalité la plus parfaite régnait dans la distribution des vivres entre les officiers et les soldats , excepté pour l'eau-de-vie. La ration des déportés était plus que suffisante pour tout homme raisonnable , et l'on devait supposer que les magasins seraient à l'abri de toute tentative de vol ; mais on s'aperçut avec chagrin qu'il y avait des hommes tellement habitués au mal , qu'aucune considération ne pouvait les en détourner, et que ni l'espoir d'un avantage futur, ni la crainte d'un prompt châtiment ne pouvait les engager au bien. Les accusés furent convaincus; l'un deux fut puni de mort, ses complices furent bannis, d'autres obtinrent leur pardon.

Il semblait que le discours touchant du gouverneur n'eût produit son effet que sur un seul point. Quatorze mariages eurent lieu dans la semaine parmi les déportés. Quant aux travaux, quoique leur urgence devînt chaque jour plus évidente, ils n'allaient pas aussi vite qu'on l'aurait désiré. A mesure que le mois de février s'avançait, les pluies devenaient plus fréquentes, et faisaient sentir la nécessité de hâter la construction des maisons. Le nombre des ouvriers n'était malheureusement pas suffisant; l'on n'avait pu réunir que douze charpentiers sur la totalité des déportés, et les vaisseaux en rade n'en avaient fourni que seize. On leur adjoignit cent déportés comme journaliers pour les aider en nettoyant le terrain et portant le bois. Ceux-ci travaillaient avec tant de nonchalance et de mauvaise volonté, qu'à la mi-mai les baraques pour les soldats et les cabanes pour les officiers n'étaient pas encore finies. L'hôpital et les magasins pour les provisions n'étaient pas non plus achevés à cette époque.

Parmi les bâtimens qui furent commencés des

premiers, il ne faut pas oublier un observatoire destiné à recevoir les instrumens astronomiques envoyés par le bureau des longitudes. Dans les colonies fondées précédemment, l'on n'avait pas encore vu un établissement de ce genre créé dès le principe. Cette innovation annonçait que le progrès des sciences était entré pour quelque chose dans les projets des hommes qui avaient conçu l'idée de la colonie, et faisait honneur au gouvernement anglais.

Lorsque Phillip avait visité la baie à son arrivée, le temps le pressait trop pour qu'il pût l'examiner complétement. Il chargea donc Hunter dès le commencement de février d'en faire une reconnaissance détaillée. On trouva qu'elle se prolongeait vers l'est beaucoup plus que Phillip ne l'avait pensé. Le pays vers le fond du port offrait un aspect plus agréable que celui qui entourait Sidney : ainsi il n'y avait rien d'exagéré dans la description que Phillip en avait faite, lorsqu'il avait dit que d'une entrée qui n'a pas deux milles de largeur le Port-Jackson s'agrandit graduellement jusqu'à former un bassin spacieux, assez profond pour les plus grands navires, et assez vaste pour que tous ceux que l'on y voudrait réunir y fussent mouillés sûrement : mille vaisseaux de ligne y pourraient manœuvrer aisément. Il s'étend vers l'ouest environ à treize milles en ligne directe, en s'enfonçant dans l'intérieur du pays, et contient au moins cent petites criques formées par des langues de terre fort étroites, dont le prolongement fournit d'excellens abris contre tous les vents.

Hunter vit dans son excursion plusieurs troupes de sauvages; leur conduite fut amicale, parce qu'il les traitait avec douceur. Mais ces hommes en général marquaient peu de curiosité pour ce que les Anglais faisaient. Durant les six premières semaines, il n'en vint que deux au camp, où ils restèrent à peu près une heure. Ils eurent l'air d'admirer tout ce qu'ils voyaient; après avoir reçu chacun une hache, dont le plus âgé montra sur-le-champ qu'il connaissait l'usage, ils s'en allèrent contens. Les canots employés à pêcher étaient souvent visités, pendant qu'ils tiraient la seine, par beaucoup de naturels qui aidaient à l'opération, et dont on récompensait la bonne volonté en leur donnant une portion du poisson.

Phillip prenait toutes les précautions possibles, comme nous l'avons déjà dit, pour maintenir la bonne intelligence avec les Indiens; il avait strictement défendu à qui que ce fût d'enlever leurs zagaies, leurs lignes, leurs morceaux de résine et les autres objets qu'ils avaient l'habitude de laisser sous des rochers ou épars sur le rivage. On eut de fortes raisons de croire que ces mesures avaient été rendues inutiles par la mauvaise conduite de

l'équipage d'un canot appartenant à un des navires de transport, qui ayant essayé de débarquer
dans une des anses au bas du port, fut repoussé
par les naturels à coups de pierres. Quelques
temps après, une troupe de dix-huit de ces sauvages mit pied à terre sur une île où des matelots travaillaient à un jardin ; ils surent si bien
dissimuler, et saisirent si adroitement l'occasion,
qu'ils prirent une pelle, une bêche et une pioche.
On leur tira un coup de fusil qui en atteignit
quelques-uns à la jambe : ils laissèrent tomber la
pioche ; mais ils emportèrent les autres outils.

Cet événement et la conduite des déportés envers les sauvages, mirent fin à la bonne harmonie
que Phillip mettait tant de soin à conserver. On
n'eut plus pendant long-temps que des rapports
éloignés avec les Indiens. En mars et en avril on
en vit moins ; on supposa qu'ils s'étaient retirés
plus au nord, parce que le poisson qui fait une
des bases de leur nourriture, va de ce côté.

Les instructions du gouverneur lui recommandaient de former un établissement à l'île Norfolk, découverte par Cook dans son second voyage,
et inhabitée. La description avantageuse qu'il fait
de cette île avait donné l'idée de ce projet ; elle
produit en si grande abondance le phormium
ou lin de la Nouvelle-Zélande, que l'on avait
pensé que la culture de cette plante serait très-

21*

utile ; on espérait aussi tirer parti des pins de cette île pour en faire des mâts. King, lieutenant de vaisseau, fut nommé commandant de l'île ; la troupe qui l'accompagnait pour demeurer avec lui, se composait de vingt-une personnes, savoir, un sous-officier, deux soldats de marine, un aide chirurgien, deux hommes qui prétendaient connaître la préparation du lin, neuf déportés et six femmes. Tout ce monde partit le 14 février sur le brig le *Supply*. On emportait du blé, des graines de coton, et d'autres plantes que l'on devait semer, des outils et des instrumens d'agriculture et des provisions pour six mois.

Phillip s'occupa ensuite de reconnaître une baie située à huit milles au nord de Port-Jackson, et que Cook avait nommée *Broken-bay*, à cause de l'aspect brisé des terres qui la forment. Il partit en canot le 2 mars avec plusieurs officiers. Son intention était non-seulement d'explorer le port qui pouvait s'y trouver, mais aussi de voir si le terrain d'alentour était susceptible de culture, de manière à pouvoir y établir quelques familles. La visite de ce port dura huit jours : il était aussi grand que Port-Jackson ; mais le terrain qui l'entourait était haut et rocailleux, et généralement stérile. A l'extrémité occidentale on découvrit l'embouchure d'un fleuve qui reçut le nom de *Hawkesbury-River*. La branche de ce port qui s'étend

vers Port-Jackson fut nommée *Pitt-water*. Le
temps fut très-mauvais pendant le séjour de Phillip
dans Broken-bay. Tous les jours on vit des naturels; malgré leur extérieur amical, on se tint
constamment sur ses gardes. Pendant que l'on
était dans le Pitt-water, les canots eurent beaucoup de peine à doubler une pointe à cause de la
violence du vent qui était accompagné de pluie.
On essaya de débarquer; l'eau n'était pas assez
profonde pour que les canots pussent approcher.
Cependant un vieillard et un jeune homme qui
se tenaient sur les rochers où l'on s'efforçait d'a-
border, voyant l'embarras des Anglais, s'empres-
sèrent de leur montrer les endroits où il y avait
le plus d'eau. Ensuite ils approchèrent du feu, et
parurent disposés à rendre tous les services qui
étaient en leur pouvoir. Le vieillard conduisit deux
officiers à une caverne située à quelque distance;
malgré les signes répétés par lesquels il les invitait à y entrer, ils ne le voulurent pas, quoique
la pluie tombât à torrens, parce qu'ils se mépre-
naient sur les motifs de son empressement. Il les
aida ensuite à couper des branchages pour se
faire un abri pendant la nuit. Le lendemain matin
on examina la caverne; elle était assez spacieuse
pour que tout le détachement y eût été à l'aise:
combien l'on fut fâché alors que la défiance eût
empêché de profiter des offres du vieillard! On

ne lui sut pas moins bon gré de sa bienvieillance,
et on l'en récompensa par des présens.

Deux jours après Phillip étant revenu au même
endroit, le vieillard accourut au-devant de lui en
dansant et en chantant ; il avait avec lui son fils,
et plusieurs de ses compatriotes ; on leur donna
une hache et d'autres objets. Comme on devait
retourner le lendemain à Port-Jackson, on espéra que la bonne amitié se conserverait de part
et d'autre jusqu'au dernier moment. On se trompait. Dès que la nuit fut venue, le vieillard vola
une bêche, et fut pris sur le fait. Le gouverneur
jugea qu'il devait, en cette occasion, donner
quelque marque de mécontentement. En conséquence cet homme s'étant approché, il le frappa
légèrement sur l'épaule, et le repoussa en lui
montrant la bêche. C'en fut assez pour détruire
un moment l'amitié que ces Indiens avaient montrée jusqu'alors. Le sauvage saisissant sa zagaie,
la leva sur Phillip ; mais frappé du sang-froid
du gouverneur, ou dissuadé par les représentations de ses compatriotes, il baissa son arme et
s'en alla. Certes on ne peut s'empêcher d'admirer
la hardiesse de ce vieillard dans cette circonstance,
car Phillip était au milieu de plusieurs officiers.
Le courage est donc une qualité dont les habitans
de la Nouvelle-Hollande sont doués. Le voleur
revint le lendemain avec beaucoup de ses compa-

triotes. Pour lui faire sentir sa faute, on ne lui donna rien, tandis que les autres reçurent des haches et d'autres objets en présent. La conduite de Phillip était, comme on le voit, bien propre à gagner aux Anglais l'affection des naturels; malheureusement ils n'y mettaient pas tous, ainsi qu'on l'a dit plus haut, la même douceur.

La pluie continuelle empêcha le gouverneur de retourner par terre à Port-Jackson, comme il en avait eu le dessein, pour reconnaître le pays intermédiaire qui paraissait dégagé de broussailles et susceptible de culture.

Pendant que les travaux avançaient, on vit le brig expédié à l'île Norfolk revenir le 19 mars. Le lieutenant Ball, qui le commandait, rapporta qu'il n'y était arrivé que le 29 février, quinze jours après son départ. Le ressac l'avait empêché pendant cinq jours de débarquer. Enfin on découvrit une petite ouverture dans le récif, et l'on en profita pour mettre à terre les hommes, le bétail et la cargaison. On trouva le terrain si complétement couvert de bois, qu'il n'y avait pas un espace suffisant pour y dresser une tente. Du reste, King parlait avec éloge de la fertilité de l'île; tout ce qu'il avait semé lui donnait déjà les plus belles espérances.

Cette île qui a sept lieues de tour, porte des traces d'éruption volcanique, car l'on y rencontre beaucoup de pierres ponces à la surface du sol. Elles est très-bien arrosée : une rivière sortant de la plus haute montagne, nommée Mont-Pitt, coule dans une belle vallée, et se divise en plusieurs branches assez fortes pour faire tourner des moulins ; on découvrit aussi un grand nombre de sources d'eau excellente.

La brise de mer tempère la chaleur du climat pendant l'été, et en hiver il est si doux, que les plantes ne cessent pas un instant de végéter. Des pluies entretiennent la verdure des arbres et des arbustes, dont on donnait les feuilles pour nourriture aux bestiaux, parce qu'il ne croissait pas un brin d'herbe. La bonne santé des Anglais a prouvé suffisamment la salubrité de l'air. Les pins de cette île sont les plus beaux que l'on puisse voir : on en abattit un qui avait cent quatre-vingt-deux pieds de long ; un autre avait neuf pieds de diamètre. On trouva dans les bois le bananier, la fougère dont se nourrissent quelques peuples sauvages, le chou palmiste, quelques autres plantes bonnes à manger, et enfin le phormium, objet de la fondation de cette petite colonie.

Quel dommage que tant d'avantages soient diminués par le défaut d'un endroit commode pour débarquer ! La seule baie qu'il y ait, est fermée par un récif de corail, qui n'offre de passage que pour un canot et à la mer descendante ; le débarquement est dangereux. Un master et quatre matelots y périrent.

On ne trouva dans l'île que des rats. On pouvait craindre que ces animaux malfaisans et les fourmis ne fissent beaucoup de tort aux récoltes ; cependant on espérait avec quelques précautions réussir à s'en débarrasser.

Ce fut en revenant de l'île Norfolk que Ball découvrit l'île Howe, et un peu plus près de Port-Jackson rencontra un des récifs dont ces parages sont parsemés.

Au mois d'octobre Phillip envoya à l'île Norfolk un nouveau détachement composé d'un officier, de huit soldats, et de trente déportés, dont vingt hommes et dix femmes. On a vu par la relation d'un navigateur que cet établissement avait prospéré, que la culture y avait fait des progrès, et que ses habitans étaient nombreux et laborieux.

Mais pour ne pas anticiper sur les événemens, revenons à la colonie principale où Phillip donnait chaque jour des preuves de son zèle ardent. Que de contrariétés il éprouvait ! Tantôt la conduite des déportés envers les naturels effarouchait ou aigrissait ceux-ci ; tantôt des accidens faisaient périr le bétail, et malgré ses soins assidus, il avait le chagrin de voir que le nombre des moutons au lieu d'augmenter, comme on aurait

dû s'y attendre, diminuait. Au mois de juin la
négligence des gens chargés de garder le gros
bétail fit éprouver une perte que l'on sentit vivement. Deux taureaux et quatre vaches s'étant
éloignés de leur pâturage, s'égarèrent dans les
bois; on ne les revit plus. Leur gardien les chercha inutilement pendant deux jours; on suivit
leurs traces jusqu'à une certaine distance; ensuite
il fut impossible de les reconnaître. Quelle triste
perspective! être chargé du soin de tant d'hommes
dans une terre lointaine et déserte, et craindre
la disette de vivres, si l'arrivée des secours qui
étaient attendus de la métropole éprouvait du
retard! Il fallait un grand courage et une persévérance inébranlable, pour n'être pas rebuté par
de tels obstacles, surtout au milieu d'une population pervertie, et qui donnait souvent des
preuves d'une dépravation incorrigible. Les châ-
timens semblaient perdus pour l'exemple.

Cependant les soins de Phillip s'étendaient à
tout. Ayant reconnu le pays au nord de Port-
Jackson, il voulut quelque temps après essayer de
s'avancer dans l'ouest. Le 15 avril il partit avec
un détachement muni de vivres pour quatre jours.
Après avoir débarqué au fond d'une anse, on arriva bientôt sur les bords d'un lac entouré de fon-
drières et de marécages, où l'on enfonçait quelquefois jusqu'à la ceinture. Ce fut là que l'on vit

pour la première fois un cygne noir; ensuite on trouva un pays aride et hérissé de rochers. Les hauteurs étaient couvertes d'abrisseaux en fleur; divers obstacles en rendirent la montée et la descente difficiles, et en beaucoup d'endroits impraticables. A quinze milles de la côte, la vue peut s'étendre au loin; on aperçut des montagnes, dont la hauteur fit juger qu'elles devaient donner naissance à un fleuve considérable.

Huit jours après Phillip entreprit une nouvelle excursion dans une direction un peu différente de la première. Ayant débarqué au fond du port, il trouva des plaines auxquelles succédèrent des bois si épais et si embarrassés de broussailles, qu'après avoir consommé la plus grande partie du jour en efforts inutiles pour s'y frayer un passage, il fallut renoncer à l'entreprise et revenir sur ses pas. Pendant trois jours l'on continua ensuite de voyager à l'ouest à travers une belle plaine ondulée. Le sol en paraissait très-bon, à l'exception de quelques endroits qui étaient pierreux. Les arbres étaient séparés les uns des autres par des intervalles de vingt à quarante pieds, où l'on ne voyait pas un seul buisson. Au bout de cinq jours de marche, on gravit sur une colline du haut de laquelle on découvrit pour la première fois les montagnes qu'on avait vues dans les courses précédentes, et qu'on avait nommées Carmarthen-Hills, Richmond-Hills et Landsdown-Hills. On jouissait dans ce lieu d'une perspective si magnifique, que Phillip désigna la colline par le nom français de *Bellevue*. La distance des montagnes où il avait eu le dessein d'arriver, lui parut être de trente milles. Comme il n'avait pu emporter des vivres que pour six jours, parce que les gens qui l'accompagnaient étaient chargés de tentes et d'autres bagages fort lourds, il ne put aller plus loin. D'ailleurs il fallait faire chaque jour sa provision d'eau ; car on n'était pas toujours sûr de rencontrer des étangs formés par les pluies. En commençant cette petite expédition, l'on n'avait pas pu se figurer les obstacles multipliés que l'on aurait à surmonter ; ici des ravines profondes, là des broussailles impénétrables forçaient à s'écarter de la direction que l'on avait eu l'intention de suivre : l'on n'avait parcouru en cinq jours que trente milles en ligne droite. Les montagnes étant trop éloignées pour que l'on pût espérer d'y atteindre avec ce qui restait de vivres, on reprit le chemin de Port-Jackson. Le retour fut moins pénible : les arbres abattus et d'autres indices marquaient la route qu'il fallait suivre ; en un jour et demi Phillip rejoignit ses canots.

L'aspect du pays confirma Phillip dans l'opinion, qu'en avançant davantage dans l'intérieur, l'on découvrirait un fleuve ; les circonstances le forcèrent de suspendre l'exécution d'un nouveau voyage. Toutefois les cantons reconnus dans la dernière course avaient paru si convenables pour la culture, qu'au mois de novembre il y forma un établissement qui pouvait être d'un grand secours pour celui de Sidney-cowe, où le terrain était bien moins fertile. On y envoya dix déportés qui entendaient la culture. Ce nouveau poste fut nommé *Rose-Hill*, parce qu'il est situé sur une éminence; cette dénomination fit ensuite place à celle de Paramatta. L'événement a prouvé la justesse des vues de Phillip.

Ce gouverneur, malgré les embarras multipliés qui entravaient son zèle, dut à la fin de l'année 1788 éprouver un plaisir bien vif en voyant les progrès de la colonie qui lui devait la naissance. Il avait dû s'attendre à rencontrer des difficultés de tout genre; elles furent grandes sans doute, mais bien moins qu'il ne l'avait supposé. Les matériaux ne manquaient pas pour les constructions; l'on avait, en creusant dans le sol rocailleux, découvert des sources d'eau douce très-abondantes. Déjà plusieurs acres de terrain mis en culture promettaient des récoltes en froment, en orge et en seigle. On devait naturellement espérer de voir par la suite la colonie en état de se passer de tout secours étranger pour sa subsistance. Cependant des années devaient se passer avant que l'on pût se procurer dans le pays même toutes les choses dont on avait besoin.

On fit au 31 décembre le dénombrement de la population. Depuis le jour de l'embarquement en Angleterre elle avait perdu dix personnes de la garnison et cent cinq déportés des deux sexes ; parmi ces derniers, treize avaient disparu sans que l'on sût ce qu'ils étaient devenus : quatre avaient été tués par les naturels, cinq avaient été exécutés pour leurs méfaits, le reste était mort de maladie.

En faisant au commencement de 1789 le calcul des gens employés à la culture des terres, on n'en trouva que deux cent cinquante ; ce qui était bien peu, pour que l'on pût être dispensé de demander à la métropole les premiers besoins de la vie. Les autres déportés étaient occupés à différens travaux publics, par exemple, dans les magasins, dans les chantiers, et à la construction des maisons, etc. L'âge ou les infirmités en mettaient beaucoup hors d'état de travailler ; enfin les militaires, les femmes et les enfans ne pouvaient être d'aucun secours.

Quelques personnes libres s'étaient établies dans la colonie ; elles furent très-utiles en aidant aux autorités à surveiller les déportés, et en donnant à ceux-ci l'exemple d'une vie laborieuse : malheureusement les mauvaises habitudes prévalaient plus souvent; la paresse, cause première de la mauvaise conduite des déportés, continuait à exercer sa pernicieuse inflence; ils mettaient dans leur travail une nonchalance dont ils ne calculaient pas qu'ils auraient à souffrir. Mais ils aimaient mieux tirer leur subsistance des magasins publics, que de se donner de la peine, et contribuer par là à s'assurer une existence indépendante de la chance qu'ils couraient si les provisions venaient à s'épuiser.

Au commencement d'avril et pendant toute sa durée, les hommes employés du côté de l'entrée du port annonçaient tous les jours qu'ils trouvaient constamment, soit dans les creux des rochers, soit sur le rivage, des cadavres de naturels. On ne savait à quoi attribuer cette mortalité; enfin on amena une famille de ces infortunés, et l'on reconnut qu'ils étaient enlevés par la petite vérole. On devait craindre d'introduire dans la colonie une maladie qui causait de si terribles ravages parmi les naturels; mais en même temps l'humanité prescrivait de sauver la vie de ces malheureux, et on espérait que ce service les disposerait favorablement pour les Anglais. On porta deux hommes âgés, un petit garçon et une petite fille, dans une cabane séparée à l'hôpital. Les premiers étaient trop fortement attaqués pour pouvoir guérir; les deux enfans au contraire allèrent mieux du moment où ils furent avec les Européens. On apprit d'un naturel qui résidait dans la colonie, que plusieurs familles avaient été emportées par ce fléau, et que d'autres pour l'éviter, s'étaient enfuies dans l'intérieur du pays. On ne put découvrir si auparavant il existait parmi eux ; toutefois comme ils le nommaient *gal-la-la*, cette circonstance semblait indiquer qu'ils le connaissaient.

Pendant que l'éruption continuait chez ces enfans, un matelot du *Supply*, natif de l'Amérique septentrionale, étant allé les voir, fut attaqué de la maladie et en mourut. Cependant ses funestes effets ne furent éprouvés par aucun autre habitant blanc de la colonie, quoiqu'il s'y trouvât à cette époque plusieurs enfans très-jeunes. Il n'en fut pas de même malheureusement du naturel du pays, qui avait aidé efficacement à transporter ses compatriotes à Sidney. Dès le premier moment où il leur avait rendu ce service, on avait conçu des craintes pour lui : ses constantes attentions pour eux excitèrent l'admiration de quiconque en fut témoin ; il en fut la victime. On le regretta d'autant plus, qu'il n'avait en lui presque rien de sauvage, et que sa docilité, sa douceur et son obligeance lui avaient gagné l'affection générale.

Dans ce même mois d'avril la colonie éprouva

une grande joie en voyant revenir le *Sirius*, commandé par Hunter, qui était parti pour le cap de Bonne-Espérance sept mois auparavant; il rapportait 1270 quintaux de farine et d'autres provisions. Quoiqu'elles ne pussent nourrir la colonie que pendant quatre mois, à ration complète, on les reçut avec un vif plaisir.

Rien ne ralentissait l'ardeur de Phillip pour acquérir de nouvelles connaissances sur le pays. Au mois de juin il fit une seconde excursion à Broken-Bay, espérant arriver par eau jusqu'aux montagnes de l'intérieur. Il revint au bout de dix jours, ayant découvert le Hawkesbury-River, qu'il ne put remonter jusqu'à sa source, faute de provisions. A la fin du mois il entreprit une nouvelle expédition qui dura dix-sept jours. Etant parvenu à une distance considérable dans l'ouest, il fut arrêté par des bancs de sable, à peu de distance de la montagne qu'il avait précédemment nommée Richmond-Hill, et au pied de laquelle le cours du fleuve l'avait conduit. On fut détourné de faire un certain séjour dans la partie étroite du fleuve, par les marques évidentes de débordement qui prouvaient qu'il s'élevait quelquefois à vingt et quarante pieds au-dessus de son niveau actuel. On trouva d'ailleurs le pays beau et pittoresque, et à mesure que l'on s'avançait vers l'ouest, il devenait plus ouvert et

IV. 22

plus uni ; mais les traces d'inondations immenses firent renoncer à l'idée d'y fonder un établissement.

Dans la première de ces courses, on rencontra une jeune sauvage qui tâchait de se dérober à la vue des Européens, en se blotissant dans les longues herbes qui alors étaient très-mouillées, et qui devaient beaucoup l'incommoder. Avant l'arrivée des Européens, elle avait été avec sa famille occupée à pêcher pour la provision de la journée : l'approche des étrangers alarma ces naturels ; ils s'enfuirent tous, à l'exception de cette pauvre fille qui venait de guérir de la petite vérole, était très-faible, et ne pouvait marcher que difficilement à cause d'une grosseur qu'elle avait au genou. Elle jeta un cri de frayeur en entendant un coup de fusil tiré à un oiseau perché sur un arbre, sous lequel elle s'était réfugiée. On accourut aussitôt ; à la vue de tant d'hommes elle versa des larmes, et fit entendre des plaintes lamentables. On ne comprenait pas un mot de ce qu'elle disait ; son triste état toucha tous ceux qui la virent ; elle parut avoir dix-huit ans. Elle s'était couvert le corps d'herbes mouillées, n'ayant pas d'autre moyen de se cacher ; elle tremblait de peur. On s'efforça de la rassurer à l'aide de quelques mots de la langue du pays que l'on avait appris ; et le gouverneur dit aux matelots d'approcher du feu que l'on plaça devant elle : on arracha de l'herbe ; on la fit sécher au feu , et on l'en entoura pour la réchauffer ; on lui donna du gibier et du poisson grillé ; elle en mangea de bon cœur. Elle souffrait beaucoup de la soif, car lorsque l'on prononça le mot *baa-do*, qui dans la langue du pays signifie de l'eau , elle tira la langue pour montrer à quel point sa bouche était desséchée ; en effet son teint et tout son extérieur annonçaient que la fièvre la dévorait. Avant de se retirer pour la nuit, on alla de nouveau la voir , et l'on mit du bois à sa portée pour qu'elle pût entretenir le feu ; on coupa une plus grande quantité d'herbe que l'on fit sécher, et on l'étendit sur elle. Le lendemain on s'aperçut avec plaisir que ces soins n'avaient pas été inutiles : elle ne montrait plus de craintes à l'approche des Anglais , appelait fréquemment ses parens qui ne devaient pas être très-éloignés, et répétait leurs noms d'une voix forte et aiguë, en montrant beaucoup d'inquiétude et de chagrin qu'ils étaient si indifférens à ses cris , pour les inviter à revenir ; car on supposait qu'elle leur disait qu'ils ne devaient rien craindre des étrangers qui, loin d'être des ennemis , se conduisaient comme des amis. Malgré ses instances , aucun d'eux n'approcha tant que les Anglais furent auprès d'elle ; à peine eurent-ils quitté le rivage , qu'on en vit quelques-

22 *

uns sortir du bois; bientôt ils lancèrent à l'eau une pirogue qui était sur la plage, et s'en allèrent.

Phillip ayant employé la journée à examiner le Pitt-water, revint le soir avec son monde dans l'endroit où il avait passé la nuit précédente. On retourna vers la jeune fille; elle était dans une petite cabane d'écorce sur la plage, et avait avec elle une jolie petite fille de deux ans. La soirée était froide et pluvieuse; la grande fille, lorsque l'on s'approcha, s'était couchée sur ses coudes et ses genoux, couvrant de son corps l'enfant, soit pour le mettre à couvert du mauvais temps, soit pour diminuer sa terreur extrême. On lui parla; elle se releva, et s'assit à terre, les genoux élevés jusqu'au menton, et ses talons sous son derrière, offrant le plus misérable spectacle que l'on pût imaginer. Le petit enfant ne put pas se décider à regarder les Anglais; il était étendu le visage contre terre, et se cachant les yeux d'une main. On donna comme auparavant à l'Indienne des oiseaux, du poisson et du bois; on arracha de l'herbe pour rendre son lit meilleur, et on couvrit sa chétive cabane de manière à la préserver de l'intempérie de l'air. Elle était si habituée aux fréquentes visites des Anglais dont elle connaissait les intentions amicales, que lorsqu'elle avait besoin d'eau ou de poisson, elle en demandait:

elle obtenait à l'instant ce qu'elle voulait. Le lendemain matin quand on revint auprès d'elle, l'enfant n'avait plus peur ; il se laissait prendre la main ; malgré son jeune âge, il avait déjà perdu deux jointures du petit doigt ; particularité dont on n'avait pas encore pu apprendre la raison.

On laissa à l'Indienne tout le poisson qui restait ; on l'approvisionna de bois et d'eau, puis l'on partit pour continuer la reconnaissance de la baie. Lorsqu'on revint deux jours après, on ne retrouva plus la jeune fille : les bons traitemens qu'elle avait éprouvés et dont sans doute elle avait instruit ses compatriotes, auraient dû les rendre moins farouches à l'aspect des Anglais. Cependant à la seconde excursion que ceux-ci firent à Broken-Bay, ils virent constamment les naturels s'enfuir à leur approche. On entra dans une cabane qui venait d'être abandonnée : il y avait deux petits enfans qui étaient extrêmement effrayés ; on parvint en les caressant à faire cesser leurs craintes ; ils paraissaient souffrir, probablement du manque de nourriture ; ils avaient un peu de feu auprès d'eux ; l'on y trouva des ignames qui cuisaient. Comme on supposa que les parens de ces enfans ne tarderaient pas à revenir, quand on se serait éloigné, on laissa dans la cabane une hache et quelques bagatelles. Le lendemain on y revint ; il n'y avait plus personnes : la hache et les autres

choses y étaient encore. On fut surpris avec raison
de l'indifférence de ces sauvages pour un outil qui
leur était si utile; mais on en avait déjà vu des
exemples, même de la part de ceux à qui on
en avait montré l'usage; on ne put qu'en être
étonné.

Trois jours après on aperçut fréquemment dans
les bois que traversait le Hawkesbury-River des
feux allumés par les Indiens, et l'on entendit
leurs voix; on les appela dans leur langage en
leur criant *co-vi* (venez-ici); il y en eut à la fin
deux qui s'avancèrent jusqu'au bord de l'eau; la
familiarité et la confiance qu'ils montrèrent,
firent supposer qu'ils avaient déjà vu les Anglais.
Ils acceptèrent une hache et un canard sauvage
que l'on venait de tuer, et offrirent en échange
une ligne à pêcher, faite du poil d'un animal, et
une zagaie; on refusa ce dernier objet. C'étaient
les premiers qui eussent témoigné le désir de
donner quelque chose en retour de ce qu'on leur
avait donné.

Depuis la mort du naturel qui s'était fixé à
Sidney, Phillip n'avait jamais perdu de vue l'idée
d'y en amener un autre par force ou par adresse,
afin qu'il pût apprendre assez d'anglais pour être
utile à ses compatriotes. Enfin le 25 novembre
un canot envoyé plusieurs fois à cet effet vers l'entrée du port ramena deux hommes sans aucun

accident. Dès qu'on les eut fait entrer dans le canot, ils appelèrent leurs compatriotes; ceux-ci parurent en grand nombre sur la lisière d'un bois; mais quand ils virent les armes à feu, ils s'en allèrent. Les deux prisonniers qu'on lia le long des bancs du canot, éprouvèrent d'abord une grande frayeur, on les détacha lorsqu'on se fut un peu éloigné de terre, sauf la jambe qui resta nouée au soutien de la traverse. Alors ils reprirent courage. Au milieu de la foule que la curiosité attira lorsqu'ils débarquèrent, se trouvaient A-ba-rou et Nan-barry, la petite fille et le petit garçon que l'on élevait après les avoir arrachés à la mort. Aussitôt qu'ils virent ces deux hommes, ils furent transportés de joie, et les appelèrent par leur nom. L'on reconnut bientôt que Co-al-by, l'un d'eux, était un personnage distingué de la tribu de Cadigal; l'autre était Be-ne-long, dont il a déjà été question. Celui-ci d'une humeur vive et gaie semblait se contraindre en présence de Co-al-by qui lui imposait du respect.

Dix-sept jours après qu'on les eut amenés dans la colonie, ces deux hommes parurent si familiarisés avec leur nouvelle position, que leurs gardiens commencèrent à moins craindre qu'ils ne fissent des tentatives pour s'échapper. Sans doute les sauvages s'en aperçurent, et formèrent leur plan en conséquence; car ils ne manquaient ni d'esprit, ni de jugement. Un soir Co-al-by profita du moment où ses gardes étaient à souper avec Be-ne-long; il se tenait en dehors de la maison, faisant semblant de manger. Il défit tout douce- ment la corde attachée au fer qu'il avait au pied, et dont l'autre bout était dans la main du garde; dans un clin d'œil il eut sauté par-dessus la palis- sade de la cour, et bientôt il fut hors de vue. On le chercha sur-le-champ; il n'était plus temps: depuis on ne le revit plus; mais on apprit qu'il était heureusement arrivé parmi ses compatrio- tes; sans doute ils furent surpris de le voir si bien vêtu, car il avait emporté toute sa garde-robe. Quant à Be-ne-long, la peur l'empêcha dans le premier moment de joindre son camarade, et à l'instant où on le serra de plus près, il était agité par la joie que lui inspirait l'idée de sa délivrance prochaine.

Ce fut au mois de novembre 1789 que l'on rentra la première récolte à Rose-Hill; elle donna deux cents boisseaux de froment, trente-cinq boisseaux d'orge, et un peu d'avoine et de maïs. Tout fut réservé pour semer. A Sidney l'on n'a- vait cultivé que de l'orge dans la ferme du gouver- nement; l'on en recueillit vingt-cinq boisseaux. Les nouvelles que l'on reçut de l'île Norfolk don- naient les espérances les plus brillantes pour le résultat de la culture.

Au commencement de 1790 on ne parlait dans la colonie que des vaisseaux que l'on s'attendait à chaque instant à voir arriver d'Angleterre avec des provisions, car on avait consommé presque entièrement celles que l'on avait apportées, et l'on allait bientôt avoir recours à celles qui étaient venues du cap de Bonne-Espérance sur le *Sirius*. Cependant les trois premiers mois de l'année se passèrent sans que les vœux que l'on formait fussent exaucés ; Phillip fut donc obligé de réduire la ration ; et comme si ce n'eût pas été assez du tracas que cet état de choses lui causait, le *Supply* revenant de l'île Norfolk, lui apprit que le *Sirius* s'était perdu sur les récifs qui entourent la baie où l'on débarque. Ce malheureux accident privait la colonie de la ressource de ce bâtiment, que l'on aurait pu expédier dans un cas de détresse, pour aller chercher des vivres dans quelque coin du monde. On ne peut se faire une idée de la consternation que cette triste nouvelle répandit dans la colonie. Lorsque le *Supply* vint mouiller dans le port, chacun regardait ce navire comme l'espérance qui restait.

Dans cette conjoncture critique, le gouverneur assembla tous les officiers civils et militaires de la colonie, pour délibérer sur les mesures à prendre. On décida de réduire encore la ration, de donner plus d'activité à la pêche, et d'envoyer plus de monde à la chasse. Malheureusement l'expérience avait appris que l'on ne pouvait se fier entièrement à l'honnêteté des hommes employés à la pêche : les officiers prirent le parti de les surveiller ; chacun se chargea volontiers de cette tâche désagréable qui devenait un devoir. Malgré le zèle que l'on y apporta, la pêche abondante pendant les premiers jours le fut si peu au bout de quelque temps, qu'elle ne donnait guère que la provision nécessaire pour nourrir les équipages des canots que l'on y envoyait. La chasse ne fut pas non plus d'un grand secours.

La nécessité de se procurer des vivres devenant chaque jour plus pressante, Phillip résolut d'envoyer le *Supply* à Batavia pour en rapporter des provisions. Le capitaine était autorisé à fréter un navire et à le charger en entier pour Port-Jackson. Enfin Phillip fit tout ce qui était en son pouvoir pour mettre un terme aux inquiétudes de la population dont le soin lui avait été confié. Le soulagement que l'on attendait de cette expédition ne pouvait être prochain ; mais on savait du moins à quelle époque le *Supply* serait de retour, tandis qu'il était impossible de fixer celle à laquelle arriveraient les vaisseaux attendus d'Angleterre.

Le *Supply* partit le 17 avril. King qui avait commandé à l'île Norfolk s'y embarqua avec les dépêches de Phillip pour le gouvernement. Hunter lui avait succédé. On espérait que l'on reverrait le *Supply* avant six mois, et l'on pensait que dans cet intervalle on recevrait au moins un vaisseau d'Angleterre. Phillip dans la détresse générale, donna une preuve de générosité et d'humanité bien louable. Il délivra au magasin général trois quintaux de farine qui lui appartenait, disant qu'il voulait que l'on ne servît sur sa table que la même ration qui était accordée aux autres habitans.

On ne fut pas long-temps sans ressentir les effets de la diminution dans les distributions de vivres. Les travaux allèrent moins vite, parce que les ouvriers ne mangeaient pas suffisamment pour soutenir leurs forces. On voyait sur le visage des colons des marques de la maigre chère à laquelle de tristes circonstances les réduisaient.

Enfin le 21 juin le poste d'observation fit le signal si long-temps attendu ; on apprit qu'un navire s'approchait ; la joie fut universelle. Ce bâtiment, la *Lady Juliana*, était parti de Plymouth au mois de juillet de l'année précédente ; sa traversée avait donc duré dix mois. Le gouvernement anglais avait expédié deux mois plus tard le vaisseau le *Guardian*, complétement chargé de provisions, de munitions en tout genre et de vêtemens. Celui-ci avait touché sur un île de glace. Le capitaine avait été obligé de le ramener au cap de Bonne-Epérance, où la *Lady Juliana* l'avait trouvé; la plus grande partie de la cargaison avait été jetée à la mer, pour empêcher le bâtiment de couler à fond ; on avait tué tout le bétail.

La satisfaction que l'on avait éprouvée par l'arrivée du navire fut bien diminuée par les mauvaises nouvelles qu'il apportait. D'ailleurs une partie des provisions de sa cargaison était gâtée ; mais bientôt il fut suivi d'un autre , et l'on apprit qu'incessamment il en viendrait plusieurs. Alors les distributions furent remises sur l'ancien pied , et les travaux reprirent leur cours ordinaire. Chacun fit des vœux ardens pour qu'aucun accident ne forçât à l'avenir à s'écarter en rien de la marche ordinaire.

Au mois de juillet Phillip traça le plan de la ville de Rose-Hill, afin que l'on ne bâtit pas des maisons au hasard , ce qui aurait empêché qu'elle acquît jamais la régularité qu'elle devait avoir. Peu de temps après, ce lieu prit le nom de Paramatta, qu'il a continué à porter. L'attention de ce gouverneur se portait sur tous les objets qui intéressaient le bien public; il n'en jugeait aucun indigne de lui. En conséquence des instructions qu'il reçut du ministère, relativement aux concessions de terre , il divisa le territoire en plusieurs lots ; les officiers et les soldats qui s'établissaient dans le pays recevaient un certain nombre d'acres proportionné à leur grade. Ils pouvaient prendre à leur service pour cultiver leur terre, les déportés qui leur étaient nécessaires, à condition de prouver qu'ils avaient le moyen de les entretenir, de les nourrir et de les vêtir. Ces sages règlemens contribuèrent à consolider la colonie. Les déportés dont le temps de la peine était expiré, avaient le choix de rester, et on leur donnait des terres. Quelques-uns prirent ce parti, et par leur bonne conduite, prouvèrent qu'ils s'étaient véritablement corrigés. D'autres au contraire, après avoir été libérés, offraient le spectacle choquant d'une dépravation profonde.

Le gouvernement se réservait dans chaque canton un terrain égal aux concessions les plus considérables : il était inaliénable; mais on pouvait l'affermer à des particuliers pour quatorze ans. On mit aussi à part, dans toutes les divisions désignées par le nom de townships, une part de quatre cents acres pour le ministre de la religion, et une autre de deux cents pour le maître d'école.

Les conditions exigées par le gouvernement étaient que chaque colon habitât sur sa concession, pour la cultiver et l'améliorer, et conservât les bois convenables pour le service de la marine royale. On regarda comme trop court le période de douze mois, pendant lequel le colon recevait des vivres des magasins publics; car on pensait généralement qu'à l'expiration de ce terme, il n'y en aurait aucun qui aurait les moyens de se nourrir avec le produit de ses terres, à moins que dans l'intervalle il n'eût été beaucoup aidé et n'eût obtenu des récoltes très-abondantes.

Au mois de septembre le *Supply* revint de Batavia; son absence avait duré six mois deux jours; ainsi à cet égard on avait très-bien calculé. Il apportait des vivres, et en avait chargé un bâtiment hollandais qu'il avait frété; celui-ci n'entra dans le port de la colonie anglaise qu'au mois de décembre.

Mais les provisions arrivées depuis le mois de juin n'avaient répandu qu'une abondance momentanée. Au mois d'avril 1791 Phillip craignant d'être de nouveau réduit aux mêmes extrémités que l'année précédente, diminua les distributions. D'ailleurs les vivres venus de Batavia n'étaient pas de bonne qualité; et l'on fut dégoûté d'avoir à l'avenir recours à ce marché. Au mois d'août l'arrivée successive de plusieurs navires donna la possibilité d'augmenter de nouveau les rations.

Le nombre des déportés qui arriva dans le courant l'année 1791 fut de 1695 hommes et 168 femmes. Il faut y ajouter huit femmes libres, qui suivirent leurs maris condamnés. Cette aug-

mentation de population n'était pas avantageuse
à la colonie sous tous les rapports ; car parmi les
hommes il y avait, comme on peut le supposer,
un grand nombre de mauvais sujets, qui causèrent
de nouveaux embarras à Phillip, quoique chaque
vaisseau amenât des détachemens de troupes destinées à maintenir le bon ordre. Les équipages
des bâtimens mouillés dans la rade contribuaient
d'un autre côté à troubler la tranquillité ; ce
n'était qu'en faisant observer la discipline la
plus sévère que l'on parvenait à assurer le bon
ordre.

Il n'était pas aussi facile qu'on le désirait d'empêcher la désertion des déportés : quelques-uns
se cachaient à bord des vaisseaux en rade ; d'autres parvenaient à s'emparer de chaloupes, et af-
frontaient ainsi les dangers d'une longue navigation pour échapper à leur captivité. On a vu dans
la relation du voyage d'Ewards qu'en abordant à
Timor, il y trouva une troupe de ces malfaiteurs
qui avaient réussi à gagner cette île. A chaque
instant l'on découvrait des complots de déportés,
qui avaient pour but de s'en aller sur de petits
bâtimens dont ils se seraient saisis. Mais la tentative de fuite la plus singulière, fut celle dont le
gouverneur reçut l'avis le 1er. novembre. On lui
manda de Paramatta que parmi les condamnés
arrivés récemment d'Irlande, une troupe de vingt

hommes et une femme s'étaient enfuis, emportant
des provisions pour huit jours. Ils étaient armés
de casse-têtes indiens et de couteaux. On ajoutait
qu'ils étaient partis avec l'idée chimérique d'aller
par terre à la Chine, ou de trouver dans la Nouvelle-Hollande une colonie où ils seraient reçus
et entretenus sans travailler. On supposa généralement que ce conte absurde n'était destiné qu'à
couvrir leur dessein réel ; et que sans doute ils
chercheraient à se procurer des canots, et à s'embarquer à bord des bâtimens de transport après
que ceux-ci auraient quitté le mouillage devant
Sidney. Dès qu'on se fut aperçu de leur fuite, un
officier avec un détachement de soldats furent
dépêchés à leurs trousses. On suivit leurs traces
jusqu'à une anse du port, où on les perdit complétement. Quelques jours après l'équipage d'un
bâtiment de transport étant allé couper du bois sur
la rive du nord, aperçut la femme qui avait accompagné les fugitifs. Depuis trois jours elle s'en
était séparée, et errait seule, ignorant où elle se
trouvait, jusqu'au moment où elle atteignit la
côte ; heureusement pour elle, le canot arriva
quelques instans après. Le lendemain on expédia
plusieurs embarcations vers l'entrée de la baie,
et l'on rencontra le mari de cette femme, qui fut
amené à Sidney. Ces deux individus interrogés
donnèrent sur leur projet les mêmes détails dé-

raisonnables rapportés plus haut. Ils avaient singulièrement souffert de la fatigue, de la faim et
de la chaleur. L'homme avait perdu ses compagnons quarante-huit heures avant qu'on le dé-
couvrît; et l'on n'en eut aucunes nouvelles pendant plusieurs jours, quoique l'on envoyât sans
cesse des canots du côté vers lequel on savait
qu'ils s'étaient dirigés.

Trois de ces malheureux furent rencontrés
quelque temps après par des officiers dans le
voisinage de Broken-Bay. Malgré leur triste position, ils firent des difficultés pour se rendre; et
quand on les questionna, ils repondirent qu'ils
avaient simplement désiré de vivre sans travailler.
Ils furent renvoyés à Paramatta; mais l'expérience
ne les avait pas instruits : peu de jours après ils
s'évadèrent de nouveau. Des détachemens battirent aussitôt le pays; on en ramena treize de ceux
qui s'étaient enfuis les premiers et dont l'état
faisait pitié; on les trouva nus et presque morts
de faim. Quelques-uns avaient principalement
vécu en suçant les arbustes et les fruits sauvages.
Comme, malgré la misère que ces gens avaient
éprouvée, l'habitude de se cacher dans les bois
pour ne pas travailler, semblait gagner, le
gouverneur fit assembler tous les déportés arrivés
depuis le commencement de l'année, et leur dit
que pour les empêcher de s'écarter à l'avenir des

iv. 23

endroits où on les avait placés pour accomplir
leur tâche, il enverrait de côté et d'autre, des
troupes de militaires qui auraient ordre de tirer
sur les fugitifs partout où on les apercevrait; il
ajouta que ceux que l'on ramènerait vivans seraient placés dans une partie du port d'où ils ne
pourraient pas s'échapper, ou bien enchaînés
ensemble et mis au pain et à l'eau pendant tout
le temps de leur bannissement : enfin il leur dit
qu'il était instruit du projet qu'ils avaient formé
de s'armer et de s'emparer des magasins ; et les
avertit que s'ils faisaient la moindre tentative de
ce genre, quiconque serait pris, serait à l'intant
puni de mort. Les ayant ainsi prémuni contre les
desseins extravagans qui pourraient leur passer
par la tête, il leur pardonna de petites fautes,
les exhorta paternellement à retourner à leur travail, et en changea les heures conformément à
une demande qu'ils lui avaient adressée.

Ce ne fut pas au reste la seule fois que des déportés s'échappèrent en s'imaginant qu'ils pourraient aller par terre jusqu'à la Chine : tant l'ignorance fait faire de sottises ! Plusieurs de ces
malheureux périrent misérablement au milieu
des bois; quelques-uns après avoir souffert horri-
blement de la faim, eurent la force de revenir
jusqu'à la colonie, où ils racontèrent la fin déplorable de leurs compagnons. Le triste récit de

leurs aventures ne pouvait rien sur l'esprit de ceux qui étaient infatués de l'idée dont ils avaient failli à être les victimes. On apprenait, peu de jours après le retour des premiers, que d'autres avaient fait la même tentative. Le plus grand inconvénient qui résulta de ces entreprises folles, fut qu'un bon nombre de ces fugitifs se mit à mener une vie vagabonde, et devint un fléau véritable pour la colonie. Il fallut envoyer des détachemens armés pour maintenir la sûreté pendant la nuit autour de Sidney et de Paramatta, et pour préserver les récoltes des dépradations de ces bandits.

Parmi les condamnés arrivés au mois de septembre 1792, il s'en trouvait un qui dès son entrée dans la colonie avait mérité la bienveillance du gouvernement. C'était un homme très-connu en Angleterre, comme le filou le plus habile qui eût existé. Né dans une famille honnête, et qui tenait un rang dans la société, George Barrington, égaré par son goût pour la dissipation, commit dans sa jeunesse une faute pour laquelle il fut arrêté et conduit devant les tribunaux. Faute de preuves suffisantes, le jury le déclara non coupable. Le juge en annonçant à Barrington la décision qui le renvoyait absous, l'exhorta de la manière la plus touchante à prouver désormais par sa conduite que les fruits de la bonne éduca-

23 *

tion qu'il avait reçue, n'étaient pas entièrement
perdus, et que la leçon sévère qu'il venait de recevoir lui avait été utile. On prétend que Barrington lui répondit : « Monseigneur, je remercie
votre seigneurie de l'avis paternel qu'elle veut bien
me donner; mais je crains bien qu'il ne me soit
pas possible d'en profiter. Je suis un homme dif-
famé ; j'aurai beau faire, ma comparution devant
la justice m'empêchera d'être admis par les hommes avec lesquels je puis aller de pair ; à chaque
instant je courrai le risque de m'entendre désigner par une dénomination offensante. On ne me
laissera que le choix des moyens de m'écarter de
la voie du bien. Que votre seigneurie ne soit donc
pas surprise si elle me revoit de nouveau. »

Effectivement Barrington fut plusieurs fois traduit en justice pour des vols ; mais il connaissait
si bien les lois, qu'il sut éluder leurs atteintes.
Avec beaucoup d'esprit, il était entré dans la carrière de la jurisprudence, que son père avait
parcourue. Les connaissances qu'il acquit, lui
donnèrent le moyen de calculer tellement ses
actions, que les preuves n'étaient jamais assez
évidentes pour qu'on pût le condamner. Enfin
en 1790 les témoignages furent si positifs, que
malgré tous les subterfuges auxquels il eut re-
recours, et qui lui avaient dans beaucoup d'oc-
casions sauvé le châtiment, il fut déclaré coupa-

ble et condamné à la déportation. Malgré sa mauvaise conduite, il avait conservé des amis, qui à l'instant où il reçut la nouvelle qu'il allait être embarqué avec ses compagnons de malheur, lui donnèrent des marques d'un intérêt véritable. Ils lui firent présent de tant de choses, qu'il était sûr de ne manquer de rien à l'avenir.

Déjà le repentir avait ouvert les yeux de Barrington sur sa conduite. « Quoique nous eussions quitté la prison à sept heures du matin, dit il, et qu'il y eût peu de monde dans les rues, notre marche produisit sur moi une forte impression. La honte de me trouver au milieu de coquins de toute espèce, dont quelques-uns étaient à peine au-dessus de la brute, et qui gorgés de liqueurs fortes proféraient des blasphèmes horribles, où répétaient des chansons d'une licence dégoûtante, m'infligeait une peine plus rigoureuse que celle à laquelle la loi de mon pays m'avait condamné, et vengeait pleinement la société que j'avais si grièvement offensée. »

Absorbé dans les réflexions les plus humiliantes, il ne revint à lui que lorsqu'on l'eut fait monter sur le pont du vaisseau qui devait le transporter dans un monde nouveau. Quelle douce consolation dans sa misère! il aperçut un de ses amis, qui par ses soins généreux, non-seulement lui fit avoir une place pour ses effets dans le

magasin du bâtiment, mais lui obtint aussi la
permission de monter sur le pont sans être
chargé des fers sous lesquels il était condamné à
gémir ; enfin il lui procura la faveur d'être admis
à la table du maître d'équipage et des autres
officiers mariniers. Ceux-ci en furent très-contens,
parce qu'il apportait une bonne provision de vivres. On lui donna un hamac, qui fut placé près
de celui du maître d'équipage. Il ne tarda pas à
trouver l'occasion de faire voir qu'il était reconnaissant des bienfaits dont on le comblait.

Les déportés avaient tramé le complot de s'emparer du bâtiment. Le capitaine ayant par humanité permis à dix d'entre eux de se promener
ensemble et libres de fer sur le pont, ils choisirent pour exécuter leur projet le moment où il
ne s'y trouvait que Barrington et le matelot qui
tenait la barre du gouvernail. Frappé du bruit
qu'il entendit sur le gaillard d'avant, le premier
y courut pour en connaître la cause. Deux con-
jurés l'arrêtèrent en chemin. L'un d'eux armé
d'un sabre arraché à la sentinelle qu'il avait tuée
d'un coup de pistolet, le leva sur Barrington, qui
heureusement saisit une vieille hallebarde : il en
perça son antagoniste, fit reculer les autres, et
se maintint dans sa position à l'entrée du gaillard d'arrière ; cependant le nombre de ses ennemis augmentait, et il allait être forcé, quand

la décharge d'une espingole tirée de derrière lui les mit en fuite. Le capitaine averti par le timonier s'était armé à la hâte; bientôt tous les officiers survinrent, et les mutins furent chassés dans la cale. Cette attentat exigeait une punition prompte et exemplaire : deux des chefs de révolte furent à l'instant pendus à la grande vergue, et d'autres reçurent des coups de fouet; tous furent enchaînés.

L'ordre rétabli, le capitaine remercia hautement Barrington d'avoir sauvé le vaisseau : il lui promit de reconnaître, dès qu'il le pourrait, le service signalé qu'il venait de rendre, et donna ordre au commis aux vivres de lui fournir ce qu'il désirait. Chaque jour il lui envoyait de sa table des vivres frais. Ces présens augmentèrent l'estime que déjà les commensaux de Barrington lui portaient, et ils se félicitèrent de n'avoir fait aucune difficulté de l'admettre parmi eux.

Lorsque l'on relâcha au cap de Bonne-Espérance, le capitaine remit à Barrington un bon de cent piastres sur un négociant de la ville, et lui dit que toutes les fois qu'un canot irait à terre, il aurait la liberté d'en profiter. Enfin quand le navire fut arrivé à sa destination, il fit un rapport si favorable de la conduite de Barrington, que Phillip lui en témoigna sa satisfaction, lui assura qu'il ne négligerait rien pour rendre son existence agréable, et que s'il continuait à mener une vie

recommandable, il pouvait compter sur les marques de sa bienveillance. Dès le lendemain il lui
confia la surveillance des déportés établis à Paramatta. Barrington s'acquitta de ses fonctions à la
satisfaction générale.

D'un autre côté sa douceur envers les naturels
lui gagna leur amitié : quand il en rencontrait, il
leur faisait toujours quelque petit présent ; c'était
le meilleur moyen de conserver leur affection. Dès
qu'il se fut établi à Paramatta, il donna une nouvelle preuve de son retour sincère au bien, par le
soin qu'il mit à cultiver le terrain qu'on lui avait
concédé. En peu de temps sa basse-cour fut une
des mieux garnies de la colonie. Son jardin était
un des plus productifs. Une femme déportée et
son fils âgé de treize ans et demi lui avaient été
envoyés pour l'aider. Lorsque Phillip venait à
Paramatta, il ne manquait jamais de faire une
visite à Barrington et de lui adresser des éloges,
tant sur la culture de sa ferme, que sur la manière dont il dirigeait les déportés confiés à sa
surveillance.

Un événement imprévu vint répandre sur l'existence de Barrington, un charme qu'il n'avait pas
pu espérer. « L'on dit communément, s'écrie-t-il,
que les vertus unissent les gens de bien ; je puis
assurer que les remords et les malheurs lient
aussi les hommes qui ont à regretter de n'avoir

pas toujours suivi la voie du bien. Je m'étais inti-
mement attaché à un jeune homme qui cultivait
une ferme à quatre milles au nord de Paramatta,
près des limites septentrionales de la colonie.
J'allais le voir deux à trois fois par semaine. Un
jour que je revenais de chez lui suivi de Tim, fils
de ma ménagère, nous vîmes un kangorou traverser le chemin devant nous. A l'instant je lui
tirai un coup de fusil qui lui cassa une patte de
derrière ; malgré cette blessure qui retarda sa
course, nous fûmes obligés de le poursuivre pendant plus d'une heure avant de l'approcher assez
pour l'achever.

« L'animal était si gros et si pesant, que je ne
pouvais avec l'aide de mon jeune compagnon
l'apporter chez moi. Je cherchai donc un lieu où
je pourrais le cacher jusqu'au lendemain. Ayant
découvert un creux sur le bord d'un ravin profond, je l'y déposai, et l'ayant couvert de branchages, d'herbes et de pierres, je songeai à revenir chez moi.

« Le soleil était couché ; une faible lueur nous
éclairait encore ; mais la nuit approchait, et je
commençai à concevoir de l'inquiétude de me
trouver dans l'obscurité, si loin de ma maison.
La poursuite du kangorou m'avait fait oublier de
tracer des marques pour retrouver mon chemin ;
et je craignais de m'égarer pendant le crépuscule

qui durait encore. Le pauvre Tim , quoique rendu
de fatigue , s'efforçait de soutenir mon espoir , en
m'assurant que nous étions dans la bonne route ,
et que nous arriverions à temps pour faire à neuf
heures la revue de mon monde , ajoutant que
dans le cas où nous serions obligés de passer la
nuit dans les bois , il saurait bien couper de
l'herbe pour m'en faire un lit , qu'il veillerait pendant que je dormirais , et tirerait hardiment sur
tel ennemi qui se présenterait. « Vous savez bien,
« ajouta-t-il , que les naturels ont tellement peur
« d'un fusil que je n'aurais qu'à leur montrer le
« nôtre pour les mettre en fuite. » Le courage et
l'affection de cet enfant me firent rougir de mon
peu de fermeté, qui ne me permettait pas de lui
cacher mon inquiétude. Après avoir marché pendant deux grandes heures, nous étions aussi loin
de toute habitation que deux heures auparavant.
Nous ne nous souvenions pas d'avoir jamais
aperçu aucun des objets qu'un reste de clarté
nous laissait encore apercevoir. Cependant nous
distinguions à travers les arbres la rivière de Paramatta dans l'enfoncement , mais sous un aspect
différent de celui que nous connaissions. Ranimés
par cette vue, nous hâtons le pas avec l'espoir
d'arriver bientôt sur ses bords ; une ravine profonde nous arrête. Renonçant alors à l'idée d'atteindre à ma maison, et voyant d'ailleurs que la

fatigue avait réduit le pauvre Tim aux abois, je me décidai à passer la nuit dans le lieu où nous étions.

« Je me mis donc à arracher de l'herbe et à rompre des branches d'arbre pour faire du feu. Tout à coup Tim accourt à moi, et me dit de ne pas prendre tant de peine, parce qu'il a découvert une cabane où il y a beaucoup de bois sec. Il m'y conduit : c'était une de ces huttes que les sauvages élèvent dans le temps de la chasse : la saison pendant laquelle ils la font, venait de finir; ainsi je ne devais pas craindre qu'il vinssent me surprendre. J'allumai du feu; il y avait dans un coin de la cabane un tas d'herbe sèche; je l'étendis pour nous coucher. Mais je pressai inutilement mon fidèle Tim de prendre place près de moi. Il me pria de lui confier mon fusil pour me garder pendant que je dormirais : j'étais trop agité pour me livrer au sommeil; je tirai un livre de ma poche et je résolus de lire jusqu'au jour. Au bout d'une demi-heure Tim laissa échapper son arme de ses mains et s'endormit profondément : quelques momens après mon livre tomba des miennes, et je fis comme lui.

« J'ignore combien de temps dura notre sommeil. Réveillé soudainement par la piqûre des fourmis, je vis que le jour commençait à paraître; j'appelai Tim : nous partîmes. Après avoir suivi la ravine l'espace d'un mille, nous arrivâmes à son extrémité, d'où, à notre grande joie, nous aperçûmes Paramatta, encore éloigné de six à sept milles. Nos inquiétudes se dissipèrent ; je reconnus à l'aide de ma boussole de poche que Paramatta était à l'ouest-sud-ouest : je me dirigeai donc vers ce point, lorsque étant descendus dans la plaine, les hauteurs m'eurent fait perdre ce lieu de vue. Un marais nous barra le passage ; nous en fîmes le tour. Parvenus à un endroit où nous n'avancions qu'avec peine à cause de l'épaisseur des broussailles, nos oreilles furent frappées d'un cri plaintif. L'étonnement nous rendit immobiles ; je cherchai bientôt de quel côté il partait, et je découvris près de nous une caverne. Mon premier mouvement fut de m'éloigner ; cependant je fis réflexion que je pourrais être utile à l'être qui gémissait ; je m'avançai avec Tim vers la caverne. Grand Dieu ! quel touchant spectacle s'offrit à ma vue ! Une jeune sauvage assise sur un rocher, les yeux mouillés de larmes et douloureusement attachés sur un jeune homme étendu à terre. Cette femme était si profondément affligée, qu'elle ne m'aperçut pas lorsque j'entrai. Emu de compassion, je donnai mon fusil à Tim, et de crainte que la vue de cette arme n'effrayât la jeune fille, je fis signe à ce fidèle serviteur de sortir. En ce moment elle fixe ses yeux sur moi, pousse un cri, et tombe sans connaissance sur le corps qui était à ses pieds. J'envoie Tim chercher de l'eau à une source qui jaillissait du rocher ; je porte l'infortunée à l'entrée de la caverne ; je lui jette quelques gouttes d'eau sur le visage ; elle revient à elle. Ses yeux en s'ouvrant me jetent un regard mêlé de douleur et d'effroi. Je m'efforce de la rassurer par tous les signes que je puis imaginer ; je m'éloigne même de quelques pas pour lui faire comprendre que si elle le veut, elle peut fuir. Ma conduite la rassure ; elle me fait entendre à son tour que cet homme qui est là est son frère. Affaibli par une blessure qu'il avait reçue la veille et par la perte de son sang, il n'avait pu, quoique soutenu par sa sœur, gagner son habitation : l'approche de la nuit les avait engagés à se réfugier dans cette grotte. J'examine le corps du jeune homme ; il avait été blessé au-dessous du sein gauche, d'une lance dont la pointe barbelée était restée dans la plaie. Moitié par signes, moitié par quelques mots de la langue du pays que j'avais appris, j'instruis la jeune fille de mon aventure, et je lui fais entendre que je serais bien aise qu'elle consentît à me conduire seulement hors de ce lieu impraticable. Elle secoue la tête, et me montre le corps de son frère, comme pour me dire qu'elle ne peut consentir à l'abandonner ; elle me fait signe que leur habitation n'est pas éloignée et qu'elle se trouve près d'une montagne qu'elle m'indique. Je lui réponds de même, que si elle veut aller instruire ses parens du malheur qui lui est arrivé, je resterai près de son frère jusqu'à ce qu'elle revienne. La joie qui brille dans ses yeux m'annonce qu'elle m'a compris; un signe de tête exprime sa reconnaissance plus éloquemment que n'auraient pu le faire les paroles les plus expressives : elle s'élance hors de la caverne, et dans l'instant disparaît à nos yeux.

« Cette scène douloureuse et touchante avait si complétement occupé toutes les facultés de mon âme, que je n'avais pas songé un moment aux dangers que l'arrivée des sauvages pouvait me faire courir : cependant Tim qui avait été plusieurs fois témoin de leur perfidie, me suppliait, les larmes aux yeux, de laisser là ce corps et de regagner notre demeure. Ebranlé par ses sollicitations qui réveillaient mes craintes, j'allais m'éloigner, lorsque jetant un regard sur l'infortuné que je gardais, je crus le voir respirer; en effet un léger mouvement qu'il fit, m'apprit qu'il n'était pas mort. Retenu par cette compassion si naturelle à l'homme pour les maux de ses semblables, je sentis mes craintes se changer en un vif désir de rappeler ce jeune homme à la vie. Une sueur froide couvrait déjà son visage et son corps. Je l'essuyai avec mon mouchoir; ensuite je le frottai

avec ma main : Tim suivant aussi l'impulsion de
son caractère humain, joignit ses efforts aux
miens. Bientôt une douce chaleur qui se fit sentir
sous nos doigts, nous annonça que nos soins
n'étaient pas inutiles : elle se répandit davantage ;
le cœur de l'infortuné battit plus fort. En ce moment sa sœur entra : elle était suivie de son père,
d'un autre sauvage âgé et d'un garçon de douze
ans. L'étonnement de nous voir occupés à frotter
le corps du jeune homme les retint à l'entrée de
la caverne.

« Je fis signe à la jeune fille qui aussitôt s'approcha sans crainte. Je lui donnai la main de son
frère ; transportée de sa joie elle s'écria : « *Didjerry-
gour ! didjerry-gour !* (je vous remercie ! ô je
vous remercie !) Puis se tournant vers son père,
elle lui dit d'approcher. Alors je m'éloignai du
jeune homme, que je laissai à leurs soins. Le
vieillard examina la blessure ; ensuite il extirpa
très-adroitement la pointe de la flèche. Pendant
l'opération le jeune sauvage ouvrit les yeux, et
jeta sur son père un regard où se peignait la reconnaissance et l'amour. La jeune fille soulevait
la tête de son frère appuyée sur son sein, pendant que le père et son ami s'occupaient des
moyens de le transporter à leur demeure. Comme
on n'était pas à plus d'une portée de fusil d'une
rivière qui passait devant leur habitation, ils dé-

cidèrent d'envoyer chercher leur pirogue pour y
conduire plus commodément le blessé. Yearina,
ainsi se nommait la jeune fille, partit pour y
aller; je l'accompagni. En moins d'une heure
nous atteignîmes le pied de la montagne qu'elle
m'avait montrée; elle la gravit avec la vitesse de
la flèche, nous laissant son jeune frère pour nous
servir de guide. Bientôt elle revint avec une
troupe de sauvages qui s'étaient réunis pour nous
recevoir. Déjà elle avait expédié le canot pour
prendre son frère. Elle nous conduisit à sa demeure, creusée dans un rocher près des bords de
la rivière, et nous y offrit du poisson sec. L'accueil
que nous reçûmes de ces sauvages bienveillans ne
peut se deviner; leur joie allait jusqu'au délire, et
leur reconnaissance jusqu'à l'adoration. La mère
du jeune homme me comblait de marques d'a-
mitié, et je pouvais voir dans les regards d'Yearina que j'obtiendrais facilement d'elle de plus
douces preuves de sa gratitude.

« D'après ce que me dirent ces Indiens, je ju-
geai que j'étais encore à cinq milles de Paramatta.
Aucun d'eux n'y était venu. Cependant Batchery,
le plus jeune frère d'Yearina, m'offrit d'être notre
conducteur, à condition que j'aurais soin de lui,
et que le lendemain matin je le remettrais dans
son chemin. Je dis donc adieu à Yearina en lui
promettant de revenir bientôt la voir. Vers midi

nous arrivâmes chez moi excédé de fatigue. Heureusement mon absence n'avait pas inquiété, parce que l'on avait cru que j'avais passé la nuit à Sidney, comme cela m'était déjà arrivé quelquefois.

« Batchery ne revenait pas de l'étonnement que lui causait tout ce qu'il voyait; il en avait perdu l'envie de boire et de manger. Le lendemain je le remis dans son chemin, et je lui fis présent d'une hache pour lui et d'un collier de verroterie pour sa sœur.

« L'après-midi je pris avec moi trois hommes et mon fidèle Tim, et j'allai à la recherche du lieu où j'avais caché le kangorou. Nous eûmes de la peine à le retrouver; il était tout entier : on le rapporta sur une espèce de civière que l'on fit à la hâte avec des branches d'arbres. Je donnai aux gens qui m'avaient aidé la partie de devant de l'animal.

« Une semaine se passa avant que je pusse aller à Pacolbenah; c'était le nom du canton où demeurait la famille d'Yearina. J'en retrouvai le chemin avec plus de facilité que je ne l'aurais cru; je menai Tim avec moi. Aussitôt que Batchery nous aperçut, il courut avertir ses parens de notre arrivée. Je les trouvai tous rangés devant leur cabane, à l'exception de Palerino, celui que j'avais rendu à la vie. La joie qu'ils avaient de me revoir, était peinte sur leur visage. Le père me prenant par la main me conduisit à son fils qui me la serra pour me remercier. Une larme qui s'échappa de ses yeux, m'exprima sa reconnaissance. Yearina s'efforça de son côté de me prouver combien elle était sensible au service signalé que j'avais rendu à sa famille.

« Craignant de ne pas trouver chez ces sauvages des vivres pour mon compagnon et pour moi, j'avais apporté du pain, de la viande et une bouteille d'eau-de-vie. Nous nous assîmes en rond à terre, et je plaçai nos provisions au milieu du cercle. Rien n'était plus plaisant que de voir ces sauvages me regarder fixement, et suivre tous mes mouvemens avec un air de surprise. Je découpai la viande et je la leur distribuai; ils la mangèrent avec beaucoup d'avidité; quant au pain, ils le rejetèrent après l'avoir goûté. Mes provisions achevées, ils me servirent à leur tour du poisson sec, des racines, de petits fruits, et des noix dont le goût ressemblait assez à celui de la châtaigne. Quand ont eut fini, Vandjarkou, le père de famille, frappa trois fois dans ses mains; à ce signal, tout le monde se leva, et chacun alla reprendre ses occupations. Vandjarkou et sa femme s'embarquèrent dans leur pirogue pour achever la pêche commencée; Batchery arracha de l'herbe; Yearina resta pour soigner son frère, couché dans un coin de la hutte sur un lit d'herbes sèches : elle lui prit la main qu'elle mit dans la mienne; puis lui parla à voix basse , et s'écria : « *Boudjery, boudjery Palerino !* (bon , bon Palerino !) Elle me demanda mon nom : je lui dis que je m'appelais George, et je le lui répétai deux à trois fois. Alors Palerino me témoigna le désir de changer de nom avec moi. Il me dit ensuite que lorsque sa santé serait bien rétablie, il irait me voir à Paramatta avec sa sœur. La cérémonie du changement de nom se termina par un baiser que la belle Yearina donna à chacun de nous. Les transports de leur joie calmés , ils me racontèrent que le jour avant celui où je les trouvai, ils étaient allés ensemble pour cueillir des fruits dans les bois , lorsqu'ils furent rencontrés par deux hommes de la tribu de Vangal, la plus mortelle ennemie de la leur. Palerino en avait tué un; l'autre l'avait blessé : pendant le combat, Palerino avait lancé si adroitement une pierre à son adversaire, qu'il lui avait fait une forte blessure , et l'avait forcé de regagner sa pirogue dans laquelle il s'était éloigné précipitamment. Palerino, affaibli par la perte de son sang, n'avait pu rejoindre la cabane de son père ; et comme la nuit approchait , ils s'étaient retirés dans la caverne où je les avais trouvés.

« Très-satisfait de ma visite, je pris congé de

24*

ces bonnes gens une heure avant le coucher du soleil. Yearina et Palerino me réitérèrent à mon départ la promesse de venir me voir aussitôt qu'ils le pourraient. J'espère qu'ils tiendront leur parole, et que je pourrai les engager à rester quelque temps avec moi. Je me propose de cimenter ainsi cette amitié qui vient de naître, qui pourra devenir utile à la colonie, et de réaliser ce doux espoir qui avec l'amour a passé dans mon cœur. »

Barrington méritant de plus en plus les récompenses du gouvernement, Phillip le nomma officier de paix, et pendant plusieurs années il en remplit les fonctions avec zèle et assiduité. Il existait encore en 1802; mais entièrement privé de l'usage de ses facultés intellectuelles, il vivait d'une pension que ses services lui avaient obtenue.

« Il offrait à cette époque, dit le voyageur Turnbull, un triste exemple de l'abus des talens et de la force des remords sur l'âme d'un homme pénétré d'horreur pour les égaremens de sa vie passée.

Il était en proie à ces remords depuis plusieurs années; il les exprime avec l'accent de la vérité en terminant la relation de son voyage. Il la finit à l'époque où Phillip quitta le gouvernement de la Nouvelle-Galles du sud. « Notre digne gouverneur partit, dit-il, accompagné de nos regrets et de nos bénédictions pour l'Angleterre.

« Pour l'Angleterre ! pour ce pays que je ne reverrai plus ! pour ma patrie dont mes fautes m'ont banni à jamais ! Ah ! vous à qui j'adresse cet ouvrage, ah ! vous ne pouvez savoir quelle force a ce sentiment que chaque homme porte dans son cœur pour le lieu, qui l'a vu naître, et tout ce que souffre l'infortuné condamné à ne plus le revoir; il faut avoir perdu cette espérance pour savoir comme on l'aime ! Hélas, combien de fois le cœur oppressé et les yeux tournés vers le nord, ne suis-je pas resté immobile, accablé de douleur et de regrets ! Combien de fois, passant des heures entières dans cette situation, mon imagination franchissant les espaces, ne s'est-elle pas transportée près de mes parens, au milieu de mes amis ! Rêves trop flatteurs ! plaisirs mensongers ! combien vous faites payer chèrement ces courts instans d'un bonheur passager ! Réveillé bientôt par l'affreuse vérité, je l'entends qui me crie : homme coupable ! ton pays t'a rejeté; il a voulu mettre l'étendue des mers et la profondeur de leurs abîmes entre lui et toi. Expie tes crimes ! Non, malheureux ! ta tombe ne sera jamais dans les mêmes lieux où fut ton berceau ! »

L'acte qui rendait Barrington aux droits de citoyen libre fut un des derniers du gouvernement de Phillip. La sollicitude continuelle que l'exercice de sa place avait exigée pendant quatre ans, avait épuisé ses forces. S'apercevant que sa santé déclinait, il annonça au mois d'octobre 1792 son intention de résigner son emploi et de retourner en Angleterre pour respirer l'air natal. Dès que sa résolution fut connue dans la colonie, elle y causa une douleur générale. Quant à lui, il éprouvait la satisfaction de laisser dans un état florissant un établissement qu'il avait créé.

Il partit le 11 décembre, emmenant avec lui Be-ne-long, ce naturel dont on s'était emparé moitié par supercherie, et moitié par force, au mois de novembre 1789, et qui n'ayant pas pu s'enfuir avec son compatriote, avait paru se résigner à son sort, et s'était montré beaucoup plus gai qu'auparavant : mais Be-ne-long savait dissimuler. Il avait l'air content des bons traitemens qu'il éprouvait ; il mangeait souvent à la table de Phillip qu'il appelait *beanga*, ce qui signifie père ; et le gouverneur à son tour le nommait *douró*, qui signifie fils. Il accompagnait souvent Phillip dans ses promenades ; celui-ci pour lui ôter toute méfiance, détachait son sabre avec le ceinturon ; et le remettait au sauvage qui s'en ceignait et semblait tout joyeux de cette marque de distinction. On lui avait donné pour vêtement une veste et un pantalon de gros drap rouge ; le dimanche il se mettait en nankin. Le motif de Phillip pour lui donner un habillement épais et chaud avait été de le rendre assez sensible au froid pour qu'il ne lui fût plus possible de s'exposer nu à l'air comme auparavant.

Be-ne-long était toujours gai ; il chantait quand on l'en priait, et cependant ses airs étaient généralement traînans et tristes. Il marquait la mesure en balançant son bras en avant et en arrière. Il dansait dès qu'on lui en témoignait le désir ; ses pas ou plutôt ses gestes étaient d'abord lents ; ensuite ils s'animaient ; enfin c'étaient de véritables contorsions : il se tordait les bras, se renversait le corps en arrière, frappait la terre avec violence. Sans doute cette partie de la danse de ces sauvages est destinée à représenter les effets de la colère et de la haine ; car on se souvenait que dans les commencemens de la colonie, quand on aborda la côte, toutes les fois que les naturels apercevaient les étrangers, ils exécutaient cette partie de leur danse, qu'ils accompagnaient de leurs cris de fureur, *ouara, ouara!* (fuis, fuis!)

L'air de contentement de Be-ne-long décida Phillip à lui accorder sa liberté toute entière. Il lui fit donc ôter l'anneau qu'il portait à la jambe. Quelque temps après, Be-ne-long profitant de l'obscurité d'une nuit bien sombre, se dépouilla de ses habits et s'enfuit dans les bois, au mois de mai 1790. Il avait si bien pris ses mesures, qu'on ne s'aperçut de son départ que lorsqu'il était déjà bien loin.

On le vit plusieurs fois depuis causant ou pêchant avec Co-al-by. Il se laissait même approcher par les Anglais : ils le pressaient de revenir à Sidney ; il refusait toujours.

Phillip qui avait constamment dirigé en personne toutes les excursions, étant allé le 7 septembre à l'entrée du port pour y marquer un lieu propre à l'érection d'un fanal, rencontra en revenant une chaloupe, dont l'équipage lui dit que des officiers qu'on avait conduits du côté de Broken-bay, avaient vu Co-al-by et Be-ne-long. Ces sauvages s'étaient informés de toutes les personnes qu'ils connaissaient dans la colonie ; mais surtout du gouverneur, et avaient dit qu'ils iraient à Sidney, si lui-même consentait à venir les voir.

Phillip revint à l'instant à Sidney, fit choix de quelques objets qu'il supposa devoir être agréables aux sauvages, et embarqua aussi dans le canot des armes à feu, parce qu'on l'avait averti que les naturels étaient en grand nombre. On les vit effectivement assis autour d'un grand feu et près d'une baleine que la tempête avait jetée sur la côte, et dont ils se régalaient. Dès qu'on fut à la portée de la voix, le gouverneur appela Be-ne-long, et lui demanda où il était ; celui-ci répondit : Me voici. — Je suis le gouverneur, votre père, reprit Phillip. En même temps il débarqua, et marcha vers les sauvages en leur tendant les bras, pour leur faire voir qu'il n'avait pas d'armes. Ils montrèrerent néanmoins de la défiance, et restèrent à leur place sans bouger. Phillip avançant toujours jusqu'à l'entrée d'un petit bois où ils étaient, l'un d'eux lui serra la main en signe d'amitié, et répéta plusieurs fois les mots de père et de gouverneur. Alors Phillip revint à la chaloupe, ordonna d'apporter divers objets, ainsi que du pain, du vin et de la viande, et avec ces présens retourna vers les sauvages ; plusieurs officiers l'accompagnèrent. Les naturels burent du vin ; on leur donna des couteaux : cependant on eut beaucoup de peine à reconnaître Be-ne-long, tant il était changé depuis sa fuite. On l'engagea inutilement à s'approcher de la chaloupe ; il se reculait aussitôt que quelqu'un s'approchait trop de lui. Cependant douze naturels s'étant placés de manière à prévenir toute surprise, Be-ne-long et Co-al-by vinrent au milieu des officiers, et leur adressèrent des questions. Be-ne-long passa son bras autour du cou de l'un d'eux avec lequel il avait été plus particulièrement lié, et Co-al-by leur prit à tous la main. Il eut beaucoup de peine à endosser une veste qu'on lui donna, et fut obligé de prier quelqu'un de l'aider. Il tenait à la main une très-belle lance; le gouverneur la lui demanda; il refusa de la donner.

L'harmonie la plus parfaite semblait régner entre tout le monde, lorsque Phillip voyant une troupe d'une vingtaine de sauvages tourner le lieu où il était, proposa de regagner la chaloupe; en même temps il dit à Be-ne-long qu'il reviendrait bientôt, et lui apporterait deux haches qu'il paraissait vivement désirer. Quand on fut près du bord de la mer, Be-ne-long apercevant tous les Anglais qui étaient dans l'embarcation, montra de la joie, et serra la main à tous ses bons amis. Il indiqua un arbre en assurant qu'on le trouverait auprès quand on lui apporterait les haches. Co-al-by et Be-ne-long parlèrent fort gaîment de leur fuite, et l'on apprit alors comment Co-al-by s'y était pris pour effectuer la sienne. Ils finirent par dire que s'ils fussent restés plus long-temps enchaînés parmi les Anglais, ils n'eussent pas pu dormir. Be-ne-long fit voir plusieurs blessures qu'il avait reçues depuis qu'il était de retour parmi ses compatriotes.

Il désigna ensuite au gouverneur un sauvage grand et vigoureux, qui après avoir parlé avec les Anglais, était resté à une soixantaine de pas en arrière. Be-ne-long avait l'air de désirer que l'attention se fixât sur cet homme. Alors le gouverneur s'avança vers lui les bras ouverts; le na-

turel se méprenant sans doute sur les intentions
de Phillip, et croyant qu'il voulait le saisir pour
le faire prisonnier, lança sa zagaie avec force, et
disparut à l'instant; la pointe de l'arme perça de
part en part l'épaule droite de Phillip au-dessus
de la clavicule. D'autres sauvages en se retirant
dans les bois, décochèrent aussi leurs zagaies;
heureusement elles n'atteignirent personne. On
craignait que la blessure ne fût mortelle; d'un
autre côté, la foule des natifs qui sortirent des
bois, causa des inquiétudes sur la retraite jusqu'à
la chaloupe. Phillip était si incommodé du poids
de la lance qui traînait jusqu'à terre, qu'il marchait
avec peine; on ne pouvait l'arracher de la blessure, parce que la pointe en était barbelée. Enfin
un officier parvint à rompre la hampe. Phillip,
malgré la douleur qu'il éprouvait, tira un coup de
pistolet sur les perfides qui avaient si méchamm-
ent reconnu ses prévenances pour eux; ceux-ci
craignant que cette première décharge ne fut suivie
d'un feu de mousquetterie, se cachèrent dans les
bois. Leur terreur était vaine; il n'y avait dans
la chaloupe que quatre fusils : un seul se trouvait en état de servir.

Le gouverneur soutenu par deux officiers arriva presque épuisé à la chaloupe. Aussitôt qu'on
eut débarqué à Sidney, le chirurgien qui extirpa
la pointe de la zagaie, calma l'inquiétude géné-

rale en assurant que la blessure n'était pas dangereuse; effectivement Phillip fut guéri au bout de six semaines.

Malgré cet accident, le gouverneur ne perdit pas de vue le projet d'établir entre les naturels et des Anglais des liaisons d'amitié; et bien loin de chercher à user de représailles, il fit de nouveau publier les défenses les plus sévères d'inquiéter d'aucune manière les sauvages, et de tirer sur eux à moins qu'ils ne fussent les agresseurs. Ses intentions furent suivies, et le malheur qui lui était arrivé produisit des résultats conformes à ses désirs.

Nanbari était devenu un assez bon interprète; un jour qu'il accompagnait des officiers à la chasse, on aperçut près du lieu où le gouverneur avait été blessé une troupe assez nombreuse de naturels. Nanbari leur ayant demandé quel était l'homme qui avait décoché sa lance à Phillip, ils répondirent que c'était Vil-le-me-ring, qui appartenait à la tribu des Carrigal vivant plus au nord. Interrogés sur Be-ne-long et Co-al-by, ils les montrèrent dans un groupe qui était un peu plus loin. Be-ne-long, qui était avec sa femme, s'approcha et raconta qu'il avait fortement battu Vil-le-me-ring pour sa méchanceté; il ajouta qu'il resterait plusieurs jours dans cet endroit, et qu'il espérait que le gouverneur serait en état de venir le voir. Effectivement Phillip était si bien au bout de dix jours qu'il s'embarqua. Cette fois il fit armer tout son monde. Arrivé au lieu où devait se trouver Be-ne-long, on lui dit qu'il était allé à la pêche. Bientôt ce sauvage revint en pirogue ; dès qu'il fut débarqué, il accourut vers le gouverneur en l'appelant son père, et tenant les bras levés pour lui montrer qu'il n'était pas armé. Phillip ayant mis pied à terre, Be-ne-long lui répéta qu'il avait battu l'homme qui l'avait blessé. Il fit un signe d'approbation lorsqu'on lui dit que si l'on prenait cet homme, on le tuerait. On lui donna divers objets, et les habits qu'il portait quant il était dans la colonie; sa femme reçut aussi des présens, entre autres un jupon. Le gouverneur lui ayant demandé s'il voulait venir dîner avec lui le lendemain, il promit d'y aller avec sa femme et quelques amis. Il manqua de parole.

On peut croire que la crainte d'être retenu de force l'empêcha d'aller à Sidney. Cependant il abordait familièrement tous les Anglais qu'il rencontrait, quoiqu'ils fussent armés, et s'approchait des canots où il voyait des fusils. Sa femme était ordinairement avec lui. Malgré cette familiarité apparente, il avait toujours un air soupçonneux. Toutefois Phillip ne perdait pas l'espoir, et se flattait que Be-ne-long se déterminerait de plein gré à rester à Sidney, quand il se serait assuré par lui-même d'y être parfaitement libre. Il attendait du temps ce que la contrainte n'avait pu faire.

Il arriva enfin ce moment qui accomplit les souhaits du gouverneur. Un jour qu'il allait à Paramatta, il aperçut un naturel qui se tenait debout sur une pointe de terre. En passant on lui demanda où était Be-ne-long; il montra une petite île vers laquelle on se dirigea aussitôt. Comme on approchait, on aperçut Be-ne-long et sa femme, sans témoigner ni crainte ni méfiance, ils s'avancèrent au bord de la mer. On leur présenta un morceau de pain, qu'ils saisirent avidement. Phillip satisfait de cet essai continua sa route en disant aux personnes qui l'accompagnaient que très-probablement Be-ne-long viendrait bientôt à Sidney.

Cette conjecture se confirma. Quelques jours après il arriva suivi de trois de ses compatriotes. La bonne réception que lui firent toutes les personnes qu'il vit, lui inspira ainsi qu'à ses compagnons une si grande confiance, qu'il promit en s'en allant d'amener sa femme. Deux jours après il revint avec elle et sa sœur, et deux autres naturels. On leur fit présent de vêtemens et de couvertures, et on leur donna autant de poisson qu'ils en purent manger. Be-ne-long alla dîner

avec le gouverneur qui acheta la zagaie d'un des sauvages , et leur dit qu'à l'avenir il leur donnerait des objets d'Europe en échange de leurs armes , de leurs lignes de pêche , et de tout ce qu'ils lui apporteraient. Le lendemain plusieurs Indiens vinrent avec Be-ne-long : les visites se répétèrent fréquemment. Ce dernier était enchanté d'un bouclier fait d'un cuir épais, recouvert d'une feuille d'étain, que l'on avait fabriqué exprès pour lui. Il finit par prier le gouverneur de lui faire bâtir une maisonnette à l'extrémité de la ville , sur le bord de la mer. Phillip qui ne désirait rien tant que le maintien de la bonne harmonie avec les sauvages , donna les ordres nécessaires pour remplir les vœux de Be-ne-long. Dès qu'il s'y fut établi avec sa femme , les naturels venaient cha- que jour à Sidney par curiosité. Ils prirent goût au pain : on leur en donnait abondamment en troc de bagatelles qu'ils apportaient ; et excités par leur intérêt , ils s'habituèrent bientôt à vivre familièrement parmi les Anglais.

Ils leur rendaient quelquefois des services. Un canot ayant chaviré par un coup de vent , les hommes qui le montaient au nombre de cinq furent noyés , et il alla en dérive. On ignorait cet accident, et après l'avoir attendu quelques jours , un autre canot fut expédié à sa recherche. Des sauvages que l'on rencontra et que l'on questionna , menè-

rent les Anglais à un endroit où ils avaient placé
sur le rivage, dans une position à être aisément
aperçue par toutes les embarcations qui passe-
raient, le gouvernail, le mât et les avirons du
canot : on paya les peines des sauvages par un
présent de drap, de couvertures et d'autres objets.

Mais comme on l'a déjà dit, des accidens partiels troublaient trop souvent l'harmonie : un jour
un déporté que Phillip avait fait son chasseur revint à Sidney blessé d'une zagaie. Il raconta qu'é-
tant à la chasse avec trois de ses camarades, la
chaleur les obligea vers le milieu du jour à se retirer
dans une petite cabane qu'ils avaient élevée à la
hâte pour s'y reposer. L'un d'eux réveillé par un
bruit qu'il entendit dans des buissons peu éloignés,
avertit ses compagnons ; étant sortis, ils aperçurent quatre naturels qui s'élançant hors des broussailles, s'enfuirent de toutes leurs forces. Le chasseur croyant en reconnaître un qu'il imaginait
avoir vu à Sidney, quitta son fusil et se mit à le
suivre : imprudence dont on lui avait fortement
recommandé de se bien garder. En marchant il
appelait les sauvages et leur montrait du pain ;
lorsqu'il fut éloigné d'une cinquantaine de pas de
ses camarades, un des naturels, dont il n'était
plus séparé que par un intervalle de dix pas, le
voyant sans armes, s'arrêta brusquement, lui
lança une zagaie et disparut. L'arme atteignit le

malheureux au côté gauche, et pénétra de sept pouces et demi. Ces hommes étaient en ce moment à onze milles de Sydney ; ils eurent la plus grande peine à y ramener le blessé. On l'interrogea pour savoir s'il n'avait rien fait qui eût excité l'animosité des naturels contre lui. Après bien des tergiversations, il avoua que les sauvages le redoutaient beaucoup, quoiqu'il n'en eût jamais tué un seul ; mais un jour il en blessa d'un coup de fusil un qui avait commencé par lui décocher sa zagaie. Cette confession jointe à la réputation de cet homme qui passait pour être très-méchant, donna lieu de supposer que les naturels, qui sans doute cherchaient à se venger, avaient profité du moment où ils l'avaient vu sans armes.

Be-ne-long instruit de cet événement assura que le chasseur avait été blessé par des hommes appartenant à des hordes qui vivent près de Botany-Bay. Cependant, si dans cette circonstance leur attaque n'avait été provoquée, on savait que souvent ils n'étaient pas les agresseurs. C'est pourquoi Phillip, qui avait eu tant de peine à leur inspirer de la confiance et à dissiper l'aversion qu'ils montraient pour les Anglais, répugnait beaucoup à employer contre eux des mesures de rigueur, puisqu'elles devaient rompre la paix et l'amitié si essentielles à la prospérité de la colonie.

Chaque jour à cette époque, c'était au mois de

décembre 1790, des naturels venaient à Sydney où ils étaient bien reçus. Leur confiance allait au point que lorsque des femmes avaient à faire des courses dans lesquelles leurs enfans pouvaient les embarrasser, elles les laissaient dans la ville jusqu'à leur retour qui n'avait lieu quelquefois qu'au bout de plusieurs jours. Co-al-by et Be-ne-long y passaient souvent une semaine entière. Tous blâmaient hautement les hordes qui lançaient des zagaies aux blancs, et disaient qu'il fallait tuer ces méchans lorsqu'on les attraperait. Toutefois le gouverneur soupçonnait qu'il y avait de l'artifice et de la mauvaise foi dans ces démonstrations; il doutait surtout de la véracité de Be-ne-long. Peu de jours avant celui où il parut le plus animé contre les bandes voisines de Botany-Bay, on l'avait vu parmi elles. Il avait même raconté que dans une de leurs fêtes, à laquelle il avait assisté, un naturel de ces tribus avait chanté une chanson à la louange du gouverneur et des hommes blancs. Be-ne-long ajouta que dorénavant ils ne décocheraient plus de lances aux Anglais, et qu'ils voulaient être leurs amis ; enfin il se rendit garant de ce qu'il avançait. Cependant peu de jours après il demandait que l'on tuât ces mêmes amis des colons.

Ce qui sembla surtout extraordinaire, c'est que tous les naturels qui fréquentaient Sydney, connussent l'homme qui avait blessé le chasseur. Ils le désignaient unaniment par le nom de Pemoulavay de la tribu des Bedjegals. Be-ne-long et Co-al-by proposèrent au gouverneur de le lui livrer. Ils partirent en effet ; mais ils revinrent bientôt sans avoir effectué leur promesse.

Comme les naturels continuaient leurs agressions, le gouverneur se décida enfin à employer contre eux des moyens propres à les contenir; quoiqu'il voulût plutôt les effrayer que leur faire du mal, il sentait néanmoins la nécessité de montrer de la sévérité. Il envoya donc un détachement de cinquante hommes commandés par deux officiers, qui avaient ordre d'aller du côté où le chasseur avait été blessé, de faire prisonniers les naturels qu'ils rencontreraient, et de tirer sur ceux qui seraient armés, de briser leurs lances, et d'en laisser les débris sur les lieux, afin de leur faire comprendre que c'était par représailles de l'attentat qu'ils avaient commis. Il recommanda de ménager les femmes et les enfans, et défendit absolument de leur faire aucune violence. Enfin il déclara que ce serait agir contre ses intentions que d'user de perfidie, en essayant de surprendre les sauvages par des signes d'amitié. Le détachement fut absent trois jours ; les soldats revinrent très-fatigués, sans avoir mis la main sur un seul naturel, et sans avoir rien fait.

On avait tiré quelques coups de fusil à ceux qu'on avait vus du côté de Botany-Bay ; on n'en avait blessé aucun. Une autre expédition envoyée quelques jours après ne réussit pas mieux.

La conduite des sauvages était souvent bien propre à faire perdre patience. Be-ne-long vola le poisson que deux déportés avaient pêché ; ils étaient sans armes ; il avait sa lance. Quand les naturels revinrent à la colonie, on les avertit que si l'un d'eux lançait une zagaie, on les tuerait tous. Be-ne-long arriva un moment après ; accusé du vol qu'il avait commis, il le nia impudemment : les deux témoins parurent ; il essaya de se justifier, mais avec une insolence sans égale ; il s'échauffa, parla des insultes faites à ses compatriotes, et prononça le mot de vengeance. Bientôt il revint à lui, et tendit la main au gouverneur qui la repoussa. Furieux de ce refus, il s'emporta au point de faire craindre qu'il ne se servît de sa lance. Phillip appela un soldat armé ; Be-ne-long sortit : quelques personnes le suivirent et essayèrent de le faire revenir près de son père ; il ne le voulut pas. En passant devant la boutique d'un charpentier, il aperçut une hache, la prit et décampa.

Les naturels n'en continuèrent pas moins à venir à Sidney. Ils firent entendre que Be-ne-long était résolu à ne plus y mettre les pieds ; néanmoins il en fut autrement. Peu de temps après il s'approcha des pêcheurs anglais, et leur demanda si le gouverneur était encore en colère contre lui. Il montra un grand désir d'aller de nouveau à Sidney, nia d'avoir volé une hache, nomma le naturel qui en était coupable, et prétendit n'avoir pas fait de menaces. Les réponses qu'il reçut ne le satisfirent pas ; il se retira. Il se présenta quelques jours après à la porte du gouverneur qui le fit chasser. Toutefois il reparut, témoigna une envie extrême d'obtenir son pardon, et soutint qu'il n'avait rien fait de mal. Phillip feignit de le croire, et lui permit d'entrer dans la cour qui était constamment ouverte à tous les naturels. On lui donna du pain et du poisson ; mais on lui interdit l'entrée de la maison. Quoique sa fierté fut blessée de ce traitement, il ne laissa pas de revenir. Il sollicitait son pardon : il lui fut accordé, après qu'il eut rendu service à des matelots, qui sans son secours allaient se noyer, et donné d'autres preuves de zèle pour les Anglais. Sa réconciliation accrut le nombre des visites, et la cour du gouverneur devint le rendez-vous général des naturels.

On avait eu beaucoup de peine à leur persuader de troquer l'excédant de leur consommation en poisson, contre du pain, de la viande salée et des plantes potagères, que leur donnaient les habitans de Paramatta. Ce trafic fort avantageux pour ceux-ci commençait à prendre de l'activité, lorsque l'étourderie et la méchanceté de quelques déportés le firent cesser, et faillirent à produire une rupture avec les sauvages. Parmi ceux qui venaient le plus assidûment vendre leur poisson, on remarquait Balderry, jeune homme qui depuis quelque mois s'était fixé près de la ville. Il y arriva un jour avec une pirogue neuve, dont il paraissait tout fier. Il l'avait laissée à quelque distance, la croyant à l'abri de tout danger. Pendant qu'il vendait son poisson à Paramatta, des déportés détruisirent sa pirogue. Quand il s'en aperçut, il entra dans une colère terrible ; dès ce moment le commerce fut interrompu. Balderry courut chez le gouverneur : il avait ses armes à la main ; son visage, ses cheveux, ses bras, sa poitrine étaient barbouillés de rouge, signe du plus implacable ressentiment. Il se plaignit du tort qu'on lui avait fait, et finit par dire que les blancs ayant brisé sa pirogue, il les tuerait tous. Phillip eut beaucoup de peine à le calmer. Ce ne fut qu'après qu'il lui eut assuré de faire mourir ceux qui l'avaient privé de sa pirogue, qu'il promit de ne pas se faire justice lui-même.

Les coupables furent si bien désignés par des personnes qui les avaient vus, qu'on les poursuivit ; on en prit d'abord trois, et ensuite les trois autres. On fustigea les premiers devant Balderry, qui trop irrité pour trouver cette punition suffisante, ne s'apaisa que quand on lui eut annoncé qu'un des coupables avait été pendu.

Un mois s'était écoulé depuis cette affaire ; on croyait que le temps, les nombreux présens que le gouverneur avait faits à Balderry, et la persuasion où il était que l'un des délinquans avait été puni de mort, l'avaient entièrement calmé : cependant il saisit une occasion de venger son injure sur un blanc, ainsi qu'il en avait menacé, et prouva que ces peuples sont implacables. Ayant rencontré un déporté à quelque distance de Paramatta, il lui lança deux zagaies ; une lui perça le dos, l'autre le côté. Quoique blessé aussi grièvement, le malheureux put regagner la ville. Comme on n'avait pas cherché à le dépouiller, il était évident que la destruction de la pirogue était la seule cause de l'attaque. On en eut la confirmation le soir même ; des naturels qu'on interrogea pendant qu'ils étaient accroupis autour de leurs feux, répondirent que Balderry avait fait le coup. On peut observer à cette occasion qu'ils dénoncent toujours ceux d'entre eux qui se sont rendus coupables de quelque méfait.

Certainement les déportés qui avaient détruit la pirogue de Balderry méritaient plutôt l'épithète de sauvages et de barbares, qu'aucun des naturels

du pays , par les suites fâcheuses que leur imprudence produisit. Le gouverneur fit défendre à Balderry de se montrer à aucun des établissemens
anglais. Paramatta ne fut plus approvisionné de
poisson. Cependant une partie des Indiens continuait à venir à Sydney. D'autres pillèrent des cabanes de déportés dans les environs de Paramatta.
On fit marcher contre eux des soldats qui n'en
attrapèrent aucun; on en rencontra une troupe
qui se présenta paisiblement.. Tandis qu'on leur
parlait, l'un d'eux eut l'audace de vouloir s'emparer du fusil d'un soldat. Dans le même instant
une zagaie fut lancée. Le sergent ordonna de faire
feu ; un naturel fut blessé à la jambe. On apprit
que Balderry avait décoché la zagaie. Phillip
donna ordre de le poursuivre, et de tuer tout Indien qui prendrait sa défense. Ces mesures n'a-
boutirent à rien. Plusieurs fois Be-ne-long pria le
gouverneur de faire grâce au proscrit. Enfin il
annonça qu'il était très-malade. L'humanité de
Phillip ne tint pas à cette nouvelle. Il pria le chirurgien de la colonie d'aller voir ce malheureux.
Il avait une fièvre ardente. Il demanda si le gouverneur était encore fâché contre lui , et s'il lui
permettrait d'aller se faire guérir à l'hôpital. On
lui dit qu'il y consentait. Le lendemain Balderry arriva. Il avait d'abord l'air assez inquiet ; ses craintes

se dissipèrent dès que Phillip, en lui prenant la main, lui eut promis que lorsqu'il serait guéri, il resterait avec lui.

C'était ainsi que Phillip par ses soins et son inépuisable patience, s'efforçait de conquérir la confiance et l'amitié des naturels. Il ne parvint pas entièrement à son but; mais au moins il réussit à diminuer la défiance qu'ils avaient d'abord montrée contre leurs nouveaux voisins. On a vu qu'il mena Be-ne-long en Angleterre, et que celui-ci ne profita pas beaucoup de son séjour en Europe. Il revint à Sydney au mois de septembre 1795 avec Hunter, qui fut gouverneur général après Phillip. Hunter et King qui lui succéda ne négligèrent rien pour continuer ce que Phillip avait si heureusement commencé. Sous leur administration la colonie fit des progrès.

Au mois de juin 1802 l'expédition française commandée par Baudin entra dans le Port-Jackson. On fut étonné de l'état florissant de cette colonie : la beauté du port fixait tous les regards. « Vers le milieu de ce port, dit Perou qui a écrit la relation de ce voyage, et sur son bord méridional, dans l'une de ses principales anses, s'élève la ville de Sydney, capitale du comté de Cumberland et de toutes les colonies anglaises aux Terres Australes. Assise sur le revers de deux coteaux voisins l'un de l'autre, traversée dans sa longueur par un petit ruisseau, cette ville naissante offre un coup d'œil agréable et pittoresque. Dans plusieurs chantiers particuliers sont en construction des goëlettes et des brigs de diverses grandeurs employés au commerce soit intérieur, soit extérieur de la colonie : ces bâtimens du port de 50 à 300 tonneaux se font exclusivement avec les bois indigènes, et leur mâture est tirée des forêts australes. La chaloupe dans laquelle M. Bass a fait la découverte du détroit qui porte son nom, est conservée dans le port avec une sorte de respect religieux : quelques tabatières faites avec le bois de sa quille sont des reliques, dont les possesseurs se montrent aussi fiers que jaloux ; et M. le gouverneur lui-même ne crut pas pouvoir faire un présent plus honorable à notre chef que celui d'un morceau de bois de cette chaloupe, enchâssé dans un large étui d'argent, autour duquel étaient gravés les principaux détails de la découverte du détroit de Bass........ Derrière la place d'armes on voit s'élever une grosse tour carrée, qui sert d'observatoire à ceux des officiers anglais qui s'occupent d'astronomie. On a jeté au pied de cette tour les fondemens de l'église dont elle doit être le clocher; mais une construction de ce genre exigeant beaucoup de dépenses, de bras et de temps, les gouverneurs ont négligé jusqu'ici de s'en occuper, aimant mieux transmettre à la colonie des établissemens plus immédiatement indispensables à son existence et à sa prospérité..... De ce même côté de la ville se trouve la maison publique d'éducation : là sont formées dans les principes de la religion, de la morale, et de la vertu, ces jeunes filles ; l'espoir de la colonie naissante, que des parens trop corrompus ou trop pauvres ne pourraient élever avec assez de soin ; là, sous des institutrices respectables, elles apprennent dès leurs premiers ans à connaître tous les devoirs d'une bonne mère de famille, à les respecter, à les chérir.

« Sur le petit ruisseau qui traverse la ville, il y avait un pont de bois, qui par le moyen d'une forte chaussée occupait pour ainsi dire tout le fond de la vallée qui lui sert de lit. De l'autre côté de la ville on voit entre autres bâtimens publics trois magasins : dans l'un sont réunis tous les objets nécessaires aux divers usages de la vie domestique.... le nombre en est véritablement immense, et le mode d'administration en est plein de sagesse et de générosité. Sur ces bords lointains en effet, les marchandises de l'Europe sont d'un si haut prix, qu'il eût été presque impossible à la population qui s'y trouve, de se procurer celles qui sont insdispensables aux premiers besoins de la vie : le gouvernement anglais y a pourvu; de grands magasins entretenus à ses frais regorgent de tout, et tout s'y délivre à des prix fixes extrêmement modérés, quelquefois même au-dessous de ceux de premier achat en Europe. Mais pour empêcher les spéculateurs avides et la dilapidation, on ne peut être admis dans ces espèces de dépôts sans un ordre écrit du gouverneur, dans lequel sont spécifiés les objets à délivrer au porteur. On tient en réserve dans la maison voisine les divers habillemens destinés soit aux troupes, soit aux déportés; il s'y trouve aussi de grands amas de toîles, où travaillent des filles et des femmes condamnées.

« Derrière ces magasins est située la maison du gouverneur, construite à l'italienne, entourée d'une colonnade aussi simple qu'élégante, et devant laquelle se développe un très-beau jardin qui descend jusqu'au rivage de la mer. Déjà dans ce jardin le pin de l'île Norfolk, le superbe *colùmbia*, s'élève à côté du bambou de l'Asie : plus loin l'orange du Portugal, la figue des canaries mûrissent à l'ombre des pommiers des bords de la Seine ; le cerisier, le pêcher, le poirier, l'abricotier vivent confondus au milieu des banksia, des metrosidéros, des correa, des melaleuca, des casuarina, des eucalyptus, et d'une foule d'autres arbres indigènes.

« Sur la grande route qui mène de Sydney à

Paramatta on voit le village de Brick-Field qui réunit plusieurs fabriques de tuiles, de poteries, de faïenceries, etc. : la position en est agréable ; et le sol moins stérile que celui de Sidney s'y prête avec plus d'avantage aux diverses espèces de culture introduites dans ces climats lointains.

« Cependant une foule d'objets non moins intéressans se passaient autour de nous; dans le port on voyait réunis plusieurs bâtimens arrivés depuis peu de différens pays du monde, et destinés pour la plupart à de nouvelles et hardies navigations. Ceux-ci partis des rives de la Tamise ou du Shannon, allaient faire la pêche de la baleine sur les rivages brumeux de la Nouvelle-Zélande; ceux-là expédiés pour la Chine, après avoir déposé le fret qu'ils avaient reçu du gouvernement anglais pour la colonie, se préparaient à faire voile pour l'embouchure du fleuve Jaune ; quelques-uns chargés de charbon de terre devaient porter ce précieux combustible au cap de Bonne-Espérance et dans l'Inde. Plusieurs bâtimens plus petits allaient recevoir dans le détroit de Bass des fourrures rassemblées par les hommes établis sur les îles de ce détroit pour faire la chasse aux animaux marins qui les peuplent. D'autres navires plus forts que ces derniers, montés par des navigateurs plus audacieux, plus nombreux, et pourvus de toute espèce d'armes, partaient pour les côtes de l'Amé-

rique occidentale : encombrés de marchandises
diverses , ces bâtimens allaient établir à main
armée un commerce interlope extrêmement
avantageux avec les habitans des rivages péru-
viens. Ici l'on préparait une expédition pour aller
faire , à la côte nord-ouest d'Amérique , le riche
commerce des pelleteries ; là on pressait l'armement de vaisseaux pourvoyeurs expédiés vers les
îles des Navigateurs , des Amis , et de la Société,
pour en rapporter à la colonie de précieuses salai-
sons. Dans le même temps l'intrépide M. Flinders,
après avoir opéré sa jonction avec sa conserve, *The
Lady Nelson* , se disposait à reprendre la suite de
son grand voyage autour de la Nouvelle-Hollande,
voyage terminé bientôt par les plus grands dé-
sastres. Déjà la route du Port-Jackson était fami-
lière aux navigateurs américains , et leur pavillon
ne cessa de flotter dans ce port pendant le séjour
que nous y fîmes.

» « Tout cet ensemble de grandes opérations ,
tous ces mouvemens de navires, imprimaient à
ces rivages un caractère d'importance et d'activité que nous ne nous attendions point à rencontrer sur des bords naguère inconnus à l'Europe ;
et notre intérêt redoublait avec notre admiration....

« La population de la colonie était pour les
voyageurs français un nouveau sujet d'étonnement

et de méditations.. » Des brigands, naguère la terreur du gouvernement de leur patrie, relégués aux extrémités du globe, placés dès le premier instant de leur exil entre la certitude du châtiment et l'espoir d'un sort plus heureux, environnés sans cesse par une surveillance inflexible autant qu'active, ont été contraints à déposer leurs mœurs anti-sociales. La plupart d'entre eux, après avoir expié leurs crimes par un dur esclavage, sont rentrés dans les rangs des citoyens. Obligés de s'intéresser eux-mêmes au maintien de l'ordre et de la justice, pour la conservation des propriétés qu'ils ont acquises, devenus presqu'en même temps époux et pères, ils tiennent à leur état présent par les liens les plus puissans et les plus chers.

« La même révolution, déterminée par les mêmes moyens, s'est opérée dans les femmes; et de misérables prostituées, insensiblement rendues à des principes de conduite plus réguliers, forment aujourd'hui des mères de famille intelligentes et laborieuses.

« Tandis que ces divers objets appelaient ainsi nos méditations les plus profondes, tous les administrateurs et tous les citoyens de la colonie se pressaient autour de nous pour réparer nos maux; pour nous les faire oublier.... Dans le même temps nos recherches scientifiques recevaient

les plus précieux encouragemens. Un poste de
soldats anglais, uniquement établi pour ce soin,
veillait à la garde de notre observatoire.... Tout
le pays était ouvert aux incursions des naturalistes; des guides, des interprètes nous étaient
fournis pour les courses les plus longues : en un
mot les procédés de l'administration à notre
égard furent si pleins de grandeur et de générosité, que ce serait manquer à tous les principes
de l'honneur et de la justice que de ne pas consi-
gner ici l'expression de notre reconnaissance.

« A l'exemple des chefs du gouvernement de
la colonie, tous les citoyens les plus distingués
nous accueillirent avec la plus délicate bienveillance. Chacun d'eux se rappelant sans doute les
nobles procédés de la France à l'égard des vaisseaux de Cook et de Vancouver, semblait se
montrer jaloux d'acquitter sa part de cette honorable dette de la nation anglaise envers la nôtre.
Souvent ils répétaient avec complaisance ce bel
axiome que la France inscrivit la première au
code des nations européennes : « La cause des
sciences est la cause des peuples. »

« Vingt-cinq milles environ à l'ouest de Sydney, est la ville de Paramatta ; la grande route
qui conduit de l'une à l'autre, sans être pavée,
est belle et bien entretenue : presque partout elle
est assez large pour que trois voitures de front

pussent y passer aisément : des ponts ont été
jetés aux endroits où les eaux les rendaient nécessaires ; et nulle espèce d'obstacle n'y ralentit la
marche du voyageur... Assise au milieu d'une
plaine agréable, sur la rivière du même nom,
que les petits bâtimens peuvent remonter jusque
là, la ville de Paramatta se compose de cent
quatre-vingts maisons, qui forment une très-grande
rue parallèle à la rivière, et coupée à angles droits
par une autre rue plus petite, qui d'un côté vient
aboutir à un pont de pierre, et de l'autre se prolonge jusqu'à l'église. Ce dernier édifice, dont la
construction est lourde et grossière n'était pas encore
terminé lorsque nous le visitâmes ; et les travaux
en sont d'autant moins actifs que les gouverneurs
de la colonie attachent avec raison beaucoup
plus d'importance à d'autres parties de leur administration, telles que les hôpitaux, les prisons, les
ateliers publics, les défrichemens, les pêches, la
navigation, etc. pour lesquels ils réservent les
fonds et les bras disponibles...

« Le total de la population de Paramatta, en
y comprenant sa garnison et les habitans des
fermes voisines, peut être évalué de 1400 à 1500
individus, livrés presque tous à la culture des
terres, aux soins des troupeaux, et à la pratique
d'un petit nombre d'arts mécaniques. On y trouve
un hôpital bien entretenu, une prison assez forte,

une maison de travail pour les femmes déportées,
une maison d'éducation publique pour les jeunes
filles de la colonie, etc. Cette ville est en outre
le chef-lieu de la justice de paix du comté de
Cumberland, et doit devenir par la suite le siége
des principales administrations civiles de la colonie, toutes celles qui se rapportent à la navigation, au commerce, à la guerre, devant rester à
Sidney... Vers l'extrémité occidentale de la ville,
s'élève le coteau Rose-Hill, dont la face orientale
offre une pente extrêmement adoucie, sur laquelle
se développe le beau jardin du gouvernement. Là
sont suivis avec ardeur d'intéressans essais pour
la naturalisation des végétaux étrangers à la colonie ; c'est encore là qu'on a rassemblé les
plantes indigènes les plus remarquables destinées
à enrichir les célèbres jardins de Kew ; c'est de là
qu'ont été successivement tirées celles dont l'Angleterre a fait dans ces derniers temps l'acquisition
précieuse.....

« L'écartement des arbres dans les forêts des
environs de la ville, l'abondance des herbages et
leur bonne qualité faisaient pour ainsi dire de
cette partie de la Nouvelle-Galles du sud un immense pâturage également propre à la nourriture
des bestiaux et des troupeaux. Un tel avantage ne
pouvait échapper au gouvernement anglais; et
dès les premières années de la fondation de la

colonie, il porta sur ce point tous les grands animaux domestiques qu'il avait à sa disposition; ils s'y sont tellement multipliés, que dans les seules bergeries de l'état on comptait à une époque peu éloignée de celle de notre séjour au Port-Jackson, 1800 bêtes à cornes, dont 514 taureaux, 121 bœufs et 1165 vaches. La progression de l'accroissement de ces animaux est si rapide, que dans l'espace de onze mois seulement le nombre des bœufs et des vaches a été porté de 1856 à 2450, ce qui suppose, pour l'année entière, une augmentation de 650 individus, ou du tiers de la totalité. Qu'on calcule maintenant la marche d'un tel accroissement d'animaux pour une période de trente ans, et l'on restera persuadé qu'en le réduisant même à moitié, la Nouvelle-Hollande se trouverait alors couverte sur ce point d'innombrables troupeaux de bétail.

« Les moutons ont fourni des résultats plus avantageux encore, et telle est la rapidité de leur multiplication sur ces rivages lointains, que le capitaine Arthur, l'un des plus riches propriétaires de la Nouvelle-Galles, ne craint pas d'assurer que dans vingt ans ce pays pourrait fournir seul à l'Angleterre toute la laine qu'on y importe aujourd'hui des pays voisins.

« Ce n'est pas seulement par l'ouverture de routes agréables et commodes que le gouverne-

26 *

ment anglais cherche à favoriser les communications dans ses colonies aux Terres Australes. Dès la fin de 1793 il a fait établir sur la rivière de Paramatta des espèces de paquebots, qui partant tous les jours de cette dernière ville et de celle de Sydney pour aller de l'une à l'autre, sont destinés au transport des hommes, des marchandises et de tout autre espèce d'objets. »

M. Perou visita aussi l'établissement de Castle-Hill. Il remonta pendant trois lieues la rivière de Paramatta. « A mesure qu'on s'éloigne de Paramatta, le terrain s'élève davantage, dit-il. De tous les établissemens de la Nouvelle-Galles, Castle-Hill est le plus récent; à peine il comptait trois ans d'existence à l'époque où je m'y trouvais. La ville naissante n'était encore formée que par la réunion d'une douzaine de maisons; mais déjà sur les coteaux voisins, on apercevait de vastes défrichemens et plusieurs jolies fermes se montraient au fond des vallées. Six cents déportés, la hache à la main, faisaient crouler de toutes parts les forêts sous leurs coups, pour ouvrir de nouvelles routes; en vingt endroits on voyait s'élever d'immenses tourbillons de flammes et de fumée produits par l'embrasement des nouvelles concessions.

Quatre milles environ à l'ouest de Paramatta, se trouve la ville de Toogaby alors naissante. Les défrichemens se terminaient à cette époque à quatre milles au-delà de Tougaby. On traversait ensuite les bois pour arriver sur les bords du Hawkesbury-River, où un grand nombre de maisons éparses sur la rive droite de ce fleuve, qui est très-escarpée, formaient ce qu'on appelait la ville de Hawkesbury.

À peu près à la même époque où les frégates françaises visitèrent le Port-Jackson, le voyageur Turnbull, dont nous avons donné la relation, y arriva ; il fit dans la colonie un long séjour qui le mit à même de recueillir beaucoup de renseignemens exacts. En 1801 la population de la ville de Sydney était de 2,600 habitans ; ce qui faisait à peu près un tiers de la totalité de ceux de la Nouvelle-Galles. L'on avait exagéré en Angleterre l'effet du climat sur les Européens et sur les enfans qu'ils procréaient dans le pays. Ceux-ci ne diffèrent de ceux d'Europe, ni pour la taille, ni pour la conformation ; ils ont généralement un très-beau teint et les cheveux blonds, les yeux noirs et très-brillans, beaucoup de vivacité et de mobilité dans le caractère : rien n'est comparable à leur babil ; il pourrait passer en proverbe.

« Les colons, continue Turnbull, suivent le plus qu'il leur est possible, les usages et la manière de vivre de leur pays natal, et ils sont par conséquent sujets aux mêmes maladies que leurs compatriotes. L'intempérance excitée peut-être par la continuité du travail exigé par un établissement nouveau, fait de grands ravages parmi eux.

« Près de la moitié de la population, tant en hommes qu'en femmes, se compose d'Irlandais. Plusieurs ont été déportés pour avoir pris part à des rébellions ; ils ont changé de climat et non de caractère : en effet en 1803 ils se révoltèrent spontanément. On les vit réunis à d'autres troupes de leurs compatriotes, marcher au nombre de 1300 hommes contre la ville de Paramatta, livrer une bataille sanglante à toutes les troupes anglaises réunies, et succomber bien moins par la force des armes développées contre eux, que par leur confiance indiscrète aux promesses du gouverneur.

« On le trouvera sans doute étrange, mais la quantité de procès qui ont lieu dans la colonie est si considérable, qu'elle excède toute proportion avec le nombre des habitans. Il n'y en avait pas moins de trois cents qui devaient se plaider à la prochaine session du tribunal civil. Les hommes de loi et les cabaretiers accaparent tout l'argent de la colonie. »

La première fois que Turnbull y séjourna, elle souffrait beaucoup du manque de provisions de toute espèce. Deux ans après il y revint, les choses avaient changé ; l'abondance y régnait. Les magasins étaient remplis de toute espèce de marchandisès et de denrées. On construisait un pont en pierres sur la rivière ; un grand nombre de femmes déportées était employées à ce travail. Divers établissemens publics se formaient aussi dans différentes parties du pays.

Les colons propriétaires de terres s'étant plaint que le prix du grain et du bétail n'était nullement en rapport avec celui que les ouvriers demandaient, le gouverneur rendit une ordonnance qui réglait le prix de la main d'œuvre, et l'ouvrage d'une semaine. Les journaliers devaient commencer leur travail à cinq heures et demie du matin, déjeuner à huit, et reprendre leur besogne à neuf jusqu'à trois heures et demie; le reste de la journée leur appartenait : ce règlement ne concernait que le gouvernement. On a vu plus haut que les colons et les autres personnes qui désiraient d'employer des déportés à l'année, s'obligeaient envers l'administration à les nourrir et à les habiller de la même manière que le fait le gouvernement. Le prix du travail pour les déportés et pour les hommes libres est fixé suivant la nature de ce qu'ils entreprennent; les gages annuels ou par semaine diffèrent si l'homme est nourri ou ne l'est pas par le propriétaire.

La journée doit être de dix heures, et seulement de six le samedi. Si on fait travailler l'ouvrier plus long-temps, ce surplus est réglé. L'ouvrier ne peut s'absenter sans permission pendant les heures de travail. S'il se rend coupable de quelque faute, il est traduit devant le magistrat, qui après une procédure lui inflige une punition. On habille les déportés en juin et en décembre. Si les colons qui les emploient ne sont pas pourvus des vêtemens qu'il faut leur donner, le gouvernement les leur fournit au taux établi.

Turnbull observe que malgré la surveillance de l'administration, il lui est bien difficile d'empêcher les déportés de s'échapper. Il ne partait pour ainsi dire pas de vaisseau du port, sans qu'une tentative de ce genre eût lieu. Si elle manque, elle se renouvelle bientôt. Elles avaient coûté la vie à la plupart de ceux qui les avaient essayées; les autres après des fatigues incroyables sont revenus se livrer à la miséricorde du gouverneur. Il est résulté heureusement de ces entreprises malheureuses, accompagnées de tant de fatigues et de dangers, que les déportés sont devenus moins téméraires.

.Ce voyageur remarque aussi que la plupart des hommes condamnés à la déportation pour leur conduite turbulente et séditieuse, bien loin de devenir plus sages et plus tranquilles, ont souvent troublé la paix de la colonie. Des diseurs de bonne aventure n'ont rien épargné pour les maintenir dans cet esprit de rébellion. On a cité un exemple de ces manœuvres coupables. Le gouverneur pensa que le meilleur moyen d'aider la garnison à maintenir la tranquillité, était d'organiser un corps de volontaires fourni par les villes de Sydney et de Paramatta; le gouvernement les nourrissait et les armait.

A l'époque des voyages de Turnbull, les paiemens sa faisaient par l'échange d'une marchandise pour une autre. Les plus recherchées étaient les liqueurs spiritueuses, le thé, le sucre et le tabac, ensuite les objets manufacturés et les productions de l'Angleterre. Le vendeur gagnait beaucoup. Il circulait très-peu d'argent monnoyé. La seule monnaie, si on peut lui donner ce nom, consistait dans des billets à ordre signés par des particuliers. Quelque solvables que ceux-ci pussent être, leurs billets avaient un grand inconvénient pour les commerçans et les autres personnes qui ne font qu'un séjour momentané dans la colonie; car ailleurs ils ne sont de nulle valeur. Il y avait néanmoins une assez grande quantité de monnaie de cuivre, qui passe pour le double de son taux. C'était fort bon pour l'usage des colons entre eux; mais ils en sentaient le désagrément quand ils voulaient conclure un marché en gros pour des marchandises.

Peu de temps avant le départ de Turnbull, le gouverneur, à la grande satisfaction de la colonie,

acheta quelques milliers de piastres du capitaine
d'un navire. Il se proposait de les donner en paie-
ment des graines qu'il achetait pour les magasins
publics. Ceux qui les reçurent, durent faire des
affaires très-avantageuses avec les navires américains et ceux qui allaient à la Chine.

Instruit des monopoles condamnables et scan-
daleux qui avaient eu lieu dans la colonie, et qui
avaient été aussi préjudiciables aux intérêts des
particuliers qu'à ceux du public et du service du
roi, le gouverneur avait ordonné qu'à l'avenir
personne, à l'exception de celles qui y étaient
autorisées, ne pourrait aller à bord des navires
qui arrivaient, avant que ces navires eussent fait
un signal indiqué. Les habitans devaient être informés dans le plus bref délai possible si l'administration achetait ou recevait la totalité ou une
partie de ces cargaisons ; dans le cas où l'achat
aurait lieu, il serait publié un avis qui ferait connaître les prix auxquels ces marchandises seraient
fournies par les magasins de l'état aux particuliers, avec les restrictions convenables ; si le gouverneur ne voulait ni acheter ni recevoir les marchandises pour le compte de l'état, il prendrait
des mesures pour constater la valeur de celles
que devraient être vendues : dans aucun cas les
marchands en détail ne pourraient augmenter de
plus de vingt pour cent le prix de leur achat pri-

mitif. L'ordonnance contenait beaucoup de clau-
ses fort sages relativement à lá circulation des
billets, et mettait des entraves à l'achat des liqueurs spiritueuses à bord des bâtimens.

Mais la cupidité des marchands en détail avait
su éluder les dispositions de cette mesure. Au lieu
de vingt pour cent, ils gagnaient cent pour cent
sur leurs marchandises. Il était de même des autres abus que l'on avait voulu prévenir ou déra-
ciner.

Suivant Turnbull, les mœurs et le caractère des
habitans de la colonie se ressentaient des circonstances particulières qui avaient donné lieu à sa
fondation. Les colons libres ne manifestaient pas
cette fierté de probité ou ce sentiment d'honneur,
apanage des hommes indépendans. Cependant
cette observation admettait des exceptions. « Il y
a des colons, dit-il, dont la droiture honorerait
tous les pays. Rien ne serait plus nécessaire dans
ce pays qu'un corps de paysans vertueux et laborieux. Aujourd'hui la masse de cultivateurs se
compose de deux sortes d'individus, savoir : les
déportés dont le temps de la peine est expiré ou
a été abrégé, et qui ont obtenu la permission de
former un établissement; et les hommes libre-
ment venus d'Angleterre pour se fixer dans le pays
avec leurs familles.

« Les premiers qui ont été les premiers colons,

étaient du caractère les plus dépravé : pendant la
période de leur servitude ils firent semblant de
s'être réformés ; mais la crainte du châtiment les
retenait seule dans les bornes du devoir. En effet
ils ne furent pas plutôt réintégrés dans les droits
d'hommes libres , que leur corruption se montra
au grand jour ; la paresse et l'ivrognerie , leurs
penchans habituels engendrèrent les crimes qu'on
leur voit produire partout. On ne peut pas en
compter plus de huit à dix chez lesquels la plus
petite inclination au travail se soit montrée ; de ce
nombre est le fameux Barrington ; tant qu'il a
joui de ses facultés intellectuelles , il se distingua
de tous ses compagnons.

« Parmi les hommes libres qui s'établirent , il
y eut les soldats de marine de la première expédition auxquels en récompense de leurs services
on accorda leur congé et une concession de terre.
Ces hommes , étrangers aux habitudes d'une
vie paisible , se firent difficilement aux mœurs
domestiques et sédentaires ; ils répugnaient aux
ouvrages pénibles ; et dégagés de la rigidité de la
discipline militaire , ils s'abandonnèrent à l'ivrognerie , et à d'autres vices , déjà trop communs
dans la colonie : en peu d'années ils eurent ven-
du leur propriétés pour quelques chopines d'eau-
de-vie , et réduits à la dernière misère se trouvèrent trop heureux de pouvoir s'enrôler de nouveau.

« Une autre classe de colons est celle des hommes que le gouvernement a envoyés d'Angleterre avec leurs familles, à ses frais, et à la condition expresse de s'établir dans le pays. On avait fondé sur ces gens des espérances qui ont été complétement déçues. Sur cent et tant de familles expédiées d'Europe, il n'y en a pas plus de huit à dix qui par leur conduite se fassent distinguer des déportés ; ce qui ne doit pas surprendre, puisque la plupart étaient des individus qui avaient échappé à la nécessité d'être renvoyés des trois royaumes contre leur inclination. Il y avait beaucoup d'ouvriers qui avaient fait de mauvaises affaires, et qui chargés de familles nombreuses auraient fini dans leur patrie par être à charge à leurs paroisses ; d'autres étaient des joueurs et des gens débauchés dont les parens étaient bien aises de se débarrasser, en les recommandant comme colons pour la Nouvelle-Galles. La plupart n'avaient aucune connaissance de la culture de la terre. N'ayant jamais eu l'habitude du travail, ils ne pouvaient l'acquérir dans le pays qu'ils venaient habiter. Il en est qui, après avoir consommé en pure perte les avances que leur avait faites le gouvernement, n'ont pas été en état de soutenir leurs familles, et sont devenus un fardeau onéreux pour l'état et pour la colonie.

« Les secours que le gouvernement accorde à

ceux qui s'établissent sont suffisans pour mettre un homme laborieux à même de nourrir sa famille pendant la durée de ces secours. Je le répète, il faudrait n'envoyer à la Nouvelle-Galles que des paysans honnêtes et industrieux. Habitués au travail, à la tempérance, et à l'économie, ils montreraient l'exemple de ces vertus jusqu'à présent inconnues dans la colonie; il en résulterait par la suite une diminution de dépense pour l'état. Autrefois, dans l'Amérique septentrionale, les planteurs achetaient pour une somme d'argent les services des déportés, de sorte que le gouvernement ne faisait aucun frais. Ces hommes séparés de leurs compagnons de vices, et n'ayant plus sous les yeux que le spectacle d'une famille honnête et vertueuse, se trouvaient à l'expiration du terme de leur châtiment entièrement métamorphosés; plusieurs même devenaient par la suite des membres recommandables de la société. Il n'en est pas de même dans la Nouvelle-Galles, où souvent le colon libre a été reconnu pour le complice du déporté.

« Lorsque l'on fonda cette colonie, beaucoup de gens mirent en question la sagesse de la mesure, et doutèrent de sa réussite. Quinze années d'expérience dans un pays aussi étendu et aussi éloigné de la mère patrie ont répondu à toutes les objections, continue Turnbull : cet établissement présente aujourd'hui la perspective la plus satisfaisante. Le temps qui décide de tous les événemens confirmera ou détruira les conjectures que l'on a formées, et montrera de quelle utilité a pu être pour l'amélioration de la société, et quel honneur a pu faire à la génération actuelle, à laquelle elle était réservée, la découverte de cette partie du globe.

« En attendant, on peut assurer qu'avec un peu de prévoyance et d'encouragement pour l'agriculture, surtout pour la multiplication du bétail, toutes les espèces de provisions seront dans peu d'années beaucoup plus abondantes et à meilleur marché dans cette colonie que dans la mère patrie. Je pense également que si elle continue de jouir de la tranquillité que doit lui garantir l'attention et les soins du gouvernement, les progrès de l'industrie y seront beaucoup plus rapides qu'ils n'ont été jusqu'à présent. Le gouvernement a déjà établi une manufacture de drap commun, fait avec la laine du pays ; le petit nombre d'ouvriers n'a pas permis d'en fabriquer une grande quantité ; mais l'établissement promet beaucoup pour l'avenir. Le lin du pays a fourni aussi plusieurs pièces de toile et de canevas. Un particulier a formé une poterie à Paramatta ; un moulin à eau, le seul de la colonie, était presque entièrement achevé. »

Les pronostics favorables se sont vérifiés ; le

succès de l'établissement a justifié les vues de ceux qui avaient eu l'idée de le fonder. Dès l'année 1804 sa population était 8,910 individus, dont 7,380 sur le continent, 1,100 à l'île Norfolk, et 400 à la Terre Van-Diemen. Le gouvernement avait déjà concédé 52,000 acres de terres, dont 17,000 étaient en plein rapport. Le nombre des animaux domestiques était de 450 chevaux, 3,500 bêtes à cornes, 16,500 moutons, 14,000 cochons. On ne comprenait pas dans ce nombre le bétail sauvage.

On se souvient que dans les premiers temps de la colonie, en 1788, des bœufs et des vaches qui appartenaient au gouvernement s'égarèrent dans les bois. Vers la fin de 1795 il circula parmi les déportés un bruit confus que ces animaux avaient été retrouvés. Ils le tenaient des naturels, qui a cause des dissensions auxquelles ils étaient en proie, fréquentaient à cette époque la colonie plus qu'à l'ordinaire; quelques-uns venaient de très-loin, du milieu des forêts. Deux déportés qui allaient à la chasse pour le compte des officiers, résolurent d'aller vérifier la vérité de ces rumeurs. A leur retour ils annoncèrent qu'ils avaient vu ces bestiaux. Le gouverneur envoya un homme sûr à l'endroit indiqué. Le rapport de celui-ci engagea Hunter à s'y rendre lui-même avec un petit détachement. Après avoir marché pendant deux jours au sud-sud-ouest de Paramatta, il traversa le Nepean, et ressentit une surprise égale à sa joie, en apercevant un très-beau troupeau d'une quarantaine de bêtes paissant dans un beau pâturage qui paraissait fertile. Le jour étant assez avancé lorsqu'il les vit, il passa la nuit dans le voisinage, espérant que le lendemain matin il en découvrirait davantage. On doutait cependant si ces animaux étaient ceux qui avaient été apportés du Cap dans le pays, et quelques personnes pensèrent qu'ils y étaient peut-être avant l'arrivée des Anglais. Hunter jugea que c'était un point qui valait la peine d'être constaté, et donna ordre aux chasseurs de tâcher de tuer un veau. Ils ne purent en venir à bout; car pendant qu'ils étaient en embuscade pour attendre que tout le troupeau qui était d'une soixantaine de bêtes, jeunes et vieilles, eût passé, ils furent vigoureusement attaqués par un taureau qui marchait derrière, et qu'ils furent obligés d'abattre pour leur propre défense. Il répondit mieux à leurs vues qu'un veau, car il avait les marques distinctives des bêtes du Cap, les cornes très-écartées, une loupe de grosseur moyenne entre les épaules, et la queue mince et courte. Comme on se trouvait en ce moment à trente-huit milles de Sydney, l'on ne put y envoyer qu'une petite quantité de la

viande. Le reste fut laissé aux corneilles et aux
chiens des bois, au grand regret du gouverneur
et des personnes qui l'accompagnaient; car on fit
réflexion que les prisonniers et les malades de
l'hôpital n'avaient depuis quelques temps pas
mangé un morceau de viande soit fraîche, soit
salée.

Le canton où ces bêtes paissaient, offrait un coup
d'œil extrêmement agréable : partout on foulait
aux pieds une herbe épaisse et abondante ; les arbres étaient clair-semés, et généralement dégagés
de broussailles ; on voyait çà et là de beaux étangs
couverts de canards sauvages et de cygnes noirs,
et bordés d'arbrisseaux des teintes les plus déli-
cates; le terrain au-delà de cette plaine s'élevait
par une pente très-douce.

Il était évident que ce bétail provenait des deux
taureaux et des cinq vaches qui s'étant échappés
en 1788, avaient constamment marché à l'ouest
jusque sur les bords de Nepean ; ils en avaient
trouvé le passage fort aisé, puisque le gouverneur
le franchit à gué ; ainsi ils s'arrêtèrent naturellement dans un canton bien boisé et riche en beaux
pâturages, où ils vécurent sans que rien vînt troubler leur tranquillité. Jamais aucun Anglais n'é-
tait allé aussi loin à l'ouest, et l'on n'y rencontrait qu'un petit nombre de naturels; ainsi l'on

pouvait espérer que ces animaux vivant paisiblement pendant de longues années, ne pouvaient
manquer de se multiplier.

Il était heureux pour la colonie d'avoir dans les
bois du pays un troupeau de bétail sauvage en bon
état. Quelques personnes proposèrent de l'amener
à la ferme du gouvernement; mais on considéra
que dans les temps de disette, si ces animaux
étaient sacrifiés, on ne se trouverait pas mieux
d'avoir eu un troupeau de bœufs sauvages; tandis
que si on le laissait tranquille pendant quelques
années, il deviendrait, comme ceux de l'Amérique
méridionale, une ressource suffisante pour les
habitans, tant pour subvenir à leur nourriture que pour fournir à l'exportation. Le gouverneur regarda la chose sous ce point de vue, et
résolut de prévenir, autant qu'il serait en son
pouvoir, toute tentative de détruire ces animaux.

Le bruit ayant couru que des vagabonds en
avaient tué deux, il publia une ordonnance qui
défendait sous les peines les plus sévères de toucher au bétail du gouvernement qui était dans les
bois. On découvrit heureusement que ce n'était
qu'une fausse alarme.

Au mois de juin 1796 Hunter fit une seconde
excursion aux bords du Nepean. Il revit le bétail
qui n'était pas précisément dans le même endroit

27*

qu'auparavant, mais dans le plus beau pays que l'on eut vu jusqu'alors.

En 1804 on estimait au moins à 4,000 têtes ce bétail sauvage, qui partageait, avec les kangorous et les opposums, les plus riches pâturages imaginables. Des ordres étaient venus d'Angleterre, qui interdisaient au gouverneur la faculté de concéder le terrain sur lequel ces animaux s'étaient fixés : on pouvait donc se flatter de voir leur nombre s'accroître à l'infini. Ces espérances ont été déçues. Une sécheresse extraordinaire qui a régné de 1813 à 1815 en a fait périr une quantité prodigieuse : de sorte que l'on n'en trouverait plus que quelques centaines dans les mêmes endroits où naguère ils paissaient par milliers. Peut-être aussi ont-ils pénétré plus avant dans l'intérieur du pays, en se frayant un passage à travers les montagnes ; ou bien, ce qui est plus probable, ont-ils été détruits par la guerre d'extermination que leur ont faite les colons pauvres.

Du reste ce bétail n'est plus d'aucune utilité aujourd'hui que les particuliers possèdent des troupeaux nombreux. A la fin de 1813 il y avait dans la colonie 3,672 chevaux, 44,753 têtes de gros bétail, et 201,420 moutons. Ainsi l'accroissement qui a eu constamment lieu depuis la fondation de cet établissement, ira plus vite que celui de la population humaine, et peut-être viendra-t-il un temps où dans les cantons reculés un bœuf n'aura pas plus de valeur qu'il n'en a dans les vastes plaines de Buenos-Ayres en Amérique?

Un Anglais, né à Sydney, M. W. C. Wentworth, a publié à Londres, en 1819, une *Description de la Nouvelle-Galles méridionale*, qui fait connaître l'état actuel de cette colonie. La population de la ville de Sydney est aujourd'hui de 7,000 âmes. Son aspect ferait croire qu'elle est beaucoup plus peuplée, parce que la plupart des maisons sont entourées de jardins, et que presque toutes ne consistent qu'en un rez de chaussée. La valeur du terrain dans certaines parties de la ville est aujourd'hui aussi élevée que dans les quartiers de Londres les plus fréquentés. Les loyers y sont par conséquent à un taux exorbitant. On y a récemment établi un marché, qui se tient trois fois par semaine, et qui est abondamment pourvu en grains, plantes potagères, volaille, beurre, œufs et fruits.

En 1817 on a fondé une banque qui promet d'être très-utile à la colonie. Son capital est de vingt mille livres sterling, divisé en deux cents actions. Ses billets sont la principale valeur en circulation ; elle escompte les effets à courte échéance, et avance de l'argent sur hypothèque; elle prend dix pour cent d'intérêt par an. Une caisse d'épargne existe depuis 1819.

Sydney a deux écoles publiques et gratuites pour les enfans des deux sexes. Celle des filles, dont il a déjà été question plus haut, fut fondée par le gouverneur King en 1800. Les élèves y sont au nombre d'une soixantaine. Lorsque l'éducation de ces jeunes filles est terminée, on les marie à des personnes libres qui jouissent d'une bonne réputation, ou bien on les place comme servantes dans des familles recommandables. Lorsque cette école fut créée, on la dota de quinze mille acres de terre, sur lesquels on mena des bestiaux pris dans le troupeau du gouvernement. Le profit provenant de ce bétail défraie les dépenses de l'école. Lorsqu'une fille élevée dans cette maison se marie avec le consentement du comité directeur, on lui donne une dot de cinquante ou de cent acres de terre avec quelques bestiaux pour aider à les exploiter.

Indépendamment de ces deux écoles publiques, qui d'après les derniers renseignemens contenaient deux cent vingt-cinq enfans, il existe des établissemens d'enseignement gratuit dans les autres cantons de la colonie. Le huitième du revenu public s'élevant à 2,500 livres sterling, a été appliqué au maintien de ces institutions louables, outre ce qu'elles reçoivent du produit des terres qui leur sont affectées, et des salaires fixes que les fonds des orphelins paient aux maîtres. La méthode d'enseignement mutuel a obtenu dans ce pays les mêmes succès que dans tous ceux où elle a été introduite.

La charité des particuliers a fondé une société auxiliaire de la société biblique d'Angleterre, qui coopère avec celle-ci à la distribution et à la propagation des exemplaires des saintes Écritures. C'est aussi à la bienfaisance des particuliers que l'on doit une école du dimanche, destinée à apprendre à lire les livres saints à des personnes de tous les âges.

Enfin il y a de plus à Sydney et dans d'autres parties de la colonie, de bons pensionnats pour l'éducation des enfans des gens riches.

Tout en admirant ces institutions louables, les Européens accoutumés à la façon de vivre de leurs grandes villes, pourraient trouver Sydney un lieu ennuyeux. On n'y connaît aucune espèce de divertissement public : un théâtre y avait été établi, il y a plusieurs années; il ne put se soutenir. Plus récemment on y avait fondé des courses de chevaux : il paraît que la société n'était ni assez nombreuse, ni assez au fait des belles manières pour prendre goût à cet amusement. Du reste on a d'autres passe-temps : les dîners et les soupers sont fréquens. Plusieurs bals de souscription ont lieu dans le courant de l'année; enfin les habitans sont extrêmement hospitaliers.

La société est en général plus agréable qu'on ne serait tenté de le supposer d'après ses élémens. A Sydney, les officiers civils et militaires forment avec leurs familles un cercle nombreux et choisi, indépendamment des négocians et des riches planteurs, gens recommandables qui habitent cette ville. Cependant elle n'est pas exempte des divisions si fréquentes dans les petits endroits. La médisance paraît être le plaisir favori des oisifs ; c'est leur ressource pour prévenir l'ennui et tuer le temps. Les familles passent donc continuellement entre elles de l'amitié aux querelles, et des racommodemens à de nouvelles brouilleries.

Une presse d'imprimerie avait été apportée avec la première expédition ; mais les soins multipliés des premières années avaient empêché d'y avoir recours. Tous les ordres du gouverneur Phillip étaient écrits à la main. Il en résultait que vers la fin on ne pouvait pas les afficher en assez grand nombre pour qu'ils fussent assez généralement connus. Au mois de novembre 1795, Hunter ayant trouvé parmi les colons un jeune homme qui était habile imprimeur, lui confia la gestion de la presse ; il s'en acquitta fort bien : depuis ce moment toutes les proclamations du gouvernement furent imprimées : il en fut de même de tous les avis que les particuliers voulaient rendre publics. En 1819 il y avait à Sydney deux imprimeries en activité ; trois feuilles périodiques paraissaient tous les jours, et cinq autres journaux tous les mois.

La vue dont on jouit des parties élevées de Sydney est belle et variée. L'étrange irrégularité de la ville, les anses nombreuses qui découpent la côte tant au-dessus qu'au dessous, le mélange de rochers escarpés, et de forêts élevées qui se combinent des deux côtés du havre, avec une diversité infinie de collines et de vallées, au-delà desquelles on aperçoit la vaste étendue de la mer, forment par leur ensemble un coup d'œil auquel peu de villes ont quelque chose à comparer.

Paramatta est bâti sur le bord d'un petit ruisseau qui se décharge dans le Port-Jackson. L'anse où il tombe ne peut admettre que des bateaux de douze à quinze tonneaux. Cette ville est abritée au sud par une chaîne de collines de hauteurs médiocres ; le terrain environnant a été nettoyé et défriché en bonne partie ; l'aspect en est pittoresque et agréable. Quoique moins bien bâtie que les beaux quartiers de Sydney, on y voit cependant quelques jolies maisons ; et plusieurs édifices publics contribuent à lui donner de l'apparance. On y trouve deux bonnes auberges aussi bien tenues qu'en Europe, et qui ne sont pas très-chères.

Wentworth n'évalue qu'à 1,200 individus la population de Paramatta. On tient dans cette ville deux foires annuelles, l'une en mars, l'autre en septembre; elles sont établies depuis cinq ans, et commencent à être fréquentées; elles ont principalement pour objet la vente du bétail.

Cette ville n'a pas depuis quelques années fait des progrès comparables à ceux de Sydney : aussi la valeur du terain ne s'y est-elle pas autant élevée; elle y est deux fois moins haute. Toutefois la position centrale de Paramatta entre Sydney et les établissemens formés sur les bords du Hawkesbury-River et du Nepean, et dont l'accroissement est très-rapide, fait présumer qu'elle prendra graduellement l'essor.

Nous avons déjà parlé de ses établissemens publics; on compte y transférer l'hospice des orphelines de Sydney; il y a aussi un dépôt dans lequel les femmes déportées qui continuent à se mal conduire, et celles qui à leur arrivée dans la colonie ne sont pas immédiatement placées chez des particuliers sont employées à fabriquer du drap grossier. Ces femmes, ordinairement au nombre de cent soixante, sont sous la direction d'un surveillant qui reçoit de la laine des colons, et leur remet en échange un certain nombre d'aunes de drap manufacturé. Le reste sert à habiller les déportés.

Une autre institution publique qui se trouve

dans cette ville, est digne d'être connue des amis de l'humanité. C'est une école pour l'éducation et l'instruction des enfans des indigènes. Elle a été fondée en 1815 par le général Macquarie, le gouverneur actuel. Elle contenait en 1820 une vingtaine d'enfans, que leurs parens y avaient placés volontairement, et qui faisaient dans leurs études des progrès égaux à ceux des enfans des Européens.

La ville de Windsor est à 36 milles au nord-ouest de Sydney, et située près du confluent du South-Creek avec le Hawkesbury-River, sur une colline élevée de 100 pieds au-dessus du niveau du fleuve. Les maisons ressemblent à celles de Paramatta; elles sont revêtues de branchages en dehors, et enduites de mortier en dedans. Les édifices publics sont une église, la maison du commandant, un hôpital, des casernes, un tribunal, une prison et des magasins. La population qui est de 600 individus, se compose de cultivateurs qui ont leurs fermes dans les environs, de quelques petits marchands, de cabaretiers et d'artisans.

Le Hawkesbury qui a dans cet endroit une largeur considérable, est navigable jusqu'à quatre milles au-dessus de la ville pour des navires de 100 tonneaux; un peu plus haut il reçoit le Nepean ou plutôt prend ce nom; malgré les bancs qui l'obstruent, on peut le mettre en état

d'être remonté encore vingt milles plus haut pour
des bateaux de douze à quinze tonneaux. En suivant les sinuosités du fleuve, Windsor est à
140 milles de la mer; en ligne droite il n'en est
qu'à 55. La terre est dans ce canton de dix pour
cent plus chère qu'à Paramatta, et elle augmente
de prix journellement. Cet accroissement de valeur est dû à la petite étendue de terrain qui est
à l'abri des débordemens auxquels les bords du
Hawkesbury sont si fréquemment exposés. Alors
les eaux s'élèvent souvent à 70 et 80 pieds au-
dessus de leur ligne habituelle; l'inondation que
l'on appele encore le grand déluge, atteignit à 90
pieds de hauteur.

La ville de Liverpool, située sur les bords de
George-River, à dix-huit milles à l'ouest de Sydney, a été fondée en 1812 par le gouverneur
Macquarie. Sa population est d'environ 200 individus, et se compose d'un petit détachement de
soldats, de cultivateurs et de quelques marchands
artisans et journaliers.

Le George-River a la moitié de la largeur du
Hawkesbury; il est navigable jusqu'à Liverpool
pour des bateaux de vingt tonneaux. Ce petit
fleuve, qui a son embouchure dans la baie Botanique, est sujet aux mêmes débordemens que le
Hawkesbury; cependant ils ne sont ni aussi forts,
ni aussi nuisibles. Cette ville ne possède d'autre

avantage que celui de sa situation, car le terrain des environs est d'une qualité fort médiocre; mais placée entre Sydney et les cantons fertiles de l'intérieur au sud de cette ville; vers lesquels se dirige en ce moment le mouvement de la population. Liverpool ne peut manquer de devenir en peu d'années un lieu important.

On compte quatre tribunaux dans la colonie, savoir : la cour de l'amirauté, la cour de justice criminelle, la cour suprême et la haute-cour d'appel, à laquelle il faut ajouter la cour du gouverneur. Les décisions de ces cours sont réglées par les lois anglaises.

Les routes et les ponts qui existent dans les parties habitées de la colonie, sont faits pour exciter l'étonnement, si l'on considère le peu de temps qui s'est écoulé depuis sa fondation. On doit presque tous ces ouvrages au gouverneur Macquarie ; il a augmenté et perfectionné ce que ses prédécesseurs avaient commencé, et a fait établir un chemin, qui traversant les montagnes occidentales, a été poussé jusqu'à Bathurst, poste établi à 180 milles de Sydney. Des droits de passe perçus sur ces routes servent à leur entretien.

La population de la colonie en 1820 était de 21,300 âmes. Pendant long-temps elle n'a eu à donner rien en échange des marchandises qu'elle recevait, les choses ont bien changé. Elle exporte aujourd'hui du bétail et de la viande salée à l'île de France, des chevaux à Batavia, de la farine et de la houille au cap de Bonne-Espérance, de l'huile de phoque et de baleine, des peaux de phoques, des fanons de baleine, de la laine en Angleterre ; la quantité de laine expédiée dans ce dernier pays en 1819 fut de 2500 quintaux ; elle fut vendue plus cher que la laine d'Espagne et d'Allemagne. La valeur des exportations était estimée à 30,000 livres sterling.

Les progrès des manufactures ont été extrêmement rapides. On fabrique déjà des draps communs, des chapeaux, de la poterie, des pipes, du sel, de la chandelle et du savon. Il y a aussi des brasseries considérables, des tanneries et des ateliers de charrons, de forgerons, de voiliers, de cloutiers, de ferblantiers, de cordiers, de selliers, de menuisiers et d'ébénistes, et beaucoup d'autres. Le capital employé dans ces diverses branches d'industrie était au moins de cinquante mille livres sterling.

En réfléchissant à ces résultats, on se rappelle avec plaisir le nom des hommes humains et éclairés, qui par leurs soins et leur persévérance ont graduellement fait parvenir la colonie au degré de prospérité dont elle jouit. Phillip. Grose qui le remplaça par intérim, Hunter, King, qui furent ses successeurs dans le gouvernement, ont laissé une mémoire vénérée par leurs compatriotes. Ils savaient allier la douceur et même l'indulgence à la fermeté, si nécessaire chez celui qui commande en chef, surtout quand il se trouve dans des circonstances de la nature de celles qui les entouraient. Pourquoi faut-il qu'après ces hommes recommandables, il en soit venu un dont toute la conduite fut l'opposé de celle qu'ils avaient tenue! Pendant toute la durée de son administration la colonie fut en deuil. Quiconque commettait un délit, à moins qu'il ne fut insignifiant, était jugé par la cour criminelle. Nouveau Dracon, dit Wentworth, il regardait la moindre offense comme digne de mort; et malheur au misérable que le tribunal condamnait à cette punition, car la sentence était toujours exécutée. Mais ce n'était rien encore que cette sévérité excessive qui n'est que de la cruauté déguisée; il abusa, de la manière la plus odieuse, du pouvoir étendu que son roi lui avait confié. Il attenta au droit de propriété; il se joua de la liberté des citoyens paisibles : des concessions annulées, des maisons démolies sans la plus légère indemnité, sous le prétexte de l'utilité publique, quoique ce ne fût réellement que par des motifs de haine particulière, les habitans libres emprisonnés sur des ordres arbitraires lancés sans en référer aux magistrats, des hommes libres fustigés publiquement et de la manière la plus illégale ; voilà les excès que se permit ce gouverneur indigne de la confiance de son souverain. Il ne connaissait qu'un mobile, la force, qu'un moyen de se faire obéir, la terreur : on peut en effet acquérir et conserver ainsi le pouvoir ; mais s'il n'a d'autres soutiens, il ne peut être que précaire ; tôt ou tard il doit tomber, soit par la résistance de ceux qu'il veut tenir dans une soumission abjecte, soit par la destruction lente de leur énergie morale et physique, car alors il les prive de la faculté de concourir à ses vues affreuses. Si on se plaignait de souffrir une injustice, le gouverneur répondait que le recours était ouvert devant les tribunaux de la mère patrie : aggravant ainsi par une dérision affreuse les maux de l'homme qui gémissait, puisqu'il prétendait les alléger en lui montrant le soulagement qui était éloigné de six milles lieues.

Une conduite si arbitraire et si odieuse ne pouvait manquer de produire l'effet qui en est le résultat ordinaire. Le 26 janvier 1808 les habitans libres de la colonie se soulevèrent par un mouvement spontané. Craignant le ressentiment du peuple qu'il avait opprimé si long-temps et si volontairement, le misérable tyran fit comme Néron, il alla se cacher sous le lit d'un domestique dans un coin obscur de sa maison. On finit par l'y décou-

vrir; il fut conduit pâle, tremblant et couvert de
duvet, devant l'officier qui avait ordonné son ar-
restation. Les assurances répétées de celui-ci,
qu'il le protégerait contre toutes les violences, ne
purent pendant plus d'une heure le convaincre
que sa vie était en sûreté contre le ressentiment
du peuple; tant il était persuadé en ce moment
de l'énormité de sa conduite passée, et de la justice des représailles promptes et exemplaires que
l'on aurait exercées sur lui. Cet homme qui était
parvenu à faire révolter une colonie auparavant
tranquille, était le même qui avait déjà par sa
rigueur excessive, poussé à un acte éclatant d'in-
subordination l'équipage de son vaisseau ; c'était
Bligh !

En 1810 le général Macquarie arriva dans la
colonie. Il s'est distingué par la sagesse de son
gouvernement, et le pays est devenu florissant.

C'est aussi sous son administration que la colonie secondaire, fondée à la Terre Van-Diemen,
a pris un grand essor. En 1803 un officier de la
marine royale y avait été envoyé de Sydney, avec
un détachement de troupes, des officiers civils et
un petit nombre de déportés : on eut d'abord
l'idée de se fixer sur la côte orientale de l'île ; ensuite on l'abandonna pour les bords du Derwent
dans la partie méridionale, à dix-huit milles de son

embouchure dans la mer, et on y traça le plan de Hobart-Town.

On a vu précédemment qu'en 1804 l'établissement que l'on avit projeté au Port Phillip, n'ayant pu avoir lieu, fut transporté sur les rives du Derwent. Quelque temps après l'île Norfolk fut abandonnée à cause de la difficulté d'aborder, et la majeure partie de ses habitans passèrent à la Terre Van-Diemen; les uns choisirent le pays arrosé par le Derwent; les autres préférèrent la partie septentrionale de l'île, où déjà s'élevait le village de Launceston. Pour encourager les nouveaux colons à qui leur déplacement avait occasioné beaucoup d'embarras et de frais, une quantité de terre double de celle qu'ils possédaient auparavant fut accordée à chacun d'eux.

Tous ces colons souffrirent d'abord de grandes privations. L'île ne produisait aucun végétal qui pût servir à la nourriture; il fallut attendre les récoltes. Les troupeaux qu'ils avaient amenés étant réservés pour multiplier l'espèce, il n'en mangeaient pas la viande; ils en furent dédommagés par la quantité d'emeus, de kangorous, et de gibier de toute espèce qu'ils se procuraient sans beaucoup de peine. Sous ce rapport ils furent plus heureux qui ne l'avaient été les premiers colons de la Nouvelle-Galles.

Les naturels de cette île sont, s'il est possible, encore plus barbares que ceux de la Nouvelle-Hollande, et ne savent pas même se servir avec adresse de leurs misérables armes, circonstance très-heureuse, car ils nourrissent une haine implacable contre les colons. Elle vient moins du caractère féroce des sauvages, que d'une malheureuse imprudence. Ils avaient d'abord montré les dispositions les plus amicales envers les Anglais : un jour une troupe nombreuse descendait en chantant le long d'une colline ; tous portaient à la main des branchages, emblèmes de paix et d'amitié. Un jeune officier se méprenant sur leurs intentions, ou trouvant peut-être leur nombre trop considérable, fit tirer sur eux à mitraille. Cette décharge causa un ravage épouvantable dans les rangs de ces malheureux. Dès ce moment toute communication entre eux et leurs meurtriers cessa.

La colonie de la Terre Van-Diemen se divise en deux comtés, Buckingham au sud, Cornwall au nord ; la principale ville du premier est Hobart-Town, qui est aussi le siége du gouvernement. Sa population en 1819 était de 1000 âmes. Ses maisons à cette époque n'avaient qu'une chétive apparence, et se ressentaient de la nouveauté de son origine. En 1821 le gouverneur Macquarie fit une tournée dans cette île, qui est sous sa juridiction. Ses progrès depuis sa première visite en 1811 le satisfirent et le flattèrent. Les cabanes et les misérables chaumières qui à cette époque composaient la ville, avaient fait place à des bâtimens solides et réguliers; les rues étaient bien alignées; on y voyoit des maisons à deux étages, et d'une assez jolie architecture. Les édifices publics étaient la maison du gouverneur, les casernes, une prison et un hôpital. Quatre moulins à eau avaient été construits sur une petite rivière qui se jette dans le Derwent; le quai le long de ce fleuve est disposé de manière à faciliter le chargement et le déchargement des navires.

Un dénombrement fait dans ce temps donna pour résultat une population de plus de 2700 habitans; le nombre des maisons était de 420. Hobart-Town est agréablement situé sur une plaine un peu inclinée au pied d'une montagne, que sa ressemblance avec celle que l'on voit au cap de Bonne-Espérance, a fait nommer montagne de la Table. Les maisons sont séparées les unes des autres; chacune à son jardin. Toutes les rues se coupent à angles droits, l'aspect de cette ville est le plus agréable et le plus gai que l'on puisse imaginer.

Tous les environs de Hobart-Town sont déjà couverts de fermes bien cultivées. A une certaine distance en remontant le Derwent, le gouverneur

a fait jeter les fondemens d'Élisabeth-Town, près
du confluent du Jordan et du Derwent, situation
très-bien choisie pour que la nouvelle ville pros-
père à mesure que le pays se peuplera davantage.

Les sources du Jordan sont dans un plateau
d'une hauteur médiocre ; de l'autre côté se trouvent celles du Macquarie, belle rivière qui coule
au nord. La partie de l'île située au nord de ce
plateau n'est pas encore autant cultivée que celle
du sud ; cependant le sol y est également bon :
presque tous les cantons que l'on connaît conviennent parfaitement à la culture des céréales.

Launceston est un village bâti dans une situation délicieuse, au confluent du Macquarie et du
North-Esk, dans une belle plaine. Ces deux rivières réunies forment le Tamar.

George-Town, capitale du Cornwall, est situé
à l'embouchure du Tamar sur la baie d'York, près
du port Dalrymple, à quelques milles du détroit
de Bass. Les édifices publics étaient encore en
construction à l'époque de la visite du gouverneur
Macquarie. La position de George-Town est admirable pour le commerce ; les plus gros navires
pouvant remonter le fleuve jusqu'aux quais de
cette ville.

Les routes bien tracées qui conduisent de Hobart-Town aux divers cantons de l'intérieur, et

les ponts jetés sur les rivières et les ruisseaux
excitèrent la surprise et l'admiration de Macquarie. Les communications entre Hobart-Town et
les fermes qui se trouvent sur les deux rives du
Derwent, ont par ce moyen été rendues faciles et
commodes. Une route est ouverte entre Hobart-
Town et Launceston, séparés l'un de l'autre par
un intervalle de quarante lieues de France; quoiqu'elle ne soit pas terminée à beaucoup près, les
communications d'une extrémité à l'autre de l'île
ont lieu sans grand embarras. Un voyageur anglais qui a visité récemment cette colonie, rapporte qu'il a traversé l'île de Hobart-Town à
George-Town dans une voiture attelée de trois et
quelquefois de quatre chevaux : il ne trouva
guère qu'une étendue de sept lieues où la route
était achevée; il parcourut le reste de la distance
sur un terrain uni, tapissé d'une belle pelouse,
sans rencontrer de forêts qui gênassent la marche
ou interrompissent la vue.

Le pays cultivé jusqu'à présent offre tant de
facilités pour le transport des denrées par eau,
que la construction des routes a peut-être été un
peu négligée. La colonie de la Nouvelle-Galles ne
jouit pas du même avantage.

Déjà la Terrre Van-Diemen a envoyé des cargaisons de bestiaux à l'île de France. La qualité

de la laine est excellente; elle acquerra bientôt une perfection qui en fera un excellent objet d'exportation pour l'Angleterre.

Les fleuves de la Nouvelle-Galles ayant en 1817 causé de grands ravages par leurs débordemens, la Terre Van-Diemen y expédia vingt mille boisseaux de blé, et trois cent quatre-vingts tonneaux de pommes de terre : ce fut une ressource précieuse pour la première de ces colonies, qui ne sera plus obligée d'envoyer chercher ses approvisionnemens dans l'Inde, lorsqu'elle éprouvera ou craindra une disette. Toutes les plantes potagères et la plupart des fruits ont bien réussi à la Terre Van-Diemen; le climat est trop froid pour la vigne.

Indépendamment du bétail et des grains que les colons envoient en Afrique et à la Nouvelle-Galles, ils expédient en Angleterre de la laine, du cuir, du suif, du tan, du bois de charpente, des peaux et de l'huile de phoque et de baleine.

D'après un dénombrement fait au mois de mai 1821, il existait à cette époque dans la colonie de la Terre Van-Diemen 2701 habitans libres, et 3477 déportés des deux sexes. Les officiers civils et militaires et la garnison n'étaient pas compris dans cette énumération. La population de cette île paraît l'emporter sous le rapport moral sur celle de la Nouvelle-Galles.

Pendant un certain temps elle eut beaucoup à souffrir des déprédations de quelques déportés qui s'étaient réfugiés dans les bois. Dès le mois de février 1808, cinq ans après la fondation de la colonie, la tête de Lemon, un de ces bandits que ses crimes avaient rendu fameux, fut apportée à Hobart-Town par trois hommes qui l'avaient tué pendant qu'il dormait, n'ayant osé l'attaquer qu'en cet instant.

Ces bandits avaient poussé l'audace jusqu'à écrire des lettres menaçantes au vice-gouverneur et aux magistrats. Dans ce malheureux état d'anarchie, la terreur devint générale. Les cultivateurs se réfugièrent dans les villes pour mettre leur vie en sûreté, et se soustraire aux atrocités que les brigands commettaient : des vols, des meurtres, des incendies furent pendant quelques années les seuls événemens racontés dans les annales de la colonie. Cependant le gouvernement prit toutes les mesures imaginables pour arrêter et punir ces scélérats. On les déclara hors la loi, on mit leurs têtes à prix ; mais l'insuffisance de la force militaire, l'étendue de l'île, leur connaissance exacte des localités, l'abondance du gibier qui leur facilitait les moyens de subsister, la méchanceté de certains habitans que l'on ne pouvait découvrir et qui avaient l'infamie de leur fournir des munitions en échange de leur butin mal acquis, ces circonstances contribuèrent long-temps à paralyser toutes les tentatives de les saisir. Cette longue impunité ne servit même qu'à augmenter leur cruauté et leur audace. Le vice-gouverneur fut enfin obligé de proclamer la loi martiale dans toute l'île, qui fut ainsi soumise au régime militaire. Cet acte de vigueur fut secondé avec zèle par les habitans amis de l'ordre ; plusieurs se joignirent aux détachemens de troupes qui battirent le pays pour poursuivre ces bandits. Leurs efforts réunis réussirent à prendre les plus hardis de leurs chefs, qui furent à l'instant jugés par une cour militaire et pendus : leurs corps restèrent exposés, enveloppés de chaînes de fer. Cet exemple terrible, mais nécessaire, fut suivi d'une proclamation offrant un pardon général à tous les criminels qui se rendraient avant un terme fixé, excepté à ceux qui s'étaient rendus coupables de meurtres. Elle produisit l'effet qu'on en attendait; tous les voleurs qui n'étaient pas exclus par leurs méfaits profitèrent de l'amnistie. Cependant, chose extraordinaire, on leur permit de rester dans l'île. Soit par goût pour la vie licensieuse qu'ils avaient menée si long-temps, soit par défiance de l'oubli qu'on leur avait promis, soit par crainte que l'on attendît une occasion pour les punir, quelques mois après ils retournèrent dans les bois, et allèrent rejoindre ceux qui n'avaient pas été

compris dans l'amnistie. Ils reprirent le cours de
leurs énormités, et la consternation se répandit
de nouveau dans toute l'île.

En 1817 les brigands avaient associé deux
femmes à leur troupe ; leur audace était inconce-
vable. Ayant rencontré un homme à cheval
dans la campagne, ils lui dirent de s'arrêter, et
le forcèrent à être présent au serment qu'ils prêtèrent d'exécuter diverses résolutions contenues
dans un écrit que l'un d'eux acheva de rédiger en
présence de ce particulier. Après l'avoir retenu
près de trois quarts d'heure, ils lui permirent de
continuer sa route, en lui enjoignant expressément de donner de la publicité à tout ce dont il
venait d'être témoin, et de prévenir le magistrat
et le premier constable de prendre garde à eux,
parce qu'ils en voulaient à leurs jours, et avaient
le dessein de les empêcher d'ensemencer leurs
terres et de conserver aucune espèce de denrée
ou de marchandise.

Il parut, d'après la déposition d'une autre personne devant le magistrat, que les voleurs avaient
vers la même époque enlevé deux employés du
gouvernement de leurs maisons, et les avaient
conduits dans un endroit que leurs crimes ont
fait flétrir du nom de *Plaine des Assassins*, et
que par plaisanterie ils désignent par celui de
Boutique du Chandelier. Ils les y avaient forcés

pendant trois jours de travailler à fondre de la graisse de bœuf pour en faire du suif. Sans doute ils vendaient secrètement cette grande quantité de suif aux gens qui étaient d'accord avec eux , car elle leur aurait été inutile. Ils en receveaient en échange les choses dont ils avaient besoin. Il n'était pas difficile de deviner comment ils se procuraient le bétail qui leur fournissait cette énorme provision de suif. Ils avaient volé cent quarante bœufs à deux cultivateurs.

On conçoit le dommage qui résulta pour la colonie de l'impuissance du gouvernement à mettre un frein aux brigandages qui la désolaient. Cet état de choses ne pouvait durer long-temps ; car ou les habitans devaient être réduits à l'extrémité, ou les voleurs devaient succomber. La cause de la justice finit par triompher.

Les officiers publics et les principaux colons furent convoqués le 5 juillet 1817 à Hobart-Town chez le vice-gouverneur, pour délibérer sur les mesures les plus efficaces à prendre contre les bandits. En conséquence des mesures adoptées , il parut une proclamation qui mettait à prix les têtes des chefs de la bande. Les habitans s'étaient empressés de seconder les vues du gouverneur , et de souscrire pour fournir les sommes nécessaires à l'exécution de ses projets.

Bien loin de s'effrayer, les brigands envoyèrent

le 10 juillet à Georges-Town un détachement qui s'empara des canots du gouverneur, et débaucha cinq ouvriers. Dès que le vice-gouverneur en fut instruit, il promit par une proclamation le pardon à ces derniers, s'ils revenaient dans l'espace de vingt jours.

La même bande se montra quelques jours après dans les environs du Derwent ; on suivit les voleurs à la piste, et le surlendemain on les trouva dans une maison où ils avaient dîné près d'Elisabeth-Town. A l'approche des soldats, les brigands s'enfuirent dans les montagnes où la nature du terrain empêcha de les approcher : toutefois on fit sur eux un feu assez vif ; trois furent blessés et restèrent sur la place. Huit jours après deux autres se rendirent à discrétion. On tua un des plus déterminés au mois d'août, dans le voisinage d'un port de la côte orientale.

Un vol fut ensuite commis ; mais les bandits s'étant enivrés, se prirent de querelle. L'un d'eux battu et presque assommé par ses complices, tomba entre les mains d'un colon qui le conduisit à Hobart-Town. Deux autres furent arrêtés le 14 août dans leur retraite, qui avait été indiquée aux soldats par deux naturels du pays. Ces affaires avaient diminué le nombre des brigands; mais il y en avait encore plusieurs dans les bois.

La plupart des déserteurs qui les avaient rejoints

revint le 6 septembre. La tête des chefs fut de nouveau mise à prix. Plusieurs de ces coquins furent pris. Il y en eut un blessé et un autre tué en essayant de mettre la main sur le plus déterminé, de tous pour le conduire prisonnier à Hobart-Town pour le livrer à la justice, parce qu'ils espéraient par ce moyen obtenir leur grâce. Cet exemple ne découragea pas quatre autres de ses compagnons; ils résolurent de le prendre vivant : il en étendit un roide mort et en blessa un second : alors les deux autres voyant qu'ils ne pourraient pas venir à bout de lui sans le tuer, lui tirèrent chacun un coup de fusil qui l'abattit. Ensuite ils lui coupèrent la tête et la portèrent au vice-gouverneur à Hobart-Town. Ainsi fut dissoute l'association épouvantable qui avait pendant plusieurs années tenu l'île dans la terreur.

Après avoir fait connaître les colonies anglaises de la Nouvelle-Galles du sud et de l'île de Van-Diemen, nous allons présenter une description sommaire de ces deux pays, et nous y joindrons de nouveaux détails sur les naturels.

FIN DU QUATRIÈME VOLUME.

TABLE DES VOYAGES

CONTENUS

DANS CE VOLUME.

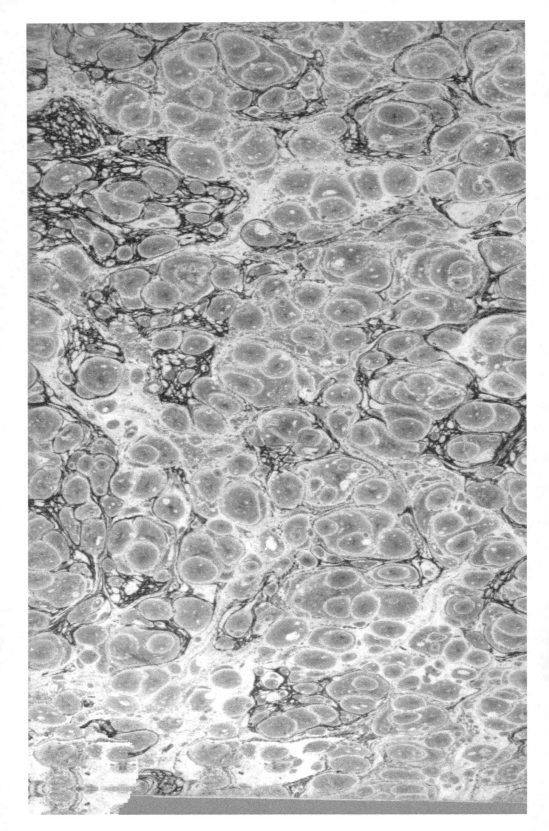

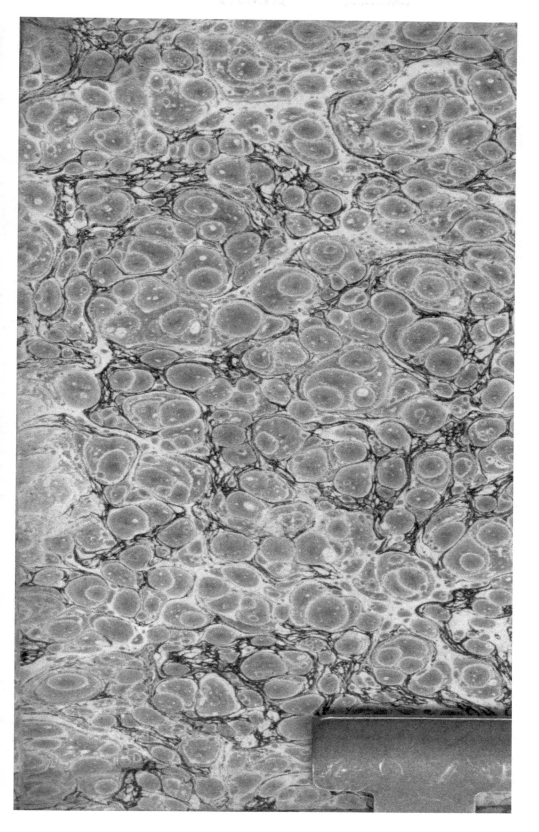

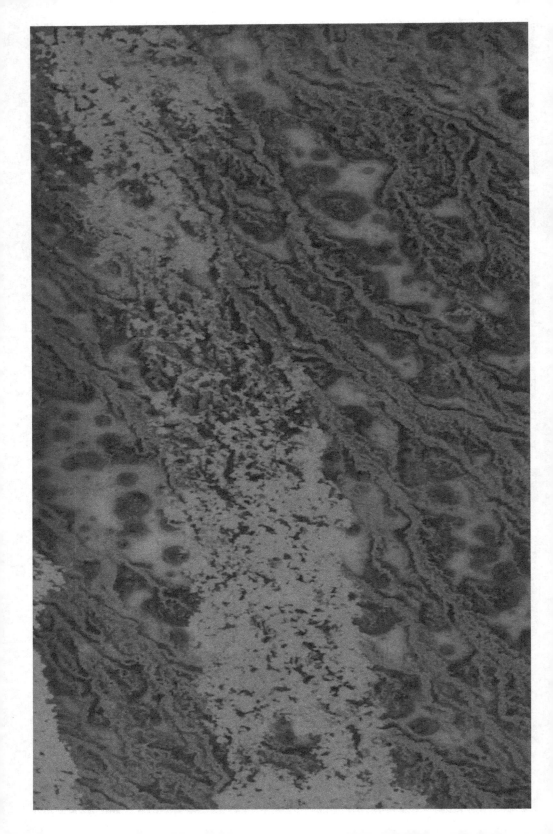

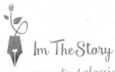

CPSIA information can be obtained
at www.ICGtesting.com
Printed in the USA
BVHW080542270819
556819BV00010B/1904/P